NINA RUGE
Der unbesiegbare Sommer

*Buch*

Jenseits unseres planenden reflektierenden und sich sorgenden Verstandes existiert ein Ort, der sich der Ratio entzieht. Jenen Ort, den Nina Ruge »unbesiegbarer Sommer« nennt, können wir jederzeit aufsuchen, wenn wir uns außer Balance und orientierungslos fühlen. Er kann uns als Leitstern für Entscheidungen dienen, als Quell inneren Friedens und als Ruhe- und Glücksanker. Vor allem aber verleiht er unserem Leben Tiefe, Sinn und Lebendigkeit.

*Autorin*

Nina Ruge wurde in München geboren. Zunächst studierte sie Biologie und Germanistik, um eine Laufbahn als Lehrerin einzuschlagen. 1987 gab sie ihre Arbeit als Studienrätin auf, um in Berlin bei RIAS TV zu moderieren. Seit 1989 arbeitet sie für das ZDF, zunächst als Nachrichten-Moderatorin des heute Journal, von 1994 bis 1997 hatte sie ihre eigene Nachrichtensendung heute Nacht – zudem präsentierte sie bis 2007 das tägliche Gesellschaftsmagazin Leute heute. Ihr im Marion von Schröder Verlag veröffentlichtes Buch Alles wird gut sowie ihre Kinder- und Jugendbücher Lucy im Zaubergarten und Mira May und das Zauberhandy, erschienen im Heyne Verlag, wurden auf Anhieb große Erfolge.

Nina Ruge

# Der unbesiegbare
# Sommer in uns

Ein Wegweiser zu
unserem ureigenen Kraftort

GOLDMANN

Der Goldmann Verlag weist ausdrücklich darauf hin,
dass im Text enthaltene externe Links vom Verlag nur bis zum Zeitpunkt
der Buchveröffentlichung eingesehen werden konnten. Auf spätere
Veränderungen hat der Verlag keinerlei Einfluss. Eine Haftung
des Verlags für externe Links ist stets ausgeschlossen.

Verlagsgruppe Random House FSC® N001967

1. Auflage
Vollständige Taschenbuchausgabe Juli 2016
© 2016 Wilhelm Goldmann Verlag, München,
in der Verlagsgruppe Random House GmbH, Neumarkter Str. 28,
81673 München
© 2013 der Originalausgabe Kailash Verlag, München,
in der Verlagsgruppe Random House GmbH
Umschlaggestaltung: ki 36 Editorial Design, Sabine Krohberger
unter Verwendung eines Motivs von © plainpicture / Andreas Baum
Autorenfoto Cover: © Frank P. Wartenberg / glampool
Lektorat: Anne Nordmann, Berlin
fm · Herstellung: cb
Satz: Satzwerk Huber, Germering
Druck und Bindung: GGP Media GmbH, Pößneck
Printed in Germany
ISBN 978-3-442-22109-7

www.goldmann-verlag.de

# Inhaltsverzeichnis

Vorwort. . . . . . . . . . . . . . . . . . . . . . . . . . . . . . . . . . . . 7

1 Wo die Angst ist, geht es lang
*Die Geschichte meiner eigenen Reise* . . . . . . . . . . . . 9

2 Und auf einmal steht es neben dir, an dich angelehnt.
Was? Das, was du so lang ersehnt.
*Meine erste Satori-Erfahrung* . . . . . . . . . . . . . . . . . . . . . 19

3 Die Tyrannei des Denkens
*Nur wer sich bewegt, spürt seine Fesseln* . . . . . . . . . . . . 29

4 Entspanne dich. Lass das Steuer los.
Trudele durch die Welt. Sie ist so schön.
*Üben, das Denken abzustellen. Und was kommt danach?. .* 39

5 Die wichtigste Stunde ist immer die Gegenwart
*1000 Gelegenheiten fürs Innehalten, mittendrin und*
*täglich* . . . . . . . . . . . . . . . . . . . . . . . . . . . . . . . . . . . . . . 53

6 Das gibt's doch nicht! Doch, das gibt's.
*Widerstand kostet Leben* . . . . . . . . . . . . . . . . . . . . . . . . . 65

7 Die Kraft der Gegenwart
*Ach, Augenblick, verweile doch!* . . . . . . . . . . . . . . . . . . . 81

8 Man sieht nur mit dem Herzen gut.
*Das Wesentliche ist für die Augen unsichtbar.*
*Der unbesiegbare Sommer in mir* . . . . . . . . . . . . . . . . . . 95

9 Auf welches Instrument sind wir gespannt?
*Das Ego-System als Dornröschenhecke* . . . . . . . . . . . . . . 111

10 Lebenskunst beginnt bei der Absichtslosigkeit
*Doch: Nur tote Fische schwimmen mit dem Strom* . . . . . . 127

11 Das Wasser, das du in den Wein gossest,
kannst du nie wieder herausschütten
*Widerstand gegen das, was ist, raubt Leben* . . . . . . . . . . 139

12 Im Herbst des Lebens verkriecht sich die Schönheit
nach innen
*… und der unbesiegbare Sommer welkt?* . . . . . . . . . . . . . 153

13 Was ist Liebe – und wenn ja, wie viele?
*Ihr seid das Licht für die Welt* . . . . . . . . . . . . . . . . . . . . . . 167

14 Auf den Hund gekommen
*Tiere als Türöffner zum Sein* . . . . . . . . . . . . . . . . . . . . . . . 183

15 Der letzte Ernst der Dinge ist heiter
*Humor ist lernbar* . . . . . . . . . . . . . . . . . . . . . . . . . . . . . . . . 197

16 Die Freiheit, die ich meine
*Kein Mensch muss müssen* . . . . . . . . . . . . . . . . . . . . . . . . 211

17 Einfachheit ist die höchste Stufe der Vollendung
*Über das Suchen und Leben von Werten* . . . . . . . . . . . . . 225

18 Vergiss die Zeit
*Es ist alles schon da*. . . . . . . . . . . . . . . . . . . . . . . . . . . . . . 241

# Mitten im Winter erkannte ich ...

## ... dass in mir ein unbesiegbarer Sommer wohnt

Ein magischer Satz. Albert Camus spricht uns aus der Seele. Ein paar Worte nur, und wir halten inne. Sie tun unendlich gut. Sie verströmen die Wärme einer scheinbar längst verlorenen Zeit. Sie bringen eine Gewissheit zurück, von der wir spüren, dass sie irgendwann einmal die ureigene war. Ein Satz, der tief unter die Haut geht, denn wir wissen intuitiv: Das ist kein Werbeclaim. Da spielt niemand mit unseren Gefühlen. Dieser Satz ist wahr.

Wahrheit weckt die Sehnsucht nach mehr, umhüllt uns mit Melancholie. Der unbesiegbare Sommer in mir – wie tief ist er vergraben, wie wenig von seiner Kraft und Heiterkeit trägt mich im Alltag. Da ist ein Quell der Kraft in mir verborgen, doch finde ich den Weg zu ihm nicht mehr, die Tür ist zu, der Schlüssel achtlos im Nirgendwo.

Dieses Buch soll ein innerer Wegweiser sein. Doch: An den Scheidewegen des Lebens stehen keine Hinweisschilder. Die Loipe nach innen muss jeder für sich selber bahnen. Deshalb kann das Buch nur Initiator, Anreger und Begleiter sein. Und das Buch bin natürlich ich.

Es enthält den Extrakt meiner lebenslangen Suche, die glücklicherweise noch längst nicht abgeschlossen ist. Dennoch hat sie mich schon oft in meinen inneren Sommer geführt. Sie hat mich bislang einiges über den Weg dorthin gelehrt. Vor allem, dass dieser Weg keineswegs über »Wissen« führt. Sondern über Erkenntnis, die nicht mit Worten zu definieren ist. Zum Beispiel über die Erkenntnis, dass mein Denken den Weg wie ein Hinkelstein blockiert. Über die Erkenntnis, wie sehr meine Denk- und Verhaltensmuster mein Ego prägen und wie Pattex meine Wahrnehmung verkleben. Über die Erkenntnis, dass die Gitterstäbe meines Gedanken-Gefängnisses nur langsam schmelzen. Und schließlich, dass das Lösungsmittel für antrainierte Muster eine Mixtur ist aus Geduld, Konzentration und Entschlossenheit. Wenn wir einwilligen, dass wir lange und regelmäßig üben müssen, um Altes abzulegen und Neues zu erfahren, dann öffnet sich der Weg.

Wenn du gesprungen bist, hast du den Ort der Landung längst geträumt. Das ist das Wunderbare, das uns die mühsame Reise ins Innere der Liebe so reizvoll macht. Gott verspricht eine sichere Landung, aber keine ruhige Reise. Also, los!

Über das Träumen, Reisen und Landen an einen Ort, den nur einer kennt: du selbst.

# 1

## Wo die Angst ist, geht es lang

### Die Geschichte meiner eigenen Reise

Mitten im Winter erkannte ich … dass ich dabei war zu erfrieren. Der Winter war ein kühler Tag im April und die Konfirmation der jüngeren Schwester meines damaligen Freundes. Die Familie saß hübsch gemacht in einer evangelischen Kirche in Kassel. Ich war 19, saß daneben und sah das Ganze als spaßfreies Pflichtprogramm an. Ich war zwar evangelisch getauft, doch zu jener Zeit alles andere als empfänglich für kirchliche Botschaften.

Und nun fing auch noch der Jugendchor an zu singen. Ausgerechnet ein Jugendchor! Ich selbst hatte eine fünfjährige Chor-Biografie zu verzeichnen. Oh Gott, wie war das brav und spießig gewesen! Die Lust am Singen poppte höchstens in der Disco noch mal in mir auf.

Alles in mir war also auf Abwehr programmiert. Ein Konfirmations-Kirchenchor – *forget it*! Doch als die ach-so-piefigen Jungs und Mädels zu singen anhoben, erwischten sie mich eiskalt. Denn sie bedienten sich exakt des Soundtracks, für den meine Magengrube den idealen Resonanzboden bot, der ein verheißungsvolles Morgen versprach: Sie rockten Deep Purple, David Bowie, Uriah Heep.

Dem Pfarrer gelang etwas Unerhörtes: eine Konfirmation in der Gefühlssprache von uns, den Unter-Zwanzigjährigen. Ein Gottesdienst als Lebensschule, als Freiheitsschule vielleicht sogar. Erwachsene herzlich eingeladen.

Gesungen wurde zwar in der verachtenswerten Sprache der Oberlehrer und Sittenwächter, auf Deutsch, *heaven*!, doch ich kam erst gar nicht dazu, die inneren Schotten dicht zu machen. Gleich die erste Liedzeile setzte mich schachmatt: »Meinen Kopf in einen warmen Schoß zu legen, und meine Sorgen in einen großen Schrank.« Ein schlichter, um nicht zu sagen, ein höchst kitschverdächtiger Satz. Roy Black hätte seine Freude daran gehabt. Doch bevor ich begriff, wie mir geschah, begann ich – auch zum Erstaunen meiner kirchlichen Nebensitzer – hemmungslos zu weinen. Mein Gott, war das peinlich! Es schüttelte mich, und es hörte nicht auf. Im Gegenteil.

Noch schlimmer wurde es, als der Pastor vom Weg in die innere Wärme sprach, der der wichtigste Weg in unserem Leben sei, und den so viele verpassen würden. Er sprach von Menschen, die die Liebe vergäßen. Die gierig darauf bedacht seien, von wem sie welche Dosis Anerkennung, Zuwendung, Bestätigung erhielten, aber nie lernten, dass Liebe die wertvollste Währung sei. Am wertvollsten, wenn man sie verschenke.

Wer sie achtlos zumülle, die unerschöpfliche Liebesquelle in sich selbst, der begänne unweigerlich zu frieren, so der Pastor. Es gäbe zwar viele Methoden, den inneren Schüttelfrost kurzzeitig zu betäuben, doch wer sich dem nicht stelle, nicht anschaue, weshalb es ihn so friere, der verlöre über kurz oder lang sein Leben. Genauer gesagt: Er verlöre seine Lebendigkeit.

Es heulte mich. Mit Macht brach aus mir heraus, was ich nicht wahrhaben wollte. Denn ich war doch zutiefst davon überzeugt: Ich lebte die große Freiheit Nummer sieben! Gemeinsam mit meinem Freund in einer flippigen WG, im Studium lief auch alles rund … Einzig das Geld war wahnsinnig knapp, weil meine Eltern mir nur den gesetzlich vorgeschriebenen Mindestbetrag gaben, 300 Mark pro Monat. Aus Disziplinierungsgründen. Aber selbst das war irgendwie cool. Geld? Das war doch das Magengeschwür der Kapitalisten.

Und hier, auf dieser beinharten Kirchenbank, wurde mir schlagartig klar: Ich fror, und wie! Trotz I Ging, trotz Habermas und Horst Eberhard Richter, trotz allen Gegenentwürfen zum etablierten Spießerleben hatte ich aufgehört zu suchen. In mir vibrierte es nicht mehr. Die Welt war von einem Grauschleier überzogen. Das tiefe Glücksgefühl zu leben – kaum geahnt, schon verpufft. Mein Gott, eine Lebenskrise mit 19? Verdammt früh!

Aber kein Wunder eigentlich. Hatte ich doch schon früh einen sensiblen Geigerzähler entwickelt für Phasen, in denen das Leben seinen Glanz verliert. Weil ich von klein auf gespürt hatte, wie es ist, sich außen geborgen und innen verloren zu fühlen. Ich klammerte mich an den Rockzipfel meiner Mutter, weil ich kleines, dürres Mädchen innen total verängstigt war. Ein Vertrauen der Sorte »von guten Mächten wunderbar geborgen« war noch nicht erwacht. So erinnere ich mich an meine Kindheit mit dem Gefühl von Behütetsein – und Schüttelfrost.


Ich komme aus einer klassischen Akademikerfamilie. Mein Vater war Professor für Maschinenbau in Braunschweig, meine Mutter hatte das Medizinstudium mit der Geburt meiner älteren Schwester abgebrochen. Carl-Orff-Schulwerk, Klavierunterricht, Ballett, Tennis, Reiten, Jugendchor, Bildungsreisen. Meine Eltern wollten das Beste für uns. Sie organisierten nach bestem Wissen und Gewissen und mit größtem Kraftaufwand die optimale Förderung für uns. Ihr Prinzip: eine strenge, liebevolle Erziehung.

Ich war ein merkwürdiges Kind, extrem schüchtern, ja scheu. Ich traute mich weder aufs Fahrrad noch allein zum Kaufmann an die Ecke. In der Schule war ich war supergut, zu Hause wollte ich am liebsten zu Mama und Papa auf den Schoß. Der Rockzipfel als verlängerte Nabelschnur.

Irgendwann begann ich zu spüren, dass es bei uns zu Hause irgendwie anders war als bei meinen Freundinnen. Alles ein bisschen schwerer, ernster, tiefer, weniger spontan. Es war, als verstecke sich zwischen uns vieren ein graues Geheimnis. Ein Geheimnis, das wie ein schuppiges Tier hinter dem Vorhang saß und sich von Lebensfreude nährte.

Erst zehn Jahre später, ich war gerade 18, begann ich zu begreifen: Es gab einen Zusammenhang zwischen meiner Schüchternheit und dem schuppigen Tier. Mein Vater erzählte uns von dem, was er und meine Mutter mit sich trugen. Und das war beileibe tonnenschwer. Meinem Vater war als »Halbjude« zunächst das Abitur verwehrt worden, später wurde er nach Frankreich in ein Lager deportiert. Dort musste er »den Westwall schippen« und erkrankte schwer. Er hat das Lager und den Nazi-Terror nur mit sehr viel Intelligenz und noch mehr Glück überlebt.

Bei meiner Mutter wurde ein schwarzes Melanom diagnostiziert, als sie im vierten Monat mit mir schwanger war. Als angehende Ärztin wusste sie, was das bedeutet. In einer sofortigen Operation sah sie keine Chance mehr, also trug sie mich aus. Kurz nach der Geburt kam ich ins Säuglingsheim und sie ins Krebsforschungszentrum Heidelberg. Man fand Metastasen im ganzen Bauchraum. Trotzdem wurde sie operiert, acht Stunden lang. Anschließend bereitete der Professor meinen Vater auf ein Leben als Witwer vor.

Doch dann das Wunder: Meine Mutter wurde massiv bestrahlt – und überlebte. Der Krebs war weg. Was blieb, war die

Angst. Immer wieder musste sie zu Kontrolluntersuchungen, immer wieder hatte sie veränderte Lymphknoten, die entfernt werden mussten. Eine einzige aggressive Metastase hätte genügt …

Und von alldem hatten uns unsere Eltern unsere ganze Kindheit und Jugend hindurch nichts erzählt. Sie wollten uns nicht belasten. Und sie wollten unsere Mutter schützen. Niemand sollte über sie und ihr Schicksal tuscheln.

Heute weiß ich, wie das schuppige Tier heißt, das die Lebensfreude in unserer Familie so hinterhältig aufzehrte. Sein Vorname: Angst. Sein Nachname: Verdrängung. Ich meine zu ahnen, was für ein unglaublicher mentaler Kraftakt es gewesen sein muss, mit all dem Erlebten fertig zu werden. Ich spreche bewusst nicht von »Verarbeiten«. Dazu wäre es vielleicht nötig gewesen, professionelle Hilfe zu suchen, sich Unterstützung durch einen Psychotherapeuten zu holen. Doch in den Fünfziger-, Sechzigerjahren? Da wurde verdrängt. Man war ja schon mit ganz anderem »fertig geworden«. Der Krieg war schließlich vorbei. Haltung war alles. Gefühle zulassen war keine Option.

Meine Eltern stammten aus Berlin. In Braunschweig suchten sie sich keine Freunde. Wie zwei Mammutbäume stehen sie da, in meiner Erinnerung. Stumm (er)trugen sie die Last ihres Schicksals und schnitten Gefühle, die sie irritierten, einfach ab.

Zwischen diesen Mammutbäumen tapste nun also Klein-Nina herum, ständig um Aufmerksamkeit und Liebe bettelnd. Meine Eltern gaben mir alles, was sie konnten. Unsicher und verloren blieb ich trotzdem. Denn ich spürte ja: Irgendetwas war anders. Irgendetwas stimmte nicht.

Und so begann ich zu suchen. Nach etwas, das mich stark macht, das mich hält. Zunächst war das der Erfolg in der Schule.

Freundinnen fühlten sich leicht überfordert von mir. So viel Nähe, so viel Ausschließlichkeit wie ich brauchten sie nicht.

Als ich dann zwölf wurde, wuchs das nagende Gefühl, dass gute Noten nicht reichten, um den Grauschleier zu durchstoßen. Er lag über allem, was ich erlebte. Aus ihm war auch meine Schüchternheit gewebt. An die Lerneinheit: »Einfach mal leben« traute ich mich nicht mal aus der Ferne heran. Ich hatte so wenig festen Boden unter den Füßen, wie sollte ich da Experimente wagen? Nein, nur hinter dem Wohnzimmersessel fühlte ich mich einigermaßen sicher.

Dennoch ahnte ich bereits damals, dass die Farben des Lebens in Wirklichkeit viel satter waren, als ich sie wahrnehmen konnte. Und ich ahnte, dass ich Rockzipfel und Wohnzimmersessel verlassen musste, um den Grauschleier zu zerreißen. Ich hatte nur noch keine Ahnung, wie.

Eines Nachmittags nahm dieses Wie Form an. Buchstabenform. Ich war zwölf und saß mit meiner besten Freundin auf dem Bett in meinem »Jugendzimmer«. Wir philosophierten. Das taten wir täglich. In uns beiden blubberte die einsetzende Veränderung. Unsere Eltern nervten, und die blöden Jungs waren plötzlich gar nicht mehr so blöd. Haare zu Rattenschwänzen binden und freundlich den Müll runtertragen – sollte es das gewesen sein? Fing das Leben nicht eben erst an? Aber *wie*? Nur eins war uns klar: das »richtige« Leben, das pulsierte nur dort, wo *keine* Eltern den Takt vorgaben … Wir sehnten uns danach, selbstbewusster zu sein. Freier. Heiterer. Was also tun? Wie denken? Wohin wollen? Darüber also philosophierten wir. Und dann, an diesem Nachmittag, stand er da, an uns gelehnt, ein schlichter Satz: *»Wo die Angst ist, geht es lang.«* Woher wir ihn hatten – ich erinnere mich nicht mehr. Doch er war für mich ein pubertärer Erkenntnisblitz. Ja, es war Angst! Mein Handeln und Fühlen, das steuerte nicht ich, von wegen! Das war fremdgesteuert. Von etwas anderem, von diesem merkwürdigen Tier in mir, vor dem ich mich fürchtete und das ich verabscheute.

*»Wo die Angst ist, geht es lang.«*

Mein Gott, tat das gut. Tu das, wovor du Angst hast, und die Angst schwindet. Und das mir! Dem Mädchen im Käfig aus Angst.

Nur wer sich bewegt, spürt seine Fesseln. Wir wollten stark sein und frei. Ich wollte lernen, wie Leben geht. Ich wollte Farben sehen.

Irgendwann später, in einer meiner vielen Selbstentwicklungsphasen, entdeckte ich Hermann Hesse und mit ihm das geniale sprachliche Bild aus seinem Roman *Demian*: »Der Vogel kämpft sich aus dem Ei. Das Ei ist die Welt. Wer geboren werden will, muss eine Welt zerstören. Der Vogel fliegt zu Gott.« Genauso war es. Das war ich! Endlich fühlte ich mich verstanden. Den letzten Satz ließ ich allerdings erst mal weg. Gott war für mich das Konstrukt der Etablierten, der interessierte mich nicht. Was den Vogel allerdings nicht davon abhielt, zu Gott zu fliegen. Aber das verstand ich erst deutlich später.

Zunächst kümmerte ich mich mal darum, meine Welt zu zerstören. Der klassische Widerspruch der Pubertät: Erkennen, dass Halt und Orientierung aus einem selbst kommen müssen. Die beiden Mammutbäume, die sollten mir nicht mehr das Sonnenlicht nehmen. Doch es war so geschützt und gemütlich nah an ihrem starken Wurzelgeflecht und unter ihrer weit entfernten Krone. Oh weh! Wurzel und Krone! Hatte ich das selber schon? Na, eins war klar: Wachsen konnte ich nur, wenn ich mich groß fühlte. Zugeben, dass ich unsicher war, ging also gar nicht. Immer die Selbstsichere mimen! Für meine Eltern muss diese Zeit grauenhaft gewesen sein. Denn granatenschnell wurde ich das, was man als »frühreif« etikettierte. Mit 14 tummelte ich mich in der Braunschweiger Drogenszene, mit 15 wechselte ich die Freunde im Wochentakt, mit 16 war ich Parteimitglied des KBW (Kommunistischer Bund Westdeutschland), also links außen in der kommunistischen Studentenszene, und mit 17 hatte ich Abitur. Mathematik und Physik waren meine Schwerpunktfächer gewesen.

Einen Tag nach dem Abi zog ich zu meinem Freund und mit Studienbeginn in eine WG. Und siehe da: Je mehr ich von dem zertrat, was meine Eltern für mich vorgesehen hatten, desto farbiger wurde mein Leben. Ich hatte null Geld, und das engte mich furchtbar ein, aber ich genoss mein freies, unkontrolliertes Leben.

Das war typisch für meine Generation. Die Achtundsechziger hatten die Mauern niedergerissen, und nun testeten wir aus, was sich hinter den Fassaden der starren gesellschaftlichen Vorgaben befand. Besonders wir Frauen stießen hier auf vermeintliches Niemandsland. Keine Generation vor uns hatte jemals die Chance auf ein derart selbstbestimmtes Leben gehabt.

Da ich so früh begonnen hatte, im Außen alles wegzureißen, was ich als einengend empfand, begann ich auch früh, mich dem Innen zuzuwenden. Ich suchte nach dem, was mich erden könnte. Auch in dieser Hinsicht war ich sicherlich typisch für meine Generation. Bhagwan, Yoga, biodynamische Ernährung, Selbsterfahrungsgruppen, Sufi-Tanz und Psychokurse … ich ließ nichts aus. Genau definieren konnte ich mein inneres Ziel allerdings nie. Ich suchte Ruhe, Gelassenheit, Selbstbewusstsein, Glücksfähigkeit. So in etwa.

Ja, und dann, nach einigen Semestern, begann der Zauber des Ausprobierens und des Entdeckens unmerklich seinen Glanz zu verlieren. Routine schlich sich ein. Schon seit zwei Jahren war derselbe Mann an meiner Seite, im Studium war die Belastung konstant hoch, und so verlor ich Stück für Stück den roten Faden meiner Suche, den Zugang zur Sehnsucht, das Gespür für das große schwarze Loch in mir.

Das Sollen-Wollen-Müssen eines anspruchsvollen Studiums fuhr gedanklich Karussell mit mir. Phasen des Müßiggangs, in denen die Seele die Navigation eines Tages, einiger Stunden übernahm, gab es nicht mehr. Ich überließ mich, mein Leben, meine Gefühle, dem Diktat meiner flirrenden Gedankenwelt. Yoga verkam zur körperlichen Ertüchtigung. Ich funktionierte gut in der kompetitiven Massenuniversität. Ich schaffte sämtliche Aufnahmeprüfungen, auch die in organischer Chemie.

Und so verpuffte der Zauber des Aufbruchs mit den Knallgasreaktionen der chemischen Seminare. Die lila Latzhose als Signal meiner Verweigerung aller bürgerlichen Klammern und Werte war plötzlich out. Ich begann zu nähen und zu stricken. Nicht weil ich Rückfälle in die Häuslichkeit erlitten hätte, sondern weil ich modisch auffallen wollte. Ich fing sogar an mich zu schminken, was zu Beginn der Siebziger noch total out gewesen war. Auch vorher war ich ja alles andere als eine graue Maus gewesen, doch was nun begann, war die Suche – vielleicht auch die Sucht – nach Anerkennung von außen. »Glück ist, wenn sie dich toll finden«, davon war ich jetzt überzeugt. Am besten natürlich die Männer, und von denen möglichst viele. Das hatte ja schon fünf Jahre zuvor bestens funktioniert, doch damals war es noch so etwas wie ein spielerisches Austesten gewesen. Jetzt wurde es zum Prinzip.

Ich war also voll in der Hand meiner hauseigenen Gedankenpolizei. Die aufregenden Pfade nach innen hatte ich gekappt und das aufkeimende Mangelgefühl, den Mangel an Tiefe und Glück, einfach zugeklebt. Mit den Alltagsdrogen, die wir alle lieben:

Erfolg, Anerkennung, Bewunderung. Ich war anders als all die anderen. Besser, hübscher, einfach toll.

Natürlich glaubte ich das – tief in mir drinnen – nicht. Und so tat ich alles dafür, damit es nach außen so aussah. Wohlgemerkt: Ich finde erfolgreiche, schöne und engagierte Menschen noch immer großartig. Doch heute ist entscheidend für mich, ob sie für die Sache brennen – oder für ihr Ego.

Zurück zum April 1976. Wir fuhren also in unserem klapprigen VW zur Konfirmation nach Kassel, wo sich die Sehnsucht, die ich so elegant weggesperrt hatte, plötzlich als Heulkrampf zurückmeldete.

Damit endete der erste Zyklus von Suchen und Verlieren in meinem Leben. Der erste von vielen. Es war die Suche nach dem tiefen Quell von Wärme, Liebe und Geborgenheit in mir selbst. Und ein Verlust war es, weil ich mir von meiner Gedankenpolizei immer wieder hatte einreden lassen, dass anderes noch viel lustvoller und schöner sei. Jedes Mal aber, wenn ich zurückfand in die Lust der Suche, spürte ich, dass ich schon längst fündig gewesen war. Und jedes Mal mehr. Dem Wandernden wird sich der Weg unter die Füße schieben.

Heute endlich, nach so viel Suchen und Verlieren, ist der zehrende Schmerz verschwunden, das schwarze Loch auf die Größe eines Stecknadelkopfes geschrumpft. Und das Bewusstsein für das, wonach ich suche, verlässt mich nicht mehr. Längst habe ich auch Worte dafür gefunden: Licht und die Liebe. Und heute weiß ich auch, wo ich beides finde: Mitten im Winter erkannte ich, dass in mir ein unbesiegbarer Sommer wohnt.

# 2

## Und auf einmal steht es neben dir, an dich angelehnt. Was? Das, was du so lang ersehnt.

### Meine erste Satori-Erfahrung

Es war am letzten Tag meines ersten Urlaubs in totaler Freiheit.

Ich war 17, hatte das Abitur in der Tasche, war in die Studentenbude meines Freundes gezogen und hatte mein erstes eigenes Geld verdient, bei Horten in der Herrenabteilung. 350 D-Mark waren dabei rausgesprungen, die mussten nun reichen für einen sechswöchigen Urlaub in Südfrankreich.

Heute schaudert's mich, wenn ich daran denke – und auch damals fühlte ich mich weit entfernt von Happy-Go-Lucky. Wenig Geld kann ja ein Wegweiser fürs Wesentliche sein, doch *sehr* wenig Geld nervt einfach nur.

Geliehenes Zweimann-Zelt, wildes Campen, Plumpsklo und Kakerlaken-Dusche – so sah unser Urlaub aus. Zu essen gab es importierte Aldi-Dosen, dazu Weißbrot, Tomaten und Käse. Solche Knappheit beschränkt und macht die Seele eng. Glückshormone brauchen andere Quellen zum Sprudeln.

Doch natürlich gab es auch eine andere Seite der Medaille: unendlich viel Zeit. Lesen, Wandern, Zweisamkeit, die Wildheit der Pyrenäen entdecken. Der kleine Terrorist in meinem Hinterkopf paukte seine Parolen immer mehr ins Leere: Müssen! Sollen! Wollen! Seine Munition war weich geworden, sie löste sich auf.

Zeit raste nicht mehr, sie floss dahin. Gerüche wurden stärker, Farben auch.

Ich spürte, wie meine Seele es sich wohnlich machte in meinem Körper. Mein Atem wurde weicher, meine Gesichtszüge entspannten sich. Sechs Wochen … Zeit genug, um bei sich selbst anzukommen.

Schließlich kam die Rückfahrt. Der klapprige VW hielt durch. Lauer Wind beim Tankstellen-Stopp, die letzten Francs wurden verflüssigt. Kein Widerstand gegen gar nichts. Alles war, wie es war. Die Landstraßen zogen sich hin, weil die Autobahnmaut zu teuer war. Na und? Im Radio: *A Long and Winding Road*.

Und dann geschah es, auf Neudeutsch ein »Flash«. Doch solch eine Vokabel verpackt dieses faszinierende Erlebnis zu sehr in Stanniolpapier, als dass sie dessen Kern zeigen könnte, seine Tiefe, ja: seine Urgewalt.

Wir hatten unser Zelt für die letzte Nacht in einem Wäldchen an einem kleinen See in der Schweiz aufgeschlagen. Es war schon dunkel gewesen, als wir den Platz gefunden hatten, in der totalen Abgeschiedenheit.

Am Morgen danach wachte ich sehr früh auf. Um uns herum herrschte eine große, friedvolle Stille. Ich rollte mich ins Freie und ging ein Stück zum See hinunter. Die Sonne hing noch tief zwischen den Bäumen, und über dem Wasser lag ein feiner Dunst. Der Himmel war von durchsichtigem Blau. Alles hielt den Atem an. Bis heute rieche ich die moosige Erde und spüre jeden einzelnen Baum. Ein Vogel begann zu singen. Und plötzlich geschah etwas mit mir, etwas Überwältigendes, völlig Neues, das sich trotzdem seltsam vertraut anfühlte. Ich tat gar nichts. Ich stand nur da, wie angewurzelt, ein ganzes Stück noch vom Ufer entfernt, und es war, als sähe ich das spiegelnde Wasser, die Ufergräser, die Zweige und den Himmel zum ersten Mal. Alles, was mich umgab, umfing mich mit einer Kraft und Klarheit, die mich erschaudern ließ. Die Wucht des Gefühls, das in mir hochstieg, die Dimension des Glücks, die Sprachlosigkeit zugleich, all das zu erfassen – ich fühlte mich wie aus der Zeit gefallen.

Keine Ahnung, wie lange ich dort stand und staunte. Es war, als hätte die Natur mir gnädig ein Portal geöffnet, durch das ich gehen und eins sein durfte mit ihr. Wo ich herkam, wer oder was ich war, wohin ich wollte, mit mir, mit meinem Leben – nichts war von Bedeutung; kein Gedanke an gestern, heute, morgen.

Kein Gedanke! Das war es. Während ich da stand und von diesem pulsierenden Gefühl unendlicher Lebendigkeit übermannt wurde, spürte ich intuitiv: Wenn ich jetzt anfange nachzudenken, über das, was hier mit mir geschieht; wenn ich es analysiere und in Worte kastele, dann zieht es sich zurück. Diese enorme Energie will mit anderen Sensoren begriffen werden. Denn sie ist … heilig.

Mit Heiligkeit hatte ich damals eigentlich überhaupt nichts am Hut. Das war für mich eine Vokabel, die die Kirche zwecks geistiger Vernebelung der Gläubigen gepachtet hatte. Heiligkeit, pfui Teufel. Und dennoch – anders war diese Woge nicht zu beschreiben! Es war, als würde ich eine tiefe Wahrheit schauen, eine tiefe kollektive Wahrheit.

Und exakt in dem Augenblick, als ich das dachte, begann sich dieser wunderbare Zustand aufzulösen. Sakra! Nicht denken! Keine Worte! Auch nicht das Wort »Heiligkeit«! Intuitiv hatte ich den Schlüssel gefunden zu diesem Portal, das mir eine so überwältigende Welterfahrung eröffnet hatte. Nicht benennen, sondern Worte verbannen! Einfach nur sein. *Bewusst sein.*

Den Schlüssel sah ich also vor mir, doch es gelang mir nicht, ihn zu benutzen. Sosehr ich mich dagegen wehrte, ich rutschte in meinen banalen Normalzustand zurück. Wie ein Holzwurm bohrten sich wieder Gedanken in meinen Kopf und meine Seele. Wie viele Stunden würden wir noch bis Braunschweig brauchen? Wie kalt war wohl das Seewasser? (Es gab ja keine Dusche.) Himmel, da war ich gerade irgendwie erleuchtet gewesen, und jetzt dachte es mich so ein banales Zeug!

Ich ging wie auf Watte zum Zelt zurück und fühlte mich euphorisch und verwirrt zugleich. Von einer kristallklaren Erfahrung überwältigt, von Energie durchflutet und seltsam melancholisch. Ich hatte keine Ahnung, was da mit mir geschehen war, ich wusste nur eines: Dieses Unmittelbare, dieses Voll-da-Sein, dieses wahnsinnig intensive Pulsieren des Lebens – das wollte ich wiederhaben. Möglichst oft. Eigentlich immer. Es schien mir, als gäbe es nichts Schöneres, nichts Wertvolleres, nichts Faszinierenderes als dieses merkwürdige Im-Wald-Stehen-und-auf-den-See-Starren. Und noch etwas wusste ich: Diesen Zustand, den ich da gerade nur kurz erlebt hatte, den würde ich von nun an zeitlebens suchen. Mir war, als hätte ich ihn unbewusst, fast träumerisch, schon immer erahnt.

Gab es einen Weg, um solchen Erlebnissen künftig den Boden zu bereiten? Vielleicht könnte ich sie ja sogar bewusst herbeiführen?

Als Erstes beschloss ich, meditieren zu lernen. Ich ging davon aus, dass dies der Weg sein musste, um mich solch einem Zustand in Zukunft zu nähern. Es sollte eine ganze Weile dauern, bis ich begriff, dass diese Technik auch nur ein Hilfsmittel unter vielen anderen ist und nicht für jeden auf die gleiche Weise wirkt. Wie eine Brille für die Seele. Eine Brille muss ja ebenfalls sehr genau angepasst sein: Dioptrienzahl, Astigmatismus … jedes Auge ist anders. Dann muss man sie auch immer aufsetzen, wenn es nötig ist. Und schließlich gibt es Kontaktlinsen, die funktionieren noch mal ganz anders. Jedem das Seine, das gilt auch für Versenkungstechniken wie die Meditation. Aber davon später.

Noch etwas änderte sich in meinem Leben nach diesem magischen Morgen am See: Ich entwickelte eine Kopfmenschen-Allergie. Dabei war ich ja selbst ein Kopfmensch zu jener Zeit. Und was für einer! Marx-Lenin-Mao-Tse-Tung. Ich hatte mich quer durch die ultralinke Studentenszene ideologisiert. Doch das alles ekelte mich plötzlich an. Dieses Besserwissen, sich und die kommunistischen Zirkel als den intellektuellen Heilsbringer feiern, dieser Dünkel, der vermessene Glaube, die gesellschaftliche Erlösungsweisheit mit Löffeln gefressen zu haben … Mit dieser Arroganz der borniertеn Linken war von einem Tag auf den anderen Schluss. Morgenstund hat Gold im Mund.

Weshalb beschreibe ich es nun aber so ausführlich, das Gold der Morgenstund? Warum erzähle ich Ihnen von dieser für einen Außenstehenden vielleicht eher weniger aufregenden Erfahrung am See so detailgenau?

Weil ich der Überzeugung bin, dass derartig wegweisende Schlüsselerlebnisse jeder schon gemacht, deren unendlichen Wert aber bislang vielleicht übersehen hat. In anderen Zeitaltern mag es religiöse Zeremonien und kollektive Kulte gegeben haben, die genau darauf abzielten, diese Erfahrung gemeinschaftsfähig und für alle elementar zu machen. Sicherlich hat auch unsere christliche Kirche dieses Potential. Und tiefgläubige Menschen erleben Gotteserfahrungen vermutlich auch heutzutage. Aber wer ist heute denn noch tief gläubig? Also liegt die

Gotteserfahrung größtenteils brach. Und ich haderte sowieso mit der Etikettierung meines – ja, mystischen? – Erlebnisses: Kann das Wort »Gotteserfahrung« das treffende sein? Eigentlich mag ich nicht von Gott sprechen, weil die Vokabel zu verquer aufgeladen ist. Auf der Suche nach einem Wort, das diese Erfahrung passend umschreibt, habe ich einen Begriff aus dem Zen-Buddhismus entdeckt, der mich faszinierte. In ihm finden sich fast alle Facetten einer solchen heiligen Erfahrung. Er lautet: *Satori*.

Strenggläubigen Zen-Buddhisten wird mein Vokabelklau sicherlich nicht gefallen. Ich möchte sie deshalb in aller Form um Verzeihung bitten – und darum, genau hinzuschauen! Kann ein Satori nicht auch bei uns, im enorm verkopften Westen … ein Satori sein?

Der Zen-Buddhismus versteht unter Satori eine blitzartige und unerwartet auftretende Bewusstseinserweiterung – eine Art befristete Erleuchtung. Sie tritt unabhängig von intellektuellen Denkprozessen auf und wird als eine Befreiung vom Ich und vom Diktat der Zeit empfunden, heißt es. Ein Satori ist meist ein vorübergehender Zustand, der mit »unbedingten Glückserfahrungen« einhergeht.

Also ganz mein Morgen am See!

Und ich füge hinzu: Ein Satori ist von unschätzbarem Wert. Denn es macht uns nicht nur fast schockartig bewusst, wonach die Menschheit (um es ein wenig pathetisch zu sagen) ewig sucht, sondern es liefert zugleich das Gesuchte. Es ist Erfüllung, Ruhe, Frieden, Angekommensein – alles in einem. Das tiefe Glücksgefühl einer kraftvollen Lebendigkeit. Es nimmt die Angst und befähigt zu Liebe.

Ein Satori kann zum Leitstern Ihres Lebens werden, eben weil es exakt aus alldem besteht, wonach wir uns im tiefsten Innern sehnen.

Weshalb also diesen Glücksstern achtlos im Haufen unserer Erinnerungen verstauben lassen? Hängen wir ihn auf. Nutzen wir ihn. Machen wir ihn zu unserem GPS als tägliche innere Orientierung.

Dazu müssen Sie *Ihr* Satori aber erst mal finden! Wie gesagt, ich bin sicher, Sie hatten schon mal eins. Vielleicht fällt es Ihnen auf Anhieb ein. Sonst machen Sie sich auf die Suche, scannen Sie Ihre Erinnerung. Nehmen Sie sich Zeit dafür. Segeln Sie gedanklich durch Ihr Leben, und warten Sie ab, ob sich ein Bild zeigt, eine Erinnerung hochkommt, die einzigartig aufgeladen ist:

Ein Satori tritt wie gesagt blitzartig auf. Sie erfahren es immer nur ganz allein; es lässt sich nicht teilen. Es kommt zu Ihnen fast immer in der Natur. Allerdings nicht in Stressphasen. Stress ist so abschreckend für Satoris wie ein Elektrozaun. Ein Satori ist ein überwältigendes Gefühl, das weit über das hinausgeht, was ein toller Sonnenuntergang an Wow-Effekt bewirken kann. Es ist ein kurzes Eintauchen in … ja, was? Worte gibt es dafür keine. Sagen wir: Es ist ein Eintauchen in die Kraft des Seins. Farben leuchten, Atem fließt, Zeit steht still.

Ein Satori brennt sich in die Seele ein. Trotzdem wird es in den meisten Fällen sehr schnell verschüttet von der allgegenwärtigen Flut der Alltagsgedanken. Graben Sie es aus! Legen Sie es frei! Vertiefen Sie sich in innere Bilder, und locken Sie das großartige Gefühl wieder herauf, das diese Bilder trägt. Sie können auch mit vertrauten Menschen gemeinsam auf die Suche gehen, indem Sie ihnen von Erinnerungen mit starker Leuchtkraft berichten. Nahe Menschen können Ihnen ein Satori spiegeln.

Wenn Sie dann eines entdeckt haben: Spüren Sie ihm nach. Konzentrieren Sie sich auf Details, die aus Ihrer Erinnerung aufsteigen, und achten Sie besonders auf die damit verbundenen

Gefühle und Empfindungen. Baden Sie in Ihrem Satori. Wiederbeleben Sie es! Irgendwann gehört es ganz zu Ihnen und wird zu einem kostbaren Schatz.

Die Frage ist nur: Wo wollen Sie ihn aufbewahren? Wo ist es sicher verwahrt und sorgsam geschützt?

Legen Sie Ihr Satori in einem Winkel Ihres Inneren ab, den Sie jederzeit erreichen. Machen Sie sich bewusst, wo es liegt, und erinnern Sie sich selbst immer wieder sehr bewusst daran. Ich hege und pflege drei Satoris, die ganz gemütlich in meinem dritten Auge liegen, also mittig zwischen den Augenbrauen, etwa ein Zentimeter Richtung Stirn.

So, spätestens an dieser Stelle dürfte der eine oder andere von Ihnen beginnen, an meiner Zurechnungsfähigkeit zu zweifeln, ich weiß. Aber probieren Sie es einfach aus. Schließen Sie die Augen, vergegenwärtigen Sie sich Ihr Satori und finden Sie einen Ort in Ihrem Körper, wo es gut aufgehoben und abrufbar ist.

Ich hüte meine Satoris sehr sorgfältig. Wenn man sie schludrig behandelt, nur mal schnell, husch, husch, einen inneren Blick darauf wirft, unkonzentriert und dem besonderen Wert dieser Seins-Erfahrung nicht würdig, nutzen sie sich ab. Daher bringe ich ihnen stets großen Respekt und besondere Sorgfalt entgegen. Ich bin mir ihrer möglichst oft bewusst, habe sie sozusagen als zweite Erinnerungsebene im Hintergrund. Immer dann, wenn sie mir im Alltagsgewusel zu entgleiten drohen, hole ich sie mir zurück. Praktisch als eine permanente Erinnerung an den unschätzbaren Wert des Lebens.

Sind meine Sinne mal wieder ordentlich vernebelt von all dem Stress und den vielen Eindrücken, die jeden Tag auf mich einströmen, dann suche ich mir einen stillen Moment, atme tief ein, und beim Ausatmen rolle ich die Erinnerung an mein Satori aus. Nein, das unbeschreibliche Glücksgefühl von damals stellt sich nicht »on demand« ein. Doch seine Strahlkraft genügt, um mein inneres Hamsterrad zu stoppen, dem zwanghaften Kreisen der Gedanken den Stecker zu ziehen. Wenn mir das Satori-Entfalten sehr konzentriert gelingt, entspannt sich mein Körper, und meine Sinne nehmen wieder mit ganzer Kraft ihre Arbeit auf: Farbensehen, Hören, Atmen, Fühlen – die Welt wird reich. Eine große Ruhe steigt auf. Woher?

Davon später.


Jetzt freunden Sie sich zunächst mit Ihrem Satori an. Machen Sie sich bewusst: Es ist *Ihr* ureigener, auf Sie und Ihre Seele maßgeschneiderter Schlüssel zu dem unbesiegbaren Sommer, der in Ihnen wohnt. Nur Sie selbst können ihn für sich entdecken, und nur Sie allein können ihn sorgsam bewahren: Nur von Ihnen hängt es ab, ob seine Kraft, seine Botschaft, seine Heiligkeit auf Dauer wirken kann. Und wenn Sie sensibel geworden sind, bereit für den Zustand dieser kleinen, hoch energetischen, so überraschenden wie beglückenden Erleuchtung … dann könnte es sein, dass Sie Satoris mehrfach erleben – und zwar mit steigender Frequenz. Welche wollen Sie als Ihre sehr persönlichen Orientierungsmarken bewusst aufbewahren? Gibt es andere, die Sie eher ungenutzt deponieren? Nicht wichtig. Hauptsache, Sie wählen bewusst aus. Hauptsache, Sie entscheiden sich für das eine oder für mehrere, die Sie mit dem Gefühl von Wahrheit und Authentizität als Leitstern für Ihre innere Ausrichtung nutzen möchten. Meiner Erfahrung nach bleiben Satoris stärker präsent, wenn ich sie mir notiere. Obwohl ich mit so einem Werkzeug des Intellekts in genau diesem Zusammenhang auch fremdele. Doch wenn ich unter dem unmittelbaren Eindruck einer Satori-Erfahrung schreibe, dann gelingt es mir, tatsächlich Worte für das nicht wirklich Beschreibbare zu finden. Zumindest ich selbst bin dann später in der Lage, zum Wort das Bewusstsein aufleben zu lassen, das wahr war.

Es wird seine Zeit brauchen, bis Sie gelernt haben, Kraft aus Ihrem Satori zu schöpfen. Je intensiver Sie es nutzen, desto stärker wird seine Signalstärke.

Wenn Sie es ihm erlauben, wird es immer mehr einfach da sein in Ihrem Leben. Es wird Sie erinnern, bei allem, was Sie auch tun, dass es da etwas gibt, das unendlich viel größer ist als Sie, als Ihr Ego, als unsere kollektive Existenz. Es wird Ihnen Frieden schenken, Stabilität und Gelassenheit. Und irgendwann wird es Ihnen helfen, das Portal nach innen zu öffnen, zu dem unbesiegbaren Sommer … aber das erwähnte ich ja bereits.

# 3

# Die Tyrannei des Denkens

Nur wer sich bewegt, spürt seine Fesseln

Mein faszinierendstes Satori hatte ich vor einigen Jahren an einem sehr speziellen Ort, nämlich im Sinai. Dort liegt mitten in der Wüste eines der ältesten Klöster der Christenheit: das Katharinenkloster, das heute griechisch-orthodox ist. Man erreicht es nach stundenlanger Busfahrt von Sharm-el-Sheik aus.

Ich war innerlich überhaupt nicht vorbereitet auf eine so elementare Begegnung jenseits meiner eingefahrenen Wahrnehmungsmuster. Obwohl – im Nachhinein betrachtet – die Voraussetzungen dafür stimmten. Ich befand mich mit meiner Schwester fernab vom Alltagstrubel auf einer Kreuzfahrt von Bombay nach Athen. Zwar war ich an Bord nicht als Passagier, sondern gehörte zur Besatzung, doch trotzdem hatte ich das Privileg, dieselben Annehmlichkeiten wie die Gäste genießen zu dürfen. Mein Job bestand darin, das nachmittägliche Bordfernsehen und die Abendveranstaltungen zu moderieren. Das bedeutete durchaus viel Arbeit, denn ich bereite mich auf jeden Auftritt ordentlich vor.

An jenem Ausflugstag hatte ich ausnahmsweise tagsüber frei, war aber trotzdem »im Dienst«, da meine Schwester und ich uns bereit erklärt hatten, bei diesem Landgang die Passagiere unseres Busses gewissermaßen als Reiseleiterinnen zu betreuen. Einen ortsansässigen Guide gab es aber natürlich auch. Er erläuterte uns das prächtige Farbenspiel der Wüste und die Entstehung der wie vom Himmel gepurzelten Oasen, die stolze Welt der Nomaden, die politische Situation der Region und schließlich die Geschichte des Katharinenklosters am Fuße des Berges Sinai.

Obwohl sie so umständlich zu erreichen ist, wird die burgartig-verwinkelt angelegte Klosteranlage von Touristen geradezu überflutet. Um den Klosterbetrieb aufrechterhalten zu können, ist sie deshalb nur wenige Stunden am Tag geöffnet.

Meine Schwester und ich sorgten nun also dafür, dass unsere Mitreisenden mit dem Guide geordnet und vollzählig ihre Tour durchs Kloster starteten. Mir selbst war das alles zu eng und zu voll. Also blieb ich draußen und kletterte auf einen Felsen, um die genialen Farbschattierungen der Wüste zu bestaunen.

Und wieder kam es urplötzlich, völlig überraschend und mit einer ungeheuren Wucht. Mit einem Mal wehte ein starker, gleichmäßig warmer Wind vom Berg Sinai herab. Ich habe keine Ahnung, wie er das anstellte, aber er trennte mich von jetzt auf gleich von jedem banalen Gedanken-Gesprudel ab. Wie angenehm! Mein Kopf war frei vom Denken und meine Wahrnehmung tausendfach geschärft.

Wie schon bei meinem ersten derartigen Erlebnis an dem See in der Schweiz fühlte ich mich wie aus der Zeit gefallen. Die spektakuläre Berglandschaft, die mich umgab, strahlte enorme Kraft ab, und genauso stark brodelte es in mir drin. Merkwürdigerweise war diese Energie aber nicht nur hell, klar und gut; sie war auch dunkel und zerstörerisch. Später schrieb ich in mein Tagebuch: »Es war geradezu alttestamentarisch; eine elementare Gotteserfahrung, und dieser Gott war alles: das Gute, das Böse, die Liebe, der Hass.«

Erstaunt nahm ich wahr, dass dieser Jahrtausendwind weder Angst noch Furcht in mir auslöste. Denn trotz seiner Wucht begleite ihn ein tiefes Gefühl des Friedens. Humus für eine Woge der Demut und der tiefen Liebe zu allem, was lebt, und Dankbarkeit, Teil des Wunders des Lebens zu sein.

Dieses Mal gelang es mir, länger im Satori-Zustand zu verharren. Ich stand erst auf, als meine Schwester mit der Reisegruppe im Schlepptau zur Abfahrt blies.

Und wieder fiel mir die Rückkehr in meinen normalen Aggregatzustand enorm schwer. Ich war ein bisschen wie in Trance. Ein ungeheurer Friede durchströmte mich und gleichzeitig unerhört viel Energie. Ich fühlte mich aufgeladen wie ein fabrikneuer Akku nach 24 Stunden am Ladekabel. Klassischer Smalltalk war nicht möglich. Brav zur Tagesordnung zurückkehren? Nein danke.

Diese Erfahrung mit irgendjemandem zu teilen war absolut unmöglich. Auch nicht mit meiner Schwester. Sie hätte sicherlich in der für sie typischen Art den Kopf schief gelegt und mir mit süffisantem Grinsen eine Zigarette angeboten … und ein Beruhigungsmittel …

Also murmelte ich etwas von Kreislaufstörungen und ließ mich schweigsam vom Bus durch die Wüste zurück zum Schiff schaukeln. Obwohl die Strecke dieselbe war, war es definitiv eine andere Wüste. Ich hätte geschworen, sie sei farbiger. Und sie hatte etwas in ihrer kargen Fremdartigkeit, das mit irgendeinem Rezeptor in meinem Inneren verbunden zu sein schien. Das war die genialste Busfahrt meines Lebens!

Als wir zurück an Bord gingen, war der schöne Spuk leider vorbei. Ich hatte ja die Abendveranstaltung zu moderieren: Text lernen, Haare aufdrehen, schminken … Es war ziemlich ernüchternd. Ich fühlte mich wie ein Luftballon auf dem Weg in die totale Verschrumpelung. »My inner sun« ging unter.

In mein Tagebuch schrieb ich später: »Kein Wunder, von einem Ort überwältigt zu sein, wo vor 2000 Jahren der Dornbusch brannte und Moses endlich mal Gott zu sehen bekam.«

Klar fand ich mich selbst etwas durchgeknallt. Schließlich hatte ich damals längst meine Zeit als Lehrerin hinter mir gelassen und war seit Jahren als Nachrichtenjournalistin darauf trainiert, nur auf das zu vertrauen, was hieb- und stichfest recherchiert ist. Und auch in meiner Parallelwelt, in der ich mir erlaubte, nach innerem Wachstum zu streben, hatte ich enormes Misstrauen allem Esoterischen gegenüber. Dennoch wusste ich: Das waren keine Wüstenhalluzinationen gewesen, die ich da im Sinai erlebt hatte. Mein Satori war etwas, das entschlüsselt werden wollte. Ich war ja seit Jahren schon unterwegs in Sachen Persönlichkeitsentwicklung, Sinnsuche und auf der Suche nach Quellen der Kraft, hatte jede Menge Bücher gelesen, Vorträge gehört etc. Meditation und Yoga waren seit meinem Studium zum festen Bestandteil meines Lebens geworden, und dennoch zeigte mir dieses Erlebnis ganz cool, dass ich trotz allem wohl noch immer ziemlich im Nebel herumstocherte.

Innere Ruhe, Gelassenheit, tiefe Heiterkeit, die Liebe zum Leben, Carpe Diem – trotz all dieses wunderbaren Patchworks an Lebenshilfe hatte ich den Weg zu einem Zustand dauerhaften inneren Friedens offensichtlich noch nicht gefunden. Immer wieder gab es diese wunderbar präsenten, erfüllten, geradezu erhebenden Momente – und schon waren sie wieder weg.

Einige der »Hilfsmittel«, die einem den Weg dorthin weisen sollen, praktizierte ich ja schon, nur eben nicht mit durchschlagendem Erfolg. Nehmen wir die Meditation. Ja, ich hatte eine der Techniken sehr gut drauf. Ich konnte mich in Sekundenschnelle den stressigsten Situationen entziehen und in einen virtuellen Ruheraum eintauchen. Das war sehr angenehm, und trotzdem gelang es mir beileibe nicht immer, den Gedanken-schwarm einfach davonfliegen zu lassen und »leer« zu werden, um mit allen Fasern im Jetzt zu landen. Genauso beim Yoga: Körperlich war es genial, Iyengar-Yoga ist eine der besten Sport-arten, die ich kenne. Doch statt mich ruhig werden zu lassen, bildeten die morgendlichen dreißig Übungsminuten ein großar-tiges Einfallstor für die zehntausend Dinge, die danach organi-siert werden wollten. So intensiv und konzentriert in die Asanas abzutauchen, wie es die Yoga-Lehrer scheinbar kinderleicht praktizieren, ist mir bis heute nur selten gelungen.

Den Durchbruch in Sachen »inneres Wachstum« hatte ich mit diesen Methoden also nicht erreichen können. Doch was sollte ich tun? Ich steckte mit größter Leidenschaft in einem Beruf, in den ich mindestens zehn, zwölf Stunden pro Tag investierte, oft inklusive der Wochenenden. Um die »andere Ebene« nun noch intensiver zu erforschen, als ich es bei diesem vollen Terminka-lender ohnehin schon tat, fehlte mir schlichtweg die Zeit.

Sie fragen, was das nun mit dem Satori Nummer zwei zu tun hat? Sagen wir so: Dieses Satori zeigte mir, was all die anderen »Hilfsmittel« bisher so nicht vermocht hatten. Vor meinen Au-gen öffnete sich eine Tür, die mich in eine Welt schauen ließ, in die ich mithilfe von Yoga oder Meditation immer zu gelangen versucht hatte. Unmittelbarerer kann man ja gar nicht erfahren, dass da etwas existiert, das ziemlich viel größer ist als wir. Ja, mir dämmerte, dass ich körperlich und seelisch etwas wahrge-nommen hatte, das immer schon da war. Vielleicht so etwas wie eine weitere Dimension. Etwas Ewiges, das uns umfängt – und noch viel mehr: Dieser Teil ist von uns. Nur hatte ich das bisher einfach nicht erkannt.

Klar, dass es diese Dimension gibt, ahnen wir wohl alle. Je-der, der sich dafür interessiert, ob es irgendwie weitergeht hinter dem Horizont unseres Intellekts, für den ist das nicht überraschend. Wir spüren, dass da »etwas« ist, hier, jetzt und überall. Und dieses Gefühl spiegelt sich unterschwellig in tausend Facetten unserer Kultur, in Film, Theater, Literatur wider. Hin und wieder öffnet sich, hoppla!, ein kleines Fenster, wir sagen: Ahhh! Welch großartige literarische Naturbeschreibung, welch ein Zauber umgibt die Filmfiguren, welch eine Theatermagie, welch himmlischer Song! Oder: welch vielsagender Text …

*Irgendwo auf der Welt*
*Gibt's ein kleines bisschen Glück,*
*…*
*Wenn ich wüsst', wo das ist,*
*ging ich in die Welt hinein,*
*denn ich möchte einmal recht*
*so von Herzen glücklich sein.*
*Irgendwo auf der Welt*
*Fängt mein Weg zum Himmel an;*
*irgendwo, irgendwie, irgendwann.*

Die Comedian Harmonists haben natürlich die wirtschaftliche und politische Verzweiflung der frühen dreißiger Jahre in diesen Sehnsuchtssong gegossen. Aber er funktioniert heute, in der Version der »Prinzen«, noch ganz genauso.

Also, wie gesagt: Ahnen tun wir da alle etwas. Mehr oder weniger. Wir finden auch immer mal wieder kleine Goldnuggets, tiefen Frieden, sprachloses Glück in der Natur, vielleicht sogar ein Satori. Doch was uns fehlt, ist offenbar die Fähigkeit zu erkennen, dass diese Dimension allgegenwärtig ist, sie als Konstante wahrzunehmen, als Teil unserer eigenen Existenz. Aber wieso eigentlich?

Gewisse Antennen dafür scheinen uns ja immerhin angeboren zu sein. Doch entweder sind diese Antennen einfach zu unterentwickelt, sozusagen nur noch Stummelchen, Restposten aus der Rumpelkammer der Evolution, oder wir haben es nicht gelernt und trainiert, sie ordentlich zu benutzen. Weil es kaum gesellschaftliche Strömungen in unserer westlichen Welt gab, die so ein Training als wichtig und hilfreich angesehen hätten. Ich denke, es spricht eine Menge für Letzteres.

(Ausgenommen davon sind natürlich sehr fromme Menschen, die sich ja noch heute in praktischem Glauben üben. Schließlich bieten alle Religionen dieser Welt Methoden der Versenkung und der Bewusstseinserweiterung an. Doch ich meine diejenigen, für die die Kirchenpraxis kein oder nicht genug Erweckungspotential mehr birgt.)

Worauf ich anspiele, ist eine kollektive Lernlücke, die sehr viele Menschen unseres Kulturkreises, die große Mehrheit vielleicht, von der Windel an mit sich tragen: Wir haben es nicht gelernt, unsere Gedankenflut zu kanalisieren. Wenn wir das Glück der sorgsamen Förderung erlebten, dann sind wir sehr gut trainiert, uns zu konzentrieren. Auf eine Aufgabenstellung, auf die Formulierung eines Textes, auf einen Spielzug im Mannschaftsspiel. Aber wir haben nie gelernt zu unterscheiden: zwischen effizientem, konzentriertem Einsatz unseres Verstandes – und dem Domptieren des unablässigen, sinnlosen Gedankenschwarms.

Allein beim Schreiben dieser Zeilen bin ich ständig dabei, fiese, kleine Denk-Moskitos zu verscheuchen, die permanent versuchen, meine gedanklichen Kreise zu unterminieren. »Wo sind die Hunde? Die muss ich bald füttern. Hat mir das Büro XYZ eigentlich den Einwahlcode für die Telefonkonferenz nachher gemailt? Komisches Geräusch da draußen. Ach so, Müllabfuhr. Irgendwas wollte ich auf keinen Fall vergessen. Was war das bloß? Ah ja, nachher muss ich noch die Überweisung 123 machen.« Unendlich penetrant, diese Gedanken-Moskitos. Sie lassen uns ständig unaufmerksam sein. Eine Zumutung eigentlich. Trotzdem tun wir nichts dagegen. Aus dem einfachen Grund, weil wir nie gelernt haben, dass dieses Gedankengebrabbel nicht der Normalzustand sein muss.

Und mehr noch: Nicht nur, dass wir nicht gelernt haben, das Werkzeug des klaren, analytischen Verstandes zu trennen von der Diktatur der Quasselbude in unserem Hinterkopf, wir gehen sogar noch weiter: Wir identifizieren uns lammfromm mit dem, was da abgeht in unseren Hinterstübchen. Wir sind davon überzeugt: »Ich denke, also bin ich!«

Die Folgen sind fatal: Matthew Killingsworth von der Harvard Universität belegt im Magazin *Science*, dass wir die Hälfte der Zeit, die wir im Wachzustand verbringen, geistig abwesend sind. Wir überlassen uns unstrukturiert allen gedanklichen Abschweifungen, die so daherkommen. Wir schwelgen in Nichtigkeiten der Vergangenheit, vertüdeln uns in Unwägbarkeiten der Zukunft, und – das ist das zentrale Fazit seiner Studie – das macht uns unglücklich. Dauerhaft unglücklich. Das wiederum finde ich ziemlich spektakulär: Dass es einen wissenschaftlich nachgewiesenen Zusammenhang zwischen gedanklichem Abschweifen und Unglücklichsein gibt. Der entfesselte Moskitoschwarm der Gedanken hindert uns nicht nur am Lebenfühlen, sondern am Glücklichsein.

Im Umkehrschluss heißt das: Es ist sinnvoll, zweierlei zu trainieren: Erstens, das bewundernswerte Werkzeug des Verstandes vom unkontrollierten Kreisen der Gedanken abzukoppeln, und zweitens, den wabernden Gedankenschwarm domptieren zu lernen.

Das Lernziel: Ich denke. Ich lasse nicht zu, dass ES mich denkt.

Schöne Sache. Leider ist zu berücksichtigen, dass wir von frühester Kindheit an völlig anders programmiert worden sind. Und das lässt sich nicht von jetzt auf gleich ändern. Die Hirnforschung sagt uns ungerührt: Was da im Gehirn an Leitungsbahnen gelegt wurde über Jahre und Jahrzehnte, was sich an Denkgewohnheiten eingegraben hat, das ist ziemlich resistent gegenüber Veränderung.

Wenn ich trotzdem Veränderung will, dann dauert das, ist anstrengend und braucht viel Geduld. Einsicht allein genügt nicht, neue Denkbahnen entstehen nur, wenn wir das Neue ständig üben und wiederholen. Und, ganz wichtig: Für eine tiefe Veränderung braucht es auch tiefe Emotion.

Will heißen: Wenn wir den Gedankenschwarm in den Griff kriegen wollen, wenn wir uns zum Chef aufschwingen wollen über das, was in unserem Geist passiert, dann müssen wir nicht nur täglich trainieren, sondern wir müssen es auch mit offenem Herzen tun, mit Emotion. Sonst kommt die Botschaft des Wandels in unserem Gehirn nicht richtig an. Doch wenn wir uns denn redlich bemühen, dann steigen die Chancen auf tiefes Glück und inneren Frieden.

Und jetzt kommt wieder unser Satori ins Spiel. Es unterstützt die emotionale Seite der inneren Veränderung: Es kann uns helfen, lustvoll zu trainieren. Weil es uns immer wieder erfahren lässt, *wofür* wir das tun. Das geht aber nur mit aktiven, »frisch gehaltenen« Satoris. Sie müssen farbig, lebendig, sprühend sein. Jedes Stereotyp wird schal, Routine verschließt den Zugang zur Seele. Also: Sterile Postkarten-Erinnerung funktioniert nicht. Ein Satori auszurollen bedeutet, in die Erinnerung einzutauchen, mit Kopf *und* mit Herz.

> *»Es gibt eine Zeit, in der es wesentlich ist aufzuwachen. Diese Zeit ist jetzt.«*
>
> BUDDHA

# 4

# Entspanne dich.
# Lass das Steuer los. Trudele durch
# die Welt. Sie ist so schön.

Üben, das Denken abzustellen.
Und was kommt danach?

Der Wecker klingelt. Halali für einen normalen Arbeitstag. Reißt er uns aus süßen Träumen? Holt er uns aus umwölkter Traumwelt, aus erholsamer Tiefenentspannung zurück in die Inkarnation der Brötchenverdiener und Kindererzieher?

Mitnichten! Bei vielen, sehr vielen hat der Postmann mit der Botschaft der Pflichterfüllung schon viel früher am Morgen geklingelt. Auch bei mir. Nur im Urlaub umkringeln mich noch die Fäden meiner Träume, wenn ich aus dem »Schlafefluss«, wie Biermann dichtete, sanft am Ufer des Morgens anlande.

Im normalen Arbeitsleben hat sich die Moskitoarmada der Gedanken lange vor dem Weckerklingeln formiert; noch nicht im »Stechschritt«, aber auch so sehr wirksam. Was alles in den Tag rein soll, das zischt schon frühmorgens, sagen wir, ab halb vier, völlig ungeordnet durch Kopf, Bauch und Träume. Ich drehe mich um, wache kurz auf ... und das Gedankenkarussell setzt ein. Ein Perpetuum mobile, Stecker ziehen geht nicht. Der Atem wird flach, die Muskeln verspannen sich … Gemeiner Zustand. Die Moskitos sind schuld. Genauer gesagt, ich bin schuld, weil ich die Biester nicht im Griff habe. Irgendwann formieren sie sich und verklumpen sich zu einem großen Aufgabenhaufen, der abgearbeitet sein will. Und dann klingelt der Wecker. Ein großartiger Einstieg in den neuen Tag!

In so einer Nacht hat der Gedankenschwarm in meinem Unter- oder Halbbewusstsein mal wieder ganze Arbeit geleistet: Die Bürde der Erledigungen, Aufgaben und Herausforderungen liegt schön ausgebreitet vor mir, alles im Namen der Pflichterfüllung. Von Tiefenentspannung kann da keine Rede sein.

Empfinde ich nach so einer Nacht Freude auf das, was der Tag, das Leben mir bringen wird? Oh nein. Längst sind alle Poren dafür verstopft, von einer zähen, klebrigen Masse aus Gedankenbrei.

*Aus meiner tiefsten Seele*
*zieht mit Nasenflügelbeben*
*ein ungeheurer Appetit nach*
*Frühstück und nach Leben.*

Joachim Ringelnatz konnte gut Nasenflügelbeben. Aber hätte er auch heute noch, in der modernen Sklaverei der Blackberry- und iPhone-Rund-um-die-Uhr-Verfügbarkeit eine Chance dazu? Der Arbeitsplatz klebt immer brav an unserer Seite, am Esstisch, im Bad, im Supermarkt. Wir telefonieren beim Autofahren, schreiben E-Mails an der roten Ampel und lesen die iPad-News fetzenweise, während wir unseren Lunch verschlingen und mit Kollegen diskutieren. Wir organisieren das Abend- und Sportprogramm, kaufen im Netz ein – und arbeiten nebenbei natürlich weiter.

Was also tun, wenn uns der Moskitoschwarm nächtens heimsucht, wenn wir eigentlich schlafen und neue Kraft schöpfen sollten? Ich habe mir ein Moskitonetz gebastelt, das so aussieht: Ich wache auf, mitten in der Nacht, und es kreiselt. Genauer gesagt: Es kreiselt so sehr, dass ich aufwache. Dann werde ich mir als Erstes der Tyrannei des Kreiselns bewusst. Im nächsten Schritt beschließe ich abzutauchen. Mein Lieblingsmantra hat uns Dietrich Bonhoeffer geschenkt:

*»Von guten Mächten wunderbar geborgen.«*

Ich weiß, manch einem mag das an dieser Stelle unpassend vorkommen, hat Bonhoeffer das Gedicht, aus dem die Zeile stammt (*Von guten Mächten treu und still umgeben*) doch in Gestapo-Haft geschrieben, wo er kurz vor Kriegsende brutal ermordet wurde. Und dennoch, vielleicht auch gerade deshalb, ist dieses Vermächtnis *meine* Taucherglocke für die andere Ebene.

Ich konzentriere mich also zunächst auf diesen einen Bonhoeffer-Satz und denke ihn ein paarmal vor mich hin. Und weil die Tyrannei des Kreiselns gerne zu Muskelverspannung führt, die nichts mehr fließen lässt (weder Wohlgefühl noch Lebensenergie), sende ich dazu an meine Muskulatur die freundliche Aufforderung: »Mach dich schwer!« Genau: das gute, alte autogene Training. Vom Yoga abgeschaut habe ich mir, *welche* Muskeln ich schwer werden lasse und tiefenentspanne. Ich beginne beim Kopf und folge dabei keiner festgelegten Reihenfolge. Wie es sich ergibt, entspanne ich Kopfhaut, Ohren, Augenbrauen (ja, das geht!). Ganz wichtig: die Augäpfel (ja, das geht!), Nasenwurzel (auch das!), Lippen und Gaumen, Zunge, die Kiefermuskulatur. Meistens bin ich dann schon längst wieder mitten im Schlafefluss.

Aber natürlich lässt sich die Tiefenentspannung, das »Schwerwerden« auch noch weiter durch den gesamten Körper lenken. Mithilfe dieses einen Satzes, den ich als Bollwerk gegen alles Kreiselnde mit aller nächtlichen Konzentration als Schutzschirm ausbreite. Ich denke also hellwach, um dann umso tiefer wegzudriften: »Von guten Mächten wunderbar geborgen.« Gemeinsam mit diesem wunderbaren Bonhoeffer-Mantra hat mein Moskitoschwarm keine Chance.

Was da geschieht, ist etwas, das wir uns am Tag kaum gönnen. Wenn es gelingt, abzutauchen unter den Gedankenschwarm, erlauben wir uns, in einen tiefen Frieden einzutauchen, von dem wir tagsüber oft nicht den Hauch einer Ahnung haben. Deshalb birgt die Nacht Riesenchancen für uns. Sie zu nutzen, um bewusst wegzugleiten in unsere andere Dimension, jenseits des Intellekts, ist eine großartige Grundübung. Mit ihrer Hilfe kann das Ablösen, das *to be detached* irgendwann auch im wachen Alltagsmodus gelingen.

Aber nicht nur mitten in der Nacht, sondern auch frühmorgens bringt uns der Gedankenspuk gerne um jegliche Erholung. Um dem ein Ende zu setzen, habe ich eine wirksame Methode gefunden: Ich nutze Satoris.

Und das geht so: Wecker klingeln lassen, *nicht* aufstehen. Auf den Rücken legen, tief ein- und ausatmen und einige magische Satori-Bilder aus ihrem Versteck holen. Wie gesagt, bei mir schlummern sie hinter dem dritten Auge. Dazu ganz sanft aus den Bildern die dazugehörigen Glücksgefühle aufsteigen lassen. Ohne sie bleibt das Satori wirkungslos. Klar, es wird so früh am Morgen vielleicht nur einen zarten Hauch verströmen, aber es geht um die andere Ebene. Moskitos haben dort keinen Platz. Im besten Fall steigt in uns etwas auf, für das ich nur eine durchaus kitschverdächtige Formulierung finde: die Süße des Lebens.

Der Gedankenschwarm fliegt weg, und ich habe Zugang zum Elementaren. Ich spüre mit allen Fasern: Ich lebe! Was für ein großartiges Geschenk, Quelle einer tiefen Ruhe. Und das morgens um halb sieben!

Natürlich sind beide Techniken nur zwei Beispiele von unendlich vielen. Es gibt nicht das »*One-fits-all*«-Rezept, das bei allen funktioniert. Denn jeder von uns ist auf eine andere Weise Gastgeber für seinen Gedankenschwarm. Was Ihnen persönlich hilft, können nur Sie selbst herausfinden. Das braucht etwas Zeit, Geduld und Sensibilität. Allein auf den Effekt kommt es an: *to be detached*. Sich lösen von dem, was mich abwesend sein lässt. Sich lösen von dem Elektromagneten im Kopf, der Gedanken wie Metallspäne ins »jetzt gleich, später, morgen oder übermorgen« zieht. Sich lösen von den Gedankenschnipseln, die JETZT völlig unwichtig sind.

Und noch eins: Erwarten Sie keine Wunder. Unsere Körper, Nervenbahnen und Empfindungsmuster sind seit Jahrzehnten an permanentes Gedankenflirren gewöhnt. Wir haben nie erfahren, wie es sich anfühlt, wenn es ins Leere läuft. Es wird Ihnen also nicht auf Anhieb gelingen, das Geflatter im Kopf in den Griff zu kriegen.

Ich habe für mich als Wegweiser zwei Bilder geprägt, die ich genau dann vor mein geistiges Auge hole, wenn ich mal wieder besonders abwesend bin: Nachts ist es eine große, gemütliche Taucherglocke, mit der ich abtauche unter den Gedankenmüll. Am Tage hebe ich ganz rustikal einen imaginären Deckel von meinem Kopf, und siehe da: Die Moskitos entfleuchen. Mit solchen Bildern gewinne ich keinen Literaturpreis. Doch was hilft, hat Recht.

Also, das Ziel ist klar:

*»Tiefes Glück ist Gegenwart ohne Denken.«*
OSWALD SPENGLER

Apropos denken: All das zuvor Gesagte soll nicht heißen, dass ich das Denken und Gedanken an sich für schädlich halten würde, natürlich nicht! Über meine Agenda für den Tag denke ich beispielsweise sehr gerne nach. Ich schreibe Tu-Zettel, Gesprächsnotizen und versuche den Tag optimal zu strukturieren. (Aber nicht *vor* dem Aufwachen! Und schon gar nicht mitten in der Nacht.) Überhaupt nutze ich meinen Verstand sehr gerne, lustvoll und möglichst messerscharf geschliffen, wenn ich ihn brauche. Und das ist eh ein Großteil des Tages der Fall. Doch daneben trainiere ich mich immer und immer wieder darauf, mir permanent bewusst zu sein – 24 Stunden, sieben Tage die Woche, egal, was ich tue –, dass es da noch diese andere Seinsebene gibt, jenseits des Intellekts, die mir Frieden schenkt, Glück und tiefe Erkenntnis.

Hier noch einmal die Grundeinheiten des Trainings, das als Ziel hat, den unbesiegbaren Sommer in uns nicht nur zu entdecken, sondern ständig mit ihm in Verbindung zu bleiben. Wenn Sie sich die Mühe machen, zigmal am Tag, immer nur kurz, aber sehr bewusst, dorthin zu spüren, nach innen, dann werden Sie sich mit der Zeit immer öfter mit einem Kraftquell verbunden fühlen, der einfach da ist. Immer. In Ihnen und unbesiegbar. Der Weg dorthin ist von der Sorte *A long and windy road*, aber es ist der wichtigste Weg überhaupt.

Also. Der erste Abschnitt des Weges besteht aus drei Etappen. Und das Gemeine ist, dass dieser Weg wie ein Nachhauseweg ist. Man geht ihn immer wieder:

1. Gedankenschwarm vom Verstand trennen lernen.
2. Beide, Gedankenschwarm und Verstand, bewusst und getrennt steuern lernen.
3. Die Dimension erkennen, die dahinter liegt ... über die wir in diesem Buch natürlich noch intensiv nachdenken werden.

Wir üben also, uns von dem, was uns permanent abwesend sein lässt, zu befreien. Ich bin sparsam mit der Vokabel »Befreiung«, doch ja: Das Sich-Lösen von der Belagerung durch flirrenden Gedankenmüll – das ist definitiv eine Befreiung. *Sprengt den Fels der Unbewusstheit.* Der selbsternannte indische »Erhabene«, der »Gott«, also Bhagwan, den ich in früher Jugend auch total spannend fand, hat einem seiner Bücher diesen Titel gegeben. Ein guter Titel, das denke ich noch heute. Provokativ natürlich, doch das gehörte ja zu seinem Westler-Verunsicherungskonzept dazu: Erschrecke die Verkopften bis ins Mark, und ihr Verstand hisst die weiße Flagge. Auch ein Weg, sich von der einseitigen Dominanz der Ratio zu befreien. Aber nicht meiner. Trotzdem: Der Titel hat mich vor gut 30 Jahren sehr fasziniert, denn durch dieses Buch habe ich erstmals das Ausmaß des alles durchdringenden Netzwerks der Gedanken erkannt, das mich am Leben, Fühlen und Glücklichsein hinderte. »Der Fels der Unbewusstheit« – wie sollte ich damit denn nun umgehen? Zum Sprengen meines Felsen in den Ashram nach Poona zu gehen, die Hälfte des Tages zu meditieren, in heiligen Gesängen zu versinken und vor allem: bloß keine Karriere zu machen, weil sie mit felsigem Verstand verbunden wäre – zuall dem war ich dann doch nicht bereit. Was also tun?

Glücklicherweise wurde mir ziemlich schnell klar, dass es noch mehr Wege gab, die zum Ziel führten – und außerdem jede Menge Irrwege, die es zu meiden galt. Zeitweilig meinten wir »Suchenden« ja, das heilige Einssein mit dem Göttlichen sei unser Hauptjob im Leben ... was in der öffentlichen Wahrnehmung oft auf Befremden stieß. Die Folge war, dass allein schon Vokabeln wie »Sinnsuche«, »Gotteserfahrung«, »Einssein mit der Heiligkeit des Lebens« usw. tabuisiert wurden und für Menschen, die sich erkennbar mit dem beschäftigten, was jenseits unserer Ratio existieren könnte (und die das außerhalb der anerkannten Kirchen taten), viele klassische Karrierewege versperrt waren (und noch sind). Das ist in gewisser Weise auch nachvollziehbar, denn die Massenbewegung der Sinnsuche-Generation in den Siebzigern und Achtzigern hat so viele idiotische bis rattenfängerische Ideologieblüten der Esoterik getrieben, dass ein gesundes Misstrauen die logische Folge sein musste.

Heute sind wir weiter. Das Geschäft mit plumpen Heilsversprechungen blüht zwar noch immer, doch daneben hat sich längst ein weltweites Netz von Andersdenkenden gebildet, die unideologisch, erkenntnisorientiert und allergisch gegen jede Art von spirituellen Führern sind.

In einer Welt, die dabei ist, jedwede klare Strukturen und Orientierungslinien dauerhaft zu verlieren, in der Unsicherheit in allen Lebensbereichen dominiert, eine immense Beschleunigung in Arbeitsprozessen und in der Kommunikation den Atem nimmt und massive Ängste die Entwicklung der Weltwirtschaft begleiten – in einer solchen Welt beginnt sich (ich spreche das Unwort aus) ein »spiritueller Widerstand« zu formieren. Nicht gegen das, was uns faktisch durcheinanderschüttelt, das lässt sich kaum beeinflussen, weil die Ursachen globaler Natur sind. Der Widerstand formiert sich gegen die Ohnmachtsgefühle, die einhergehen mit dieser explosionsartig ansteigenden kollektiven Unsicherheit.

An der Spitze von großen Konzernen zum Beispiel, wo der Wind besonders kalt weht, hat man längst begonnen, über »Angstmanagement« nachzudenken. Wie man umgeht mit Ängsten der

Mitarbeiter – *und* mit denen der Führungskräfte. Das beste Mittel, um damit umzugehen, so hat man festgestellt, ist mentale Stärke. Doch die lässt sich nicht einfach antrainieren. Mentale Stärke kann nur der entwickeln, der es wagt, nach innen zu schauen, um seine ureigene Kraftquelle zu entdecken, den unbesiegbaren Sommer eben. Und da stoßen selbst hartgesottene Gegner von allem Nicht-Fassbaren auf eine spirituelle Dimension: Dieser Kraftquell verschließt sich unserem Verstand. Analytisch werden wir den inneren Frieden und auch die Angstfreiheit niemals erreichen, die in uns ruhen.

Es scheint also ein breiter gesellschaftlicher Trend zu entstehen, sich dem zu nähern, was sich unserer Ratio entzieht. Wie kann man nun diese Entwicklung benennen, tabuwortfrei, ohne alte Abwehrreflexe zu provozieren? Eckhart Tolle, wie ich finde, einer der coolsten Bewusstseinslehrer unserer Zeit, spricht in seinem jüngsten Buch von »Bewusstseinssprung anstelle von Selbstzerstörung«. Es gibt einen starken Trend zur Bewusstseinsveränderung. Die Erkenntnis zieht Kreise, dass wir zum »Kern der Dinge« zurückkehren müssen, um in unserem trudelnden Raumschiff Erde mentalen Halt zu finden. Wir brauchen ein »neues Bewusstsein«, das zwei Ebenen anerkennt: ein Bewusstsein *mit* und ein Bewusstsein *ohne* Denken.

Beschäftigen wir uns also weiter mit dem Bewusstsein *ohne* Denken, mit »reinem Bewusstsein«, wie nicht nur Eckart Tolle es nennt und wie wir es in Reinform in Satoris erfahren. Um uns dem zu nähern, müssen wir sowohl den analytischen Verstand als auch das frei floatende Gedankengewimmel abstellen.

Sie werden nun sicher fragen: Aber dafür gibt's doch seit Jahrtausenden die Meditation? Klar gibt es auch hier im Westen etliche, die mit dieser täglichen Praxis hervorragend fahren. Einige meiner Freunde gehören dazu. Ich bewundere sie, doch für mich ist diese Methode ineffizient. Ja, auch mir tut es gut, wenn ich meine Gedanken auf Reisen schicke, wenn ich gemeinsam mit meinem Atem nach innen gleite, um dann auf einer Woge der Lebendigkeit, der Freude am Leben drei Zentimeter über dem Boden zu schweben. Toll! Das *ist* ein großartiges Training für reines Bewusstsein.

Doch wieso habe ich es dann nicht dauerhaft in mein tägliches Leben eingebaut? 20 Minuten morgens, 20 Minuten am Abend? Wie gesagt, auch im westlichen Teil der Erde schaffen das einige Menschen und mit großem Erfolg. Ich aber habe nach einigen Jahren wieder damit aufgehört, weil ich gemerkt habe, dass es für mich im Alltag nicht richtig funktioniert. Meine intensivsten Meditationserlebnisse hatte ich immer im Urlaub. Das ist bis heute so, denn abseits der beruflichen Taktung fällt mir das morgendliche »Sitzen« überhaupt nicht schwer. Doch im Alltag quäle ich mich damit. Es gibt so viel zu tun, und ich sitze rum. 20 Minuten sind mir einfach zu lang. Und weniger ist nicht sinnvoll, weil sich dann weder die seelischen noch die körperlichen Effekte einstellen (Blutdruck und Pulsfrequenz sinken, das Gehirn schaltet auf Alphawellen um). Oft ist es mir noch nicht mal gelungen, richtig gedankenfrei zu sein. Und dafür 20 Minuten investieren? Frust! Der Effekt – wenn es überhaupt einen gibt – verfliegt bei mir sofort. Fazit: Meditation ist großartig für mich, wenn ich Zeit habe (was selten ist), und bringt wenig, wenn mein Terminkalender voll ist.

Folglich meditiere ich schon lange nicht mehr regelmäßig, sondern eben nur noch im Urlaub. Als Sahnehäubchen eines wunderbaren Tages sozusagen. Dann sind das 20 erfüllte, glückliche Minuten.

Im Alltag aber brauche ich andere, elegant einbaubare Methoden, um schnell bei mir anzukommen. Kleine Einheiten, dafür aber viele in den Tag gestreut. Im Idealfall verbünden sie sich miteinander und bilden ein feines Netzwerk aus Bewusstheit, weben diese zweite Ebene der Wahrnehmung in den Alltag ein. Das hilft mir, immer wieder Abstand zu gewinnen, zum Beobachter zu werden, mich abzulösen von den »Notwendigkeiten«, die sich so wahnsinnig wichtig nehmen: *to be detached.* Und für die Generallinie der Orientierung installiere ich zusätzlich mein ganz persönliches GPS des »Satelliten« Satori im Orbit, der über allem schwebt und den ich möglichst regelmäßig anfunke.

Hervorragend geeignet für solche Bewusstseinsübungen, wie ich sie statt Meditation praktiziere, ist wie schon beschrieben die Nacht. Schlaf und Traum sind ja Verwandte dessen, was wir an Lebensfülle suchen, auch wenn sie auf den ersten Blick das Gegenteil davon zu sein scheinen. Wir streben »wache Bewusstheit« an, während Schlaf und Traum uns ins Reich des Unbewussten entführen. Doch die Übergänge zwischen den beiden Welten lassen sich wunderbar nutzen ... wenn es gelingt, die wimmelnden Gedanken von der Bettkante zu schubsen.

Zwei nächtliche Bewusstseins-Chancen habe ich bereits beschrieben: das Aufwachen zu unchristlicher Zeit, weil der kommende Tag im Kopf schon Tango tanzt, und das nervöse Aufwachen am Morgen, weil ich längst Opfer einer gedanklichen »Kopf-Besetzung« bin.

Aber die Nacht offeriert noch eine weitere Chance: das Einschlafen.

Ist er nicht großartig, der Zustand des »Dazwischen«, wenn wir aus dem Modus des Denkbetriebs hinübergleiten in den Schlafefluss des Unbewussten? Nacht für Nacht ist das eine geniale Transformation, ein Wunder. Da bietet es sich ja förmlich an, während wir so angenehm gleiten, eine Portion »reines Bewusstsein« einzuüben.

Wenn ich noch nicht todmüde bin und ein Hauch Denkkapazität noch frei ist, dann liebe ich es, den zurückliegenden Tag bildhaft an mir vorüberziehen zu lassen. Ich betrachte ihn entspannt aus der Vogelperspektive und frage mich: Hätte ich etwas anders, etwas besser machen können? Habe ich ungeduldig reagiert, wo Verständnis angesagt gewesen wäre? Bin ich dem Verräter aufgesessen, der Eitelkeit heißt? Habe ich andere Menschen benutzt, um mein Ego zu polieren? Der indische Managementtrainer Jagdish Parikh hat diese Übung »*bettering yourself*« getauft. Für mich gleicht sie einer Minibeichte ohne Rosenkranz und entspannt mich enorm. Denn bewusst eingestandene Fehler wandern nicht mehr störend in meine Träume ein.

Sehr gut zur Beruhigung des abendlich erschöpften Verstandes ist es auch, sich (wieder sehr sinnlich!) der kleinen, schönen Situationen des Tages zu erinnern. Ein Lächeln, ein Song im Autoradio, ein gutes Gespräch oder eine schmackhafte Leberwurst, egal. Es muss halt ein Glücksfetzen gewesen sein.

Auch hier gilt es, unter den unzähligen Möglichkeiten die ureigene, die Ihre zu finden. Lassen Sie sich Zeit, probieren Sie aus, was Sie am tiefsten in den Zustand großer, hellwacher Ruhe führt. Und am Ende einer jeden solchen Übung steht immer ein Danke oder ein Wünschen.

Das Danke ist eine wertschätzende Reise durch den Körper. Einfach mal Danke sagen. Lachen Sie jetzt nicht. Schmunzeln ist erlaubt. Sagen Sie Ihrem Herzen: Danke, du hast heute wieder einen super Job gemacht. Über 100 000 Mal hast du dich zusammengezogen und mein Blut durch den Körper gepumpt. Danke, werte Leber. Was du wieder alles an Giften entsorgt hast: Chapeau! Magen, Darm, Gehirn. Schilddrüse, Bauchspeicheldrüse, Eierstock – Hinfühlen und Danke sagen.

Das tut gut und macht bewusst, was für ein grandioses Geschenk das Leben ist.

Das Wünschen ist der Versuch, Einfluss auf meine Träume zu nehmen. Ich wünsche mir liebevolle, befreiende, beglückende Träume. Manchmal funktioniert es, manchmal nicht. Doch auch das ermöglicht die Kontaktaufnahme mit der anderen Dimension in mir. Eine von den vielen am Tag. Das ist wie das Setzen von Akupunkturnadeln: Wenn man es richtig macht, ist es kaum zu spüren, und der Effekt kommt zeitversetzt, sanft – und nachhaltig.

*»Unsere Wünsche sind Vorgefühle der Fähigkeiten, die in uns liegen ...«*

J.W. V. GOETHE

# 5

# Die wichtigste Stunde
# ist immer die Gegenwart

1000 Gelegenheiten fürs Innehalten,
mittendrin und täglich

Die Nacht ist zum bewussten Abtauchen und Anlanden da, der
Tag zum tausendfachen Aufwachen.

Wenn wir davon ausgehen, dass wir nie gelernt haben, gegenwärtig, zu hundert Prozent bei *einer* Sache zu sein; wenn wir
davon ausgehen, dass wir einen großen Teil des Tages abwesend
sind, gedankenverloren – dann bleibt uns nichts übrig, als umzu-
lernen, dann brauchen wir tägliche Wake-up-calls, die uns innehalten lassen und uns daran erinnern, dass es da doch noch eine
andere Zustandsform gibt, ein hellwaches Dasein, mit allen Fasern, ein tieferes Fühlen, ein klareres Farbensehen.

Über die Jahre habe ich 1000 Gelegenheiten für solche kleinen
Fluchten aus dem Alltag gesammelt, hab sie spontan gepflückt in
lichten Momenten und als Fallobst meiner alltäglichen Bemü-
hungen aufgeklaubt. Ich wollte mich nicht unterkriegen lassen
von den vielen ameisenartigen Verpflichtungen, die meine Gedanken in enger und enger werdenden Zirkeln kreisen ließen und
mein Fühlen und Erleben klein machten. Gedanken, die mich

trennten von der Wahrnehmung meiner Lebendigkeit. Vielleicht gerade, weil ich ein enorm pflichtbewusster Mensch bin, verlässlich, pünktlich und zugleich voller Freiheitsdrang, habe ich ein recht sensibles Alarmsystem entwickelt. Das bimmelt nun postwendend, wenn ich geistesabwesend (was für ein weises Wort!) von einer Erledigung zur anderen hetze und durch die Flut meiner Gedanken innerlich grau und dumpf werde.

Wie funktioniert das Ganze konkret? Beginnen wir mit Ihrem Start in den Tag. Der sieht vielleicht so aus: Der Radiowecker schaltet sich ein und dröhnt die aktuelle Nachrichtenlage ins Schlafzimmer. Auch egal, Ihre Tagesagenda hatte ja sowieso schon viel früher begonnen, in Ihrem Hinterkopf zu rumoren. Damit sind Sie schon mal zu mindestens 90 Prozent gedanklich fremdbestimmt. Doch jetzt kommt's: Sie merken das. Sie nehmen wahr, wie flach Ihr Atem und wie stumpf Ihr Fühlen ist. Und dann entscheiden Sie sich, Ihre innere Führung zurückzuholen. Vielleicht rollen Sie Ihr Satori aus, wie im letzten Kapitel beschrieben. Sie spüren, wie Ihr Atem weich wird und sich Ihr Inneres weitet. Sie spüren Leben – und mit der Lebendigkeit spüren Sie Glück. Großartig!

So. Und jetzt?

Wie konservieren Sie diese Gestimmtheit so, dass sie mindestens noch ein paar weitere Stunden dem alltäglichen Geprassel der Ablenkungen standhält?

Mein Instrument dafür habe ich »Der Gedanke am Morgen« getauft. Das ist eine Formel, ein Satz, der mir hilft, die wache Bewusstheit in den Tag zu tragen. Ich habe im Laufe der Jahre einige solcher Formeln zusammengetragen und ziehe sie morgens nach dem Zufallsprinzip aus meinem inneren Vorratsschrank:

- *Celebrate your life!*
- *There is no way to happiness – happiness is the way*
- Willkommen, Tag!
- Danke für diesen neuen Tag
- Ich habe ungeheuren Appetit auf Frühstück und auf Leben!
- Alles wird gut
- *What a wonderful world*
- Alles hat seine Zeit, und jedes Vorhaben unter dem Himmel hat seine Stunde.
- *Happiness is a daily decision!*

Das ist zum großen Teil geklaut und wieder nicht wirklich nobelpreisverdächtig, doch Formeln wie diese machen mich innerlich fit für den Tag, sie helfen mir, ihn so zu starten, wie *ich* es möchte. Nicht meine verzwurbelten Gedanken, nicht die Morgennachrichten, nicht die Tu-Zettel starten mich und meine Gestimmtheit, nein: *ICH* starte so, wie ich es tief im Inneren wünsche.

Wo und wie bauen wir nun unsere geheimen Wake-up-calls ins Leben ein? Es hilft da sehr, bestimmte Gewohnheiten oder immer wiederkehrende Alltagspflichten als Trittbretter zu nutzen. Kleine, geheime Steigbügel ins Reich der Sinne, die nur für Sie erkennbar sind. Und auch hier gilt wieder: Jeder hat seine eigenen Momente, die er dafür nutzen kann. Ich kann Ihnen nicht sagen, welche das bei Ihnen sind, denn ich kenne weder Ihren Alltag noch die Menge und Art der Aufgaben, die Sie bewältigen wollen. Was ich Ihnen aber beschreiben kann, sind die Steigbügel, die ich für mich selbst entdeckt habe, für Miniaturfluchten aus dem Alltagslärm. Vielleicht fällt Ihnen beim Lesen der eine oder andere Moment vor die Füße, der für Sie der richtige zum inneren Ausbüxen ist.

Beispiel: Duschen und Zähneputzen. Oder Schminken und Haareföhnen. Es hat ziemlich lange gedauert, bis mir aufgefallen ist, dass ich die Chancen total verschenkte, die diese täglichen »Pflichttermine« für mich eröffnen. Eben weil sie immer wiederkehren und damit gähnend langweilig sind, haben die Moskitos hier ganz besonders ihre Aktien drin. Sie lauern geradezu darauf, dass ich loslege. Wie oft bin ich früher aus der Dusche gekommen und wusste nichts, aber auch gar nichts mehr von dem, was ich während des Duschens gedacht hatte! Oder besser: »was mich gedacht hatte«. Völlig gedankenverloren (großartiges Wort!) hatte mein Körper auf Automatik geschaltet. Jeder Handgriff, bis hin zur Reihenfolge des Abtrocknens wurde identisch abgespult. Eine Autowaschanlage fährt da ein ganz ähnliches Programm. Und während meines Roboter-Duschvorgangs dominierte mich ein zäher, grauer Gedankenbrei. Ich hatte mich so dran gewöhnt, dass mir gar nicht auffiel, wie gefühlsamputiert ich unter der Dusche stand. Immer mal zog ein Termin, der am Tage auf mich wartete, an meinem inneren Auge vorbei. Ich rasterte, wie ich die zusätzliche Telefonkonferenz noch in den Terminkalender zwängen könnte oder welches Outfit ich für die Sendung am Abend mitnehmen wollte. Und schon quoll der Gedankenbrei wieder über all das drüber. Folglich war meine morgendliche Dusche alles andere als ein Highlight des Tages.

Duschen als Glücksmoment? Wie bitte? Geht's noch?

Schau'n wir mal. Beobachten Sie sich doch selbst einmal, beim Zähneputzen zum Beispiel. Auch so ein tägliches Abwesenheitsritual. Ist Ihnen überhaupt bewusst, *wie* Sie da vor dem Waschbecken stehen? Vornübergebeugt, damit die Zahnpasta nicht auf Ihre Füße tropft, mit hängenden Schultern und stumpfem Blick? Die Bewegungen des Schrubbens vielleicht sogar löblich beim Zahnarzt eingeübt, die spulen Sie ab, mechanisch.

Je nachdem, ob Sie die gute alte Zahnbürste oder das neueste Hightech-Gerät nutzen, wird die Technik eine andere sein. Aber alles tun Sie automatisiert und ohne nachzudenken. Immer das gleiche Bewegungsmuster.

Eigentlich toll! Ihr Körper nimmt Ihnen eine Menge Arbeit ab. Sie müssen sich um den ordentlichen Putzeffekt nicht kümmern, denn den organisiert er ganz von allein. Sie hätten also zwei Minuten frei, für sich selbst. Zeit nur für Sie und Ihre Welt der Bewusstheit, der Gefühle! Und was tun Sie?

Vielleicht bedudelt Sie das Morgenmagazin aus Radio, PC oder Fernseher. Ist doch ganz nett, Sie haben ja eh auf Durchzug geschaltet. Da sind Ihnen auch die Verkehrsmeldungen recht. Oder das anrückende Tiefdruckgebiet, das sinnigerweise Agathe heißt. Ist doch sowieso verlorene Zeit, Hauptsache, die Zähne sind sauber.

Ja, so kann man das sehen …

Man könnte aber auch sagen, dass wir mit dem Duschen und dem Zähneputzen gerade zwei geniale Steigbügel zu einer kleinen Flucht aus dem Alltag entdeckt haben. Fangen wir mit Letzterem an.

Vorschlag: Wenn Sie morgen früh die Zahnbürste zur Hand nehmen, stellen Sie sich bewusst vor den Spiegel. Was Sie da sehen, ist um diese Uhrzeit und in entsprechendem Zustand selten ein größeres optisches Vergnügen. Macht nichts. Schauen Sie einfach hin. Schauen Sie sich bewusst in die Augen. Was passiert? Wenn Sie mit großer Aufmerksamkeit schauen, sind Sie innerlich sofort hellwach. Jawohl, das sind Sie! An diesem besonderen, einzigartigen Morgen, an dem Sie sich in die Augen schauen. Wer sind Sie? *Wie* sind Sie? Wie sind Sie drauf?

Sie haben sensationelle zwei Minuten Zeit. Die könnten Sie ganz besonders genießen. Schauen Sie sich also in die Augen, und verabreden Sie mit sich: Ich genieße! Dann legen Sie los mit dem Zähneputzen. Entweder konzentrieren Sie sich auf jede Bewegung, auf jede Feinheit der Putzarbeit. Damit legen Sie die Körperautomatik lahm und rutschen ganz und gar ins Jetzt. Wenn Sie es nun schaffen, zwei Minuten lang intensiv bei der Sache zu bleiben, um das Zähneputzen zu genießen, wird Ihnen danach wohlig zumute sein. Sie werden ihre Hände viel intensiver spüren als zuvor, Ihre Finger, den Mund, die Zähne. Sie werden wahrnehmen, wie Sie stehen, Ihre Haltung bemerken. Sie haben Ihr gewohntes Programm abgespult, aber Sie waren mit allen Sinnen dabei. Sie werden *in* Ihrem Körper sein. Sie sind sensibler geworden, weil Sie bei *einer* Sache waren, und das ganz. Weil Sie den Gedanken-Moskitos keinen Raum gelassen haben. Bewusste Aufmerksamkeit lässt sie schlicht und einfach nicht rein.

Sie können sich aber auch dafür entscheiden, für zwei Minuten bewusst ganz weit wegzudriften. Dann überlassen Sie die Putzarbeit mit Ihrer freundlichen Genehmigung der Körperautomatik und nutzen die Zeit für einen Minitrip ins Glück. Das geht allerdings nicht immer. Steht Ihnen eine knifflige Prüfung ins Haus, ist das Kind krank oder klingelt der Handwerker in Kürze, wird das nicht wirklich funktionieren. Probieren Sie es also an einem Tag, der sich einigermaßen entspannt anlässt.

Mein Rezept ist (wie gesagt, Ihr eigenes kann völlig anders aussehen): Ich nehme mir vor (und muss dann immer wieder grinsen, weil es ja auch urkomisch ist), für zwei Minuten ins Glück zu reisen. Beim Zähneputzen! Ich schließe die Augen und lenke meine Aufmerksamkeit nach innen. Ich konzentriere mich auf die Wärme in mir. Ich spüre bewusst meinen Atem, das Leben. Es ist, wenn Sie so wollen, ein Meditationsbeginn. Ohne Absicht oder Anstrengung. Und mit der Konzentration auf das Gefühl, das dann aufsteigt, stellt sich, wie das Amen in der Kirche, ein kleines bisschen Glück ein. Was für ein Supergeschenk am Morgen. Selbst gehoben, aus dem unbesiegbaren Sommer in mir.

*»Der Himmel auf Erden wird durch die rechte Einstellung zu den Kleinigkeiten des Alltags geschaffen.«*

Ob der amerikanische Schriftsteller Prentice Mulford zu diesen »Kleinigkeiten des Alltags« auch das Schminken und Haareföhnen zählte, ist nicht überliefert. Doch ich bin davon überzeugt: Mit allen Sinnen und größter Aufmerksamkeit schnell und präzise einen Lidstrich zu ziehen, birgt ein enormes Glückspotential. Auf Neudeutsch heißt das, »im Flow« zu sein. Man ist mit sich im Reinen und sich seiner Gestimmtheit voll bewusst. Eins mit dem Leben.

Es gibt so viele kleine Steigbügel ins Glück der bewusst wahrgenommenen Lebendigkeit. Wir müssen sie nur packen, uns aufschwingen und davongaloppieren.

Hier ist noch ein weiterer Steigbügel: Warten. Mit Schlangestehen oder Im-Stau-Festsitzen stand ich früher auf Kriegsfuß. Es gab immer so wahnsinnig viel zu tun, dass das nun gar nicht reinpasste. Verpulverte Minuten! Zum Nichtstun gezwungen! Für eventuelle Verspätungen von Flügen oder Zügen habe ich deshalb immer jede Menge »Büro« dabei: Recherchematerial für Podiumsdiskussionen, den PC fürs Kolumnenschreiben usw. Denn nach wie vor können mich längere Wartezeiten, die ich nicht sinnvoll nutzen kann, stimmungsmäßig heftig frusten.

Aber kurze, erzwungene Breaks, die mag ich mittlerweile. Die rote Ampel, die Eisenbahnschranke, die Schlange an der Garderobe, das Warten auf den Lift. All das sind wunderbare Gelegenheiten für bewusste kleine Fluchten! Innehalten, tief atmen, schauen. Die Welt betrachten, detailgenau, mit geschärfter Aufmerksamkeit. Mich amüsieren, staunen, zurücktreten aus der Situation. *To be detached.* Ich versuche, nichts zu bewerten und mich selbst wie aus der Vogelperspektive zu beobachten. Was ist wichtig? Der nächste Termin, den ich vielleicht nicht ganz pünktlich erreiche? Die E-Mails, die in meinem Smartphone auf Antwort warten?

Oder einfach das Da-Sein? Das bewusste Vor-dem-Fahrstuhl-Stehen, und nichts als das? Ich kann's ja eh nicht ändern …

Oft öffnet sich ein inneres Fenster, wenn ich Wartezeit fürs Da-Sein nutze. Eine seidenweiche Ruhe steigt dann in mir auf, ein tiefer Friede. Und wieder stelle ich fest: Dieser kleine Glücksmoment kommt nur, wenn keine Denkmoskitos in meinem Kopf herumflattern. Wenn mit den Gedanken der Druck aus dem System verschwindet.

Noch kürzere Momente, Nano-Optionen für das kleine Lebensglück, finden sich fast immer, wie kleine Tupfer über den gesamten Tag verteilt. Während einer Konferenz: ein kurzer, bewusster Blick aus dem Fenster. Ich atme aus und schicke die Tagesordnung, die Konferenzteilnehmer und die tickende Uhr auf Miniatur-Urlaub. Für diesen Moment bin ich abgelöst, *detached*, von allem Geschäftlichen um mich herum. Ein kurzer Moment des Friedens. Was ist wichtig? Das Jetzt. Die heilige Lebendigkeit.

Und damit, schwupps!, zurück ins Konferenzgeschehen. Erfrischt, kreativ, zufrieden.

*»Wirkliches Unglück: Blindheit fürs Glück«*

… behauptet Karl Lubomirski, ein Schriftsteller aus Österreich. Dann bleiben wir also dran und üben weiter das Sehen … mit einem kleinen Rückzug als Alltagsritual.

Früher, als ich noch täglich die ZDF-Sendung *Leute heute* moderierte, saß die Redaktion an normalen Nachrichtentagen, wenn nichts Weltbewegendes geschah, mittags gerne in der Kantine zusammen. Ich schaffte es nicht immer, versuchte aber, möglichst oft dabei zu sein. Doch bevor ich mich auf den Weg dorthin machte, habe ich mir (wenn es reinpasste) ein paar heimliche »Fluchtminuten« gegönnt. Glücklicherweise hatte ich ein eigenes Büro. Zwar sehr klein, aber oho. So konnte ich die Tür schließen und wegtauchen. Der Blick aus dem Fenster war nicht wirklich inspirierend: vis à vis befand sich eine Betonwand, kein Fetzchen Himmel, gar nichts. Meine Pinnwand aber war eine Steigbügelsammlung vom Feinsten. Ich hatte sie gespickt mit Sinnsprüchen, Zeitungsausschnitten, Fotos und Utensilien aus tausendundeiner *Leute-heute*-Produktionen: Stoffblumen, Glöckchen, sinnloses Zeug, Briefe, Zeichnungen … Oft war es eines dieser kleinen Erinnerungsstücke, das ich als Steigbügel fürs Innehalten nutzte. Nicht um in irgendeinem vergangenen Erlebnis zu schwelgen, sondern um meine Gedanken zu domptieren. Ein Foto des Kunstwerks von Martin Creed zum Beispiel: »DON'T WORRY« in knallroter Neonschrift. Anschauen, ein, zwei Minuten, Gedanken wegfliegen lassen, die Ruhe spüren, die aufsteigt. Wichtig ist dabei: Kleine Fluchten möchten klar beendet werden. Ein bewusster Atemzug, und die Journalistin Nina verlässt ihr Büro. Und das … *detached*!

Hier sind noch zwei weitere wunderbare kleine Fluchten: Schwimmen und Natur.

Als Schülerin hatte ich das Riesenglück, dass mein Gymnasium über ein Schwimmbad verfügte und ich daher in der Oberstufe einen Schwimmkurs belegen konnte. So kapierte ich früh: Schwimmen, also »richtig« schwimmen, ist Leben pur. Mit der richtigen Technik, um nicht gegen das Wasser, sondern *im* Wasser zu gleiten. Zügig schwimmen, egal, ob Brustschwimmen oder Rückenkraulen, ist wie die Aufhebung der Schwerkraft.

Langsames Schwimmen mit aus dem Wasser gerecktem Kopf macht schwer. Doch kraftvolles Gleiten macht frei. Das Fisch-Gefühl ist Lebens-Gefühl. *Wenn* der Atem stimmt. Und das ist das zweite große Plus am Schwimmen: Es funktioniert nur, wenn man den Atem trainiert.

Zügiges Bahnenziehen ist für mich ein großes Glück geworden. Was nicht bedeutet, dass mein Kopf dabei schon immer so schön leer gewesen wäre und meine Aufmerksamkeit von Anfang an auf der gleichmäßigen Bewegung gelegen hätte. Oh nein. Wie viele tausend Meter habe ich mit ratternden Gedanken im Pool verbracht ... mein Körper arbeitete brav im Automatikmodus, während Moderationstexte, Flugzeiten, Hundeerziehung und Ähnliches nebenher schwammen. Fetzenweise natürlich und unkoordiniert; als eine wirksame Barriere gegen Lebensgenuss.

Irgendwann habe ich mir dann eine Technik ausgedacht, wie ich den Kopf freikriege. Und die funktioniert gut. Beim Brustschwimmen fixiere ich einen Punkt vorne am Beckenrand. Einfach nur so, als Konzentrationsübung. Entspannt, aber ordentlich. Dann bleiben die Gedanken weg. Die Rückenkraul-Bahnen nutze ich für Höheres. Da schaue ich bewusst nach oben und atme Lebensfreude ein, Schlag auf Schlag. Und dann, beim Ausatmen, puste ich sie in den Himmel.

Können Sie nachvollziehen, was ich meine? Oder halten Sie mich für durchgeknallt? Haben Sie Nachsicht, ich kann Ihnen versichern, mir tut das richtig gut. Doch was für mich funktioniert, gilt nicht für jeden.

Mit meinen Beispielen und Erfahrungen möchte ich Sie einfach dazu anregen, nach Ihren eigenen kleinen Steigbügeln zu suchen, die Ihnen bewusste Fluchten und damit Lebendigkeit und inneren Frieden schenken. Schreiben Sie sie doch auf, entwickeln Sie Ihr persönliches »Kleine-Fluchten-Buch«!

Und zum Schluss möchte ich noch eine meiner intensivsten kleinen Fluchten mit Ihnen teilen: die Kraftquelle Natur. Dazu ist natürlich alles schon gesagt – aber noch nicht von mir …

Die Kraft der Natur schenkt uns Satoris, schenkt uns Staunen, Bewunderung und Bewusstheit für das Sein. Manchmal. Manchmal aber auch nicht. Wie oft spazieren wir durch Parks, radeln durch Felder, sitzen am Seeufer oder durchstreifen Wälder – und haben komplett auf Durchzug geschaltet. Klar, nicht jeder Spaziergang soll der Erleuchtung dienen. Es tut auch gut, mit Freunden über Gott und die Welt zu reden, und es piept ein Vogel dazu. Wichtig ist nur, den Schlüssel zu kennen und ihn zu nutzen, wenn Ihnen danach ist. Den Schlüssel zur Kraft der Natur.

Und der hat, Sie ahnen es, nichts mit Worten zu tun. Um das zu erfahren, gibt es ein einfaches Experiment: Unternehmen Sie eine kleine Wanderung zu einem Ort, den Sie lieben. Ich laufe zum Beispiel gerne auf einem Trampelpfad an der Münchner Isar entlang. Laufen Sie Ihren Weg zu zweit, und saugen Sie alles auf, was Sie sehen: Licht, Wind, Wolken, Bäume, Berge, Fluss. Währenddessen reden Sie darüber. Beschreiben Sie einander, wie Sie die Natur empfinden.

Und dann gehen Sie denselben Weg mit der derselben Person, und schweigen Sie dabei. Saugen Sie wieder alles auf, was Sie sehen: Licht, Wind, Wolken, Bäume, Berge, Fluss. Und was immer Sie sehen, fühlen oder empfinden – denken Sie nicht darüber nach, benennen Sie es nicht mit Worten. So. Und dann vergleichen Sie: Dieselbe Strecke, dieselben Personen. Einmal mit, einmal ohne Worte. Vergleichen Sie die Kraft der Farben. Die Gerüche. Die Nuancen des Lichts und die Vielfalt der feinen Geräusche. Und dann achten Sie darauf, wie Sie sich fühlten. War da Ruhe und Frieden, das Gefühl von Lebensfreude? Bei welchem Spaziergang waren solche Empfindungen stärker?

Nach meiner Erfahrung ist da ein enormer Unterschied. Lasse ich ganz bewusst den Filter aus Benennungen zu Hause, dann klärt das die Welt. Ihre Konturen werden schärfer, ebenso wie meine Sinne. Und im schönsten Falle fühle ich mich der Natur ganz nah, als Teil von ihr. Versuche ich hingegen, den Zauber in Worte zu fassen, verschwindet er.

Also: schweigend gehen oder verweilen. Die Schleusen der Wahrnehmung öffnen, ohne sie in Worte zu fassen. Trainieren Sie, einfach zu SEIN, ohne darüber nachzudenken. Sie werden merken, es ist, als ginge eine innere Sonne auf. Die des unbesiegbaren Sommers in uns.

Und wenn es Ihnen trotz aller Steigbügel und Fluchtmöglichkeiten über weite Strecken des Tages nicht gelingt, im Augenblick präsent zu sein? Da lassen Sie am besten Milde walten. Das zarte Pflänzchen der Bewusstheit wird immer wieder verschüttet werden, Hunderte Male am Tag. Doch wenn Sie es schaffen, sich sehr geduldig und sehr freundlich wieder und wieder zu erinnern: »Da war doch noch was?«, dann wird es willig zum Vorschein kommen. Es ist nicht nachtragend, denn es gehört zur Ewigkeit. Und die hat es nicht nötig, nachtragend zu sein.

# 6

# Das gibt's doch nicht!
# Doch, das gibt's.

## Widerstand kostet Leben

Es tut richtig gut, Jens Corssen beim Essen zuzuschauen. Jens ist ein renommierter Psychologe und »Persönlichkeitsentwickler«, er arbeitet mit Führungskräften aus allen Branchen. Das bedeutet für ihn, sich intensiv auf sein Gegenüber einzustellen, zu denken, zu analysieren, zu reden und emotional zu berühren. Während eines mehrtägigen Seminars braucht er deshalb Rückzugsmomente, in denen er neue Kraft tanken kann. Und weil die nur spärlich vorhanden sind, nutzt er die Essenszeiten.

Da spricht er nicht. Er isst. Langsam, genussvoll, in sich gekehrt. Da er über einen markanten, von weißem Haar umkränzten Charakterkopf verfügt, gibt ihm das etwas Mönchisches. Ein Profi, der mit den Top-Managern dieser Republik arbeitet, kehrt in sich. Interessanterweise wagen es auch nur ziemlich unsensible Menschen, ihn während des Essens anzusprechen. Er braucht gar nichts zu sagen, die meisten verstehen ganz intuitiv: Dieser Mann möchte jetzt essen und sonst nichts.

Das ist die Kraft der Gegenwart. Ein Mensch, der ganz im Jetzt lebt, hat eine kraftvolle Aura. Die des kompromisslosen

In-sich-gekehrt-Seins genauso wie die der hoch konzentrierten Leistung oder der übersprudelnden Ausgelassenheit. Robbie Williams live vor 125 000 Fans in Knebworth, England: Obwohl er für die meisten nur per Leinwand zu sehen war, elektrisierte er sie bis unter die Fußnägel. Die Mannschaft von Bayern München im Champions-League-Finale 2013: Mit ihrer genialen Teamleistung in höchster Konzentration sorgten sie für kollektive Gänsehaut bei den Fans. Jonas Kaufmann auf der Opernbühne oder Reinhold Messner am Berg: Uns fasziniert die Wucht ihres Ausdrucks, ihrer Strahlkraft und Körperbeherrschung, die durch ihre radikale Gegenwärtigkeit befeuert wird. Menschen, die ganz im Jetzt sind, scheinen zu glühen. Wir bewundern die Kraft, die von ihnen ausgeht, weil wir nüchtern vergleichen und feststellen, dass wir selbst dagegen nur kleine Lichtlein der Sorte Bonsai sind, die mickrig im Winde flackern.

Genau deshalb wollen kleine Jungs (und hoffentlich bald auch noch viel mehr Mädchen) Piloten werden, Chirurgen, Rettungswagen-Fahrer oder natürlich: Formel-1-Pilot. Jede Sekunde zählt. Voll da sein. Keinen Fehler machen. Und wenn es gelungen ist, gibt es einen Giga-Applaus. Wow, was für Ausnahmemenschen!

Weshalb beschreibe ich diese Gemeinplätze, Plattitüden? Weil wir uns etwas abgucken können von diesen Menschen. Ausnahmekünstler, -sportler, -mediziner setzen Maßstäbe, indem sie Überdurchschnittliches leisten. Um das zu erreichen, müssen sie ihre Konzentration auf das Jetzt enorm trainieren. Jeder Denkmoskito, jeder ablenkende Gedanke gefährdet das Gelingen. Einzig die messerscharfe Fokussierung auf den Augenblick macht solche Leistungen möglich. Hochleister schütteln unwichtigen Kleinkram ab wie Hunde den Pulverschnee.

Es war alles andere als eine bewusste Entscheidung – doch genau diese totale Präsenz suchte ich. Das war der wahre Grund, weshalb ich meinen Lehrerjob aufgab. Es war nicht der Glamour des Filmgeschäfts. Wieso auch »Glamour«? Jeder Filmschaffende winkt da müde ab. Filmjobs sind Knochenjobs. Mich zog es intuitiv dorthin, weil die Moskitoinvasion keine Chance hat in diesem Job der totalen Herausforderung. *Ganz* bei dem sein, was ich tue, immer mein Bestes geben. Das gilt genauso für die Arbeit vor der Fernsehkamera – auch sie ist kein schlechtes Trainingscamp dafür. Vor der Kamera bist du einerseits allein und andererseits Millionen von Augen ausgesetzt. Du musst auf mehreren Ebenen gleichzeitig denken: Welche ist meine nächste Kamera? Wie viel Zeit hab ich noch? Was sagt mein Gesprächspartner gerade, und was kann die nächste passende Frage sein? Für Live-Sendungen braucht man ein Tentakelgehirn; acht Gedanken-Arme müssen sich gleichzeitig bewegen, und jeder Arm hat etwas anderes zu tun. Noch dazu wirkt die Kamera wie eine Seelenlupe: Jede Unsicherheit, Künstlichkeit oder Verkrampftheit vergrößert sie gnadenlos. Sie zwingt dich, ganz bei dir zu sein – und im Jetzt.

Ein Segen, dass meine ersten Live-Sendungen unter Ausschluss der (westlichen) Öffentlichkeit liefen! RIAS-TV startete 1987 den Sendebetrieb in Berlin. Mein Co-Moderator Günther Neufeldt und ich moderierten die erste Ausgabe des Nachrichtenmagazins. Abgesehen von ein paar Probesendungen hatte ich weder Moderationserfahrung noch Ahnung vom Nachrichtengeschäft. RIAS-TV definierte sich als die freie Stimme der freien Welt für unsere Brüder und Schwestern in der DDR. Ein »Rundfunk im Amerikanischen Sektor« mit hohem journalistischen Anspruch, nur zu sehen im sozialistischen Osten und in Berlin. Der Anspruch war enorm hoch, das wusste ich natürlich genau. Und da hatte ich sie: die totale Herausforderung. Statt morgens von Braunschweig nach Wolfsburg ins Gymnasium zu fahren, kämpfte ich als mäßig Qualifizierte für alles, was mir wichtig war: für den neuen Sender, für meine neue Existenz, für ein radikales Risiko mit der Aussicht auf ein radikal intensives Leben.

So. Zurück zum Sendestart von RIAS-TV. Ich hielt mich am Teleprompter genauso fest, wie die Frisur geföhnt war: stocksteif. Ich bin mir sicher, dass jeder, der genauer hinschaute, meine Unsicherheit spürte – aber zugleich auch meinen Willen, das Ding durchzuziehen. Eine Voraussetzung für besonderen Tele-Charme war das sicherlich nicht.

Glücklicherweise bot mir der RIAS bald die nächste Hürde an: das erste deutsche Frühstücksfernsehen. Dreieinhalb Stunden live, von sechs Uhr früh bis um halb zehn, ohne Netz und doppelten Boden – und ohne Teleprompter. Das war für mich eine geniale Schule, um mit mir allein zu sein, während viele, viele zuschauten. Wer in so einer Situation nicht lernt, bei sich zu bleiben und das Fernsehstudio irgendwann in einen Wohlfühlraum zu verwandeln, der ist nicht geeignet für den Job.

Immer noch ist für mich der Beginn einer Sendung, wenn das Rotlicht aufleuchtet, wie das Aufspringen auf ein galoppierendes Pferd, das mich trägt – und das ich lenke. Wenn die Angst verschwindet, wächst die Lust am Gestalten. Und nach der Sendung bleibt das Gefühl einer besonderen Lebensintensität. Die Rückkehr aus dem Hundert-Prozent-»Hallo-Wach«-Modus auf Normalniveau hinterlässt eine starke Spur von intensiv gelebtem Leben. Vor laufender Kamera sind die Sinne so sehr geschärft, dass sie hinterher sozusagen nachleuchten. Doch bis ich dieses Wellenreiten der hoch konzentrierten Bewusstheit ganz entspannt genießen konnte, hat es viel, viel Kamera-Rotlicht gebraucht.

Heute ist diese ganz besondere Kraft, die in einer Live-Sendung entsteht, eine Selbstverständlichkeit für mich. Sie wird gespeist aus der enormen Konzentration aller Beteiligten, aus dem etwas anderen mentalen Aggregatzustand, in dem man sich befindet. Wenn das Rotlicht erlischt, fällt er wieder in sich zusammen. Deshalb ist das Fernsehstudio auch nur ein Trainingscamp von vielen für die Kraft des Jetzt. Die Rahmenbedingungen sind vielleicht prickelnder als in anderen Berufen oder Lebenssituationen, weil jedes Wort, jeder Blick und jede Geste öffentlich ausgestellt und bewertet werden, doch Trainingscamps gibt es überall. Die Frage ist nur, ob wir trainieren wollen.

Sich voll einlassen auf das, was wir tun, egal, ob beruflich oder privat, das ist das, was leicht gesagt und mühsam getan ist. Denn da ist ja immer irgendwas, das stört. Der Gatte hat seinen muffeligen Morgen, auf der Straße zum Supermarkt oder zum Job ist Stau, und der Kollege X mag mich nicht. *Das gibt's doch nicht!*

Ich würde mich ja wirklich gerne total einlassen auf das, was ich da mache, aber mein Mann, der Stau oder der Kollege, die hindern mich daran! Derartige Hinderungsgründe gibt es beliebig viele … Und damit sitzen wir in der »Geht-nicht-Falle«. Genauer gesagt, wir haben uns selbst in diese Falle hineinmanövriert. Und die Lösung dieses Problems finden wir nicht auf der Ebene, auf der es entstanden ist. Heute habe ich eine Art Automatismus in meine mentale Festplatte programmiert: Wenn es mich denkt: »Saublöd! Das gibt's doch nicht!« in den vielen schönen Variationen meiner inneren Moskitowelt, dann setzt mich mein Bewusstsein auf Alarm: Moment! Stop! *Wer* denkt dich hier? Bist *du* das? Mach mal Pause.

Es wäre doch möglich, das Leben als einen heiteren Schreittanz zu begreifen … Das war eine der Maximen meiner Lehrerzeit. Irgendwann verstand ich, dass das mit Schreittanz besonders dann super geht, wenn ich überhaupt keine Ahnung habe, wohin mich der nächste Schritt führen wird. Und welche Haltung brauche ich für die Leidenschaft am Schreittanz? Egal, was passiert. Ich sage JA zu einer Situation/zum Augenblick, und zwar voll und ganz.

Jens Corssen hat für diese Trainingseinheit zwei sehr schöne Sätze parat:

»Was ist, ist.« Und: »Wo ich bin, will ich sein.« Ein hoch effizientes Trainingscamp dafür ist der Beruf des Journalisten. Selten funktioniert etwas wie geplant. Der Interviewpartner will plötzlich nichts Relevantes mehr sagen, die Pressekonferenz läuft nun leider doch nicht zu deiner Live-Sendezeit oder die Satellitenverbindung bricht zusammen. Nicht meckern darüber, was hätte sein können – sondern gleich schauen, was wir jetzt Dolles draus machen können. Eine Alternative gibt es nicht. Die Sendung wird beginnen, ob du es willst oder nicht. Und du musst die Sendezeit optimal füllen. Ein super Trainingscamp. Was ist, ist. Widerstand zwecklos. Also nimm es einfach an. Und schau – um es Bayerisch zu sagen –, dass du weiterkommst! Ebenso wie beispielsweise Eckhart Tolle betätigt sich Jens Corssen, als, ich sag mal »Energieberater«. Bei den beiden habe ich das Einmaleins der Hingabe gelernt. Und damit das Einmaleins der Lebensfreude. Ein gutes Beispiel dafür, wie es mir nun gelingt, anders und neu mit meiner eigenen Energie umzugehen, ist das Folgende vom Falschparker.

Ich hab's eilig, steige ins Auto und öffne das Garagentor. Und was gibt es frei? Den Blick auf ein parkendes Auto. Was heißt hier Auto, ein fetter Caravan! Ein träges Monster von der Sorte »In-den-Urlaub-Fahren«! Und das an einem ganz normalen Arbeitstag. Vor *meiner* Ausfahrt. Brettlbreit! Da steht doch geschrieben: »Ausfahrt frei halten!!!« Was denkt sich dieser dämliche Falschparker eigentlich? Wähnt der sich als der einzige Mensch auf dieser Welt? Offensichtlich. Na, dem werd ich's zeigen! Die Polizei ruf ich an, die sollen den abschleppen. Das wird der sich merken!

… so hätte ich früher reagiert. Eine beachtliche innere Explosion. Ziemlich negativ. Um nicht zu sagen: außerordentlich negativ. Und abgesehen von den Stresshormonen, die ich damit produziere (Cortisol macht übrigens dick!) und dem Ausflippen des Blutdrucks kommt nichts dabei heraus. Energetisch betrachtet ist es also eine reine Verschwendung von kostbarer Lebenszeit. Vielleicht sogar die Verschwendung eines halben Tages, weil ich den Ärger an jeder folgenden menschlichen Begegnung abstreife wie ein Stinktier sein Gemüffel.

Dank Jens Corssen und Eckhart Tolle habe ich in exakt dieser Situation recht anders und – wie ich ganz bescheiden finde – vorbildlich reagiert: Zuerst habe ich den Motor abgestellt (Umweltschutzgedanke!). Dann habe ich drei Telefonate getätigt: humorvoll, entspannt, souverän. Erstens habe ich ein Taxi gerufen. Dann habe ich den Geschäftspartner, mit dem ich verabredet war, über meine Verspätung informiert. (Höhere Gewalt! Ich nahm es gelassen – er entsprechend auch.) Und drittens habe ich dann doch den netten Polizisten von der Dienststelle um die Ecke angerufen. Ich habe ihn freundlich über den Caravan informiert, der nicht vor mein Garagentor gehöre. Er reagierte ebenso freundlich, erfragte das Kennzeichen und rief mich nach zehn Minuten zurück, als ich schon längst im Taxi saß: Das Auto gehöre einem Arzt der Klinik um die Ecke. Wegen der schlechten Witterungsbedingungen sei dieser am Morgen sehr spät gekommen, habe keinen Parkplatz gefunden und in der Not meine Ausfahrt blockiert. Er, der Polizeioberkommissar, habe deshalb von weiteren Maßnahmen abgesehen und dem Herrn Doktor empfohlen, mir als Ausgleich für die Taxifahrt einen Blumenstrauß zu schenken. Den habe ich zwar nie gekriegt – aber der Morgen war und blieb ein friedlicher. Ohne sinnlosen Energieverlust.


»Was ist, ist. Und wie ich es beurteile, ist mein ganz persönlicher Beitrag zum Leben. Und das bestimmt mein Erleben und

Verhalten.« Dieser Merksatz von Jens Corssen hat mich tief geprägt. Widerstand gegen das, was ist, bringt nichts. Er hat mir das am Flughafen von Florenz aufs Schönste selbst vorgelebt. Wir wollten von dort nach München fliegen und standen in der Schlange am Check-in. Es war ein Sonntagabend, der letzte Flug und Ferienende. Ich hatte zuvor per Internet eingecheckt. Jens nicht. Als wir endlich dran waren, teilte uns die Dame am Counter gelangweilt-rotzig mit, dass der Flieger leider, leider völlig überbucht sei und Herr Corssen nicht mitfliegen könne. Ich dagegen hätte ja bereits eingecheckt, das sei also kein Problem. Herr Corssen könne gerne in Florenz übernachten oder mit dem Nachtflug nach Bologna und dann mit dem Spätnachtflug nach Frankfurt. Von München war nicht die Rede.

Jens blieb total entspannt. »Ja«, sagte er, »mein Seminar morgen früh kann ich dann also vergessen.« Er verabschiedete sich freundlich von mir. Doch als ich später im Flieger saß, wer stieg da als Letzter ein, kurz bevor die Tür sich schloss? Jens. 25 Personen waren stehen geblieben in Florenz. Er nicht. Ich wollte natürlich wissen, wieso. »Och«, murmelte er. »Ich stand da so als Letzter in der Schlange am Umbuchungsschalter und hatte mich gerade fürs Übernachten in Florenz entschieden, da kam die Dame vom Bodenpersonal und sagte, es sei doch noch ein Platz frei auf der Maschine. Vielleicht guckte ich ziemlich nett. Jedenfalls hat sie mir die Bordkarte gegeben.«

»Was ist, ist. Und wie ich es beurteile, ist mein ganz persönlicher Beitrag zum Leben. Und das bestimmt mein Erleben und Verhalten.« Konsequent weitergedacht bedeutet das: Was geschieht, bestimmt die Koordinaten meines Lebens. Und wenn ich sie annehme als solche, als Koordinaten, werde ich mich darauf einstellen, gegebenenfalls meine Pläne ändern, neue Wege finden und zufrieden sein. Wenn ich mich gegen das stemme, was ist, wenn ich mich aufrege, beschwere (was für ein Wort:

»be-schwere«!), wenn ich Widerstand zu leisten versuche, produziere ich viel Wind. Der kostet mich eine Menge Energie, macht mich aggressiv, unglücklich und lässt mich letztlich mit dem Gefühl der Ohnmacht zurück. Denn ich kann ja nicht ändern, was ist. Also: »Wo ich bin, will ich sein.« Wenn ich den Widerstand gegen das Gegebene aufgebe, überlasse ich mich der Kraft des Lebens, der Kraft des Jetzt. Und das bestimmt mein Erleben und Verhalten. Mein Lebensglück.

Damit bin ich bei Eckhart Tolle. Er erläutert uns an einfachen Beispielen, dass es mit der hübschen Aufforderung, die seit Jahren en vogue ist, nicht viel auf sich hat: »Sei glücklich!«

Tolle lehrt: Die Maxime »Sei glücklich« kann man nicht einfach so umsetzen, zumindest nicht als Anfänger in der Lebensschule. Aber »Nimm an!«. Das geht. Nimm an, was geschieht. Dann kommt das Glück von allein.

Ich soll annehmen, was kommt? Alles? Auch richtig große persönliche Katastrophen? Und dann kommt das Glück?

Eine harte Übung im Trainingscamp ... Doch Tolle meint das so. In aller Konsequenz. Nimm an, was dir das Schicksal beschert. Du kannst es eh nicht ändern. Und wenn dir das Annehmen gelingt, wirst du etwas Wesentliches erfahren: Du wirst eins mit dem Leben. Sperr dich nicht dagegen, sondern entscheide dich *dafür*, entscheide dich, mit all dem umzugehen, was dich umgibt.

Abstrakt klingt das super, doch wie schaut es in der Praxis aus? Natürlich fällt es mir bis heute oft alles andere als leicht, anzunehmen, was mir gerade passiert – vor allem, wenn es meine Pläne durchkreuzt. Doch wer oder was ist das eigentlich in mir, das sich dagegen wehrt? »Dein Ego«, sagt Tolle. Aha. Über das Ego – an und für sich und überhaupt – wird noch zu reden sein. Doch eins wissen wir aus Erfahrung schon jetzt: Menschen mit dickem, fettem Ego, die immer Recht haben, die vom Applaus leben, die sich in ihrem Umfeld spiegeln, um sich darüber zu erheben – solche Menschen nehmen das, was ihnen das Leben an Unerwünschtem serviert, als Kampfansage. Sie wehren sich, leisten Widerstand, sind stark, starr – und zerbrechlich. Sie brauchen unendlich viel Kraft, um das abzuwehren, was ihrer Ansicht nach nicht sein darf. Sie wettern über den falsch gebügelten Hemdkragen genauso wie über die Schwiegertochter, die nicht pariert. Das ist sicherlich keine Grundlage für tiefes Glück.

Vor vielen Jahren, als ich in Berlin lebte und noch im Filmgeschäft war, fiel mir in irgendeiner Grünanlage in Wilmersdorf eine steinerne Statue auf. Sie war eigentlich nichts Besonderes, die Nachbildung einer griechischen Göttin mit wallendem Gewand und schlichtem Haarreif. Doch darunter waren mit einer einfachen, modernen Schablone zwei Worte auf den Sockel gesprüht: MEHR HINGABE.

Das elektrisierte mich. Ich fuhr am nächsten Tag wieder hin, um diese Göttin aus einer fernen Epoche zu fotografieren. Ihre aufrechte Gestalt, ihr leicht geneigter Kopf – schön, wie sie da in Gedanken versunken über dieser wie beiläufig hingesprühten, sogar leicht schrägen Blockschrift thronte: MEHR HINGABE. Ich empfand diese Worte als das Fanal des zwanzigsten Jahrhunderts – und damit als mein eigenes. Das Foto hat mich dann über Jahre hinweg begleitet.

Ich hatte mein altes Leben abgestreift, hatte die Studienrätin, Wolfsburg und meinen Mann hinter mir gelassen. Nun wohnte ich in einer 400-DM-Wohnung in Schöneberg, Hinterhof, Nordseite, aber immerhin Zwei-Zimmer-Küche-Bad und Zentralheizung. Ich arbeitete als Scriptgirl in einem großartigen Team um den genialen Regisseur Reinhard Hauff. Wir drehten *Linie 1*, das Musical des Berliner Grips-Theaters als Film, *das* Berlin-Musical schlechthin. Ich war umgeben von Menschen, die ebenfalls brannten für das, was sie taten. Ich lebte meinen Traum … und pilgerte zu einer grauen Statue, die »mehr Hingabe« auf ihrem Sockel trug.

Warum mich diese Statue so faszinierte? Sie war das richtige Bild für ein richtiges Gefühl. Ich war in meiner Traumstadt Berlin und arbeitete in meinem Traumberuf, dem Filmemachen. Ich kämpfte mich mit allen Fasern durch, Ich gab alles, um in einem 35-Millimeter-Film mit Tanz- und Massenszenen, auf Musik geschnitten und natürlich nicht chronologisch gedreht, ein perfektes Scriptgirl zu sein. (Abgesehen von ein paar externen Semestern an der Filmklasse der Braunschweiger Kunsthochschule hatte ich das nie gelernt.) Ich befand mich sozusagen im Ausnahmezustand: allein in dieser neuen Stadt, ohne jede Sicherheit, mit 12-Stunden-Schichten, fasziniert. All das war ganz wunderbar, doch beim vielen Kämpfen war mir die Hingabe abhandengekommen. Gut geübt war ich sicherlich nie darin gewesen. Und nun ließen diese zwei hingesprühten Worte mich innehalten. Blitzartig hatte ich mich selbst in dieser antikisierenden Figur erkannt, die da achtlos auf einem Platz stand, der eher ein breiter Grünstreifen zwischen Verkehrsachsen war: mehr Hingabe. Das hieß für mich, in freier Übersetzung: Kämpfen ist super. Du warst ziemlich mutig. Du hast dich befreit. Du bist aufgebrochen ins große Unbekannte, und du hast schon ziemlich was geschafft. Wenn du so weitermachst, wirst du noch mehr erreichen. Das, was dich treibt, ist eine große Kraft. All das ist gut und schön – doch vergiss die Hingabe nicht. Werde nicht zur Kampfmaschine. Werde nicht zu Stein. Höre, wenn der Nachtdreh vorbei ist, auf die Melodie der ersten Vögel. Lass die Süße des Lebens zu. Der Lichtmann am Set pflaumt dich an – lächle ihm zu und mit ihm dem kostbaren einzigen Moment! Deine engste Kollegin, die dich anleitet – zeig ihr, wie dankbar du ihr bist …

Die Statue und ihre improvisierte Inschrift waren für mich damals ein wichtiger Meilenstein zum Erlernen der Lebenskunst. Als eine, die suchte und kämpfte, spürte ich intuitiv, dass manches nicht erkämpft, nicht gesucht werden kann. Es kommt von allein – durch Hingabe. Hingabe öffnet das Herz, den Geist, den Menschen für die Kraft »von oben«, oder besser:

*»Der Zufall trifft nur einen vorbereiteten Geist.«*

Louis Pasteur hat Impfstoffe entwickelt, die die Welt veränderten. Er war ein erzkonservativer, kontrollierter Typ. Und trotzdem sprach er vom Zufall, der nur den vorbereiteten Geist treffen kann. Nicht suchen – hingeben und finden!

Und damit sind wir wieder bei dem, was sich dem Intellekt, den Worten und Begrifflichkeiten entzieht. Hingabe bedeutet, einzutauchen in den Fluss des Lebens. Annehmen, was da so vorbeigeschwommen kommt. Was nicht heißt: kampflos vor sich hin zu vegetieren. Natürlich kämpfe ich darum, eine perfekte Sendung, eine inspirierende Veranstaltung oder eine spannende Kongressmoderation abzuliefern. Doch mit *den* Menschen, Rahmenbedingungen, Tagesformen, die mir das Leben dazu serviert – statt mir Idealbedingungen in Wolkenkuckucksheim zu erträumen.

Widerstand kostet Leben. Beobachten Sie sich mal einen Tag lang, in wie vielen Situationen Sie Widerstand leisten. »Das kann doch nicht wahr sein! Spinnt der?« »Ich glaub, es hackt.« Es lohnt, die lyrischen Formulierungen für diese Haltung zum Leben in Buchform und Goldbrokat zu fassen.

Was wäre denn die Alternative? *To be detached.* »Aha, der reagiert jetzt so.« »Das ist ja interessant. Will der mich vielleicht austricksen? Hmm. Da werde ich mir was überlegen.« »Na, so, wie der hupt, ist der richtig mies drauf.« Jens Corssen hat einen großartigen Trick, sich vor den vergifteten Pfeilen sehr missmutiger Menschen zu schützen. Er gibt ihnen einen Namen, der herrlich daneben ist. Mit diesem verliert jedes Pokerface und jeder Zornesausbruch sein Drohpotential. Jens nennt sie »strahlender Stern«. Ich habe irgendwann »Du schönste aller Lotusblüten« erfunden. Muffige, aggressive, unleidliche Zeitgenossen werden zu »schönsten aller Lotusblüten« – und liefern mir dadurch herrlich heitere Momente.

Ein Beispiel: Ich laufe mit meinen Hunden durch den Park. Ein Hundebesitzer kommt mir entgegen, mein Rüde mag seinen Rüden nicht und umgekehrt. Die zwei gehen aufeinander los, wir haben beide nicht rechtzeitig eingegriffen. Der andere Hundebesitzer brüllt mich an: »Haben Sie Ihren Hund nicht erzogen? Ein hoch gefährliches Tier! Eine wie Sie darf man gar nicht in den Park reinlassen! Leinen Sie die Töle an, weg mit Ihnen!« So. Und ich denke jetzt also: »Du schönste aller Lotusblüten!« Genial. Prompt purzelt mein Adrenalinpegel nach unten, und die Aggression versackt. Ich will nicht auf dein Stressniveau, werte Lotusblüte! Ich möchte überhaupt nicht, dass ein anderer mein Leben, meine Stimmung oder meine Wahrnehmung bestimmt. Bleib du schön in deiner Aggression. Ich bleib in meinem Leben.

Folglich sage ich (tatsächlich entspannt): »Na, da nehmen sich die beiden aber wirklich nichts. Sehen eigentlich gar nicht nach Rambos aus, oder?« Ich untersuche meinen Lupo, ob alles in Ordnung ist, und gehe weiter. Ich habe den Vorfall bald vergessen, weil er mich emotional nicht weiter berührt hat. Er hingegen wird wahrscheinlich länger daran knabbern.

Das liegt natürlich nicht nur an Corssens Trick. Wer mit einem dicken Ego lebt, wird in Situationen wie diesen jede Menge Energie und Lebenszeit verschwenden, da helfen weder strahlender Stern noch Lotusblüte. Doch die beiden geleiten uns sehr geschickt in eine Haltung gelassener Distanz, wenn wir vorbereitet und willens dazu sind.

Der strahlende Stern und die schönste aller Lotusblüten sind ja nichts anderes als intelligent eingesetzte Bild-Gedanken. Absurd erscheinen sie nur auf den ersten Blick. Wenn ich die Menschen in meiner Umgebung, die in ihrer Stresswelt leben, als »Schönheiten« tituliere, ist das nicht nur ein humorvoller Akt, sondern hilft mir, sie als das zu sehen, was sie tatsächlich sind: als Menschen in ihrer ganz eigenen Welt, die ich zu respektieren habe. Menschen, die ich nicht ändern will. Denen ich nicht erlaube, meine Lebenswelt zu entern.

»Jeder hat das Recht auf sein eigenes Angst- und Denksystem.« Das ist die »Strahlender Stern«-Übersetzung des Psychologen Jens Corssen. Gelassen den anderen in seinem Angst- und Denksystem respektieren. Das hilft mir bei der Hingabe an das, was ist.

Der oder die *ist* so. Damit werde ich umgehen lernen – oder es lassen. Aber ich werde mich weder aufregen noch beschweren noch werde ich unglücklich in der Gegenwart dieses Menschen. Weil seine »*bad vibrations*«, seine negative Ausstrahlung, mich nicht berühren.

Also: Was ist, ist. Wenn ich es annehme, ohne Widerstand, dann werde ich damit leben lernen, auch wenn ich spontan erst mal überfordert bin. Denn dann werde ich nach Wegen suchen und meine Energie in Lösungen investieren – statt in die Aggression der Verzweiflung. So kann ich einen kühlen Kopf bewahren und ein warmes Herz. Für jeden, der mir begegnet. Seien Sie gegrüßt, in Ihrer mir so fremden Welt.

So. Und da hängt jetzt für den einen oder anderen aufmerksamen Leser sicher ein dickes Fragezeichen in der Luft: mehr Hingabe, die aber bitte *detached*? Abstand, Loslösung ist doch nun mal das Gegenteil von Hingabe, von der totalen Verbundenheit mit dem Sein. Ein klassischer Widerspruch. Richtig. Und deshalb funktioniert beides nach dem Gesetz der Paradoxie. Abgegriffen und bildlich gesprochen sind das die zwei Seiten einer Medaille. Erst wenn ich heraustrete, mich löse aus dem, was Alltag, Routine, Stresssituation und Unbewusstheit ist, werde ich fähig für Hingabe. Sich ablösen von allem, was zerrt, fremddenkt, nach vorne und rückwärts analysiert, bewertet, verurteilt … um mich dann einzulassen, mit Herz und Verstand, auf das, was JETZT ist, was mir begegnet, »widerfährt« (großartiges Wort des Widerstands!). Heraustreten, um reinzuspringen ins Jetzt – das sind zwei Stufen zur Bewusstheit. Das ist der Humus, auf dem Zauber wächst. Dann trifft der Zufall einen vorbereiteten Geist.

Und hier sind sie richtig, die »Vier Gesetze der Spiritualität«, als deren Quelle gerne schlicht Indien genannt wird. Das riecht ein bisschen nach Esoterik, aber sei's drum. Denn diese »Vier Gesetze« bringen in mir etwas zum Klingen. Die Sehnsucht nach Hingabe an diesen einen und unwiederbringlichen Moment, nach Leben pur:

1. Die Person, die dir begegnet, ist die richtige.
2. Das, was passiert, ist das Einzige, was passieren konnte.
3. Jeder Moment, in dem etwas beginnt, ist der richtige Moment.
4. Was zu Ende ist, ist zu Ende.

Gib den Widerstand auf gegen das, was ist – und du entdeckst, dass in dir ein unbesiegbarer Sommer wohnt.

# 7

# Die Kraft der Gegenwart

## Ach, Augenblick, verweile doch!

*»Werd' ich zum Augenblicke sagen: Verweile doch! Du bist so schön! Dann magst du mich in Fesseln schlagen, dann will ich gern zugrunde gehn!«*

Gänsehaut! Wieso fasziniert uns dieser Pakt eigentlich so sehr, den Faust hier mit dem Teufel schließt? Das Zitat kennt jeder, auch diejenigen, die mit Goethe nie etwas am Hut hatten. Ich habe in den Siebzigern Germanistik studiert und war daher fast zwangsläufig Fan der modernen Literatur. Besonders liebte ich die melancholisch-kritischen DDR-Autoren. Meine Staatsexamensarbeit habe ich über Bertolt Brechts *Buckower Elegien* geschrieben, Denk-Gedichte nach Vorbild der japanischen Haikus, die 1953 sein Verhältnis zur DDR als ein brüchiges enthüllten. Trotzdem war Goethe immer da und faszinierte mich. Und das nicht, weil meine Mutter ein großer Goethe-Fan war und ihn in jeder Lebenslage zitierte (»Es hört doch jeder nur, was er versteht«).

Da legt Goethe nun seinem Faust diese drei magischen Sätze in den Mund, die nicht nur Fausts eigenes Schicksal besiegeln, sondern auch Gretchens. »Werd' ich zum Augenblicke sagen: Verweile doch! Du bist so schön!«

Wer kann sich allein der Rhythmik dieser Worte entziehen? Man meint, da komme eine *der* Fragen der Menschheit daher. Kommt sie ja wirklich – auch wenn wir es grammatikalisch mit einem Imperativ und keineswegs mit einer Frage zu tun haben (hier spricht die Deutschlehrerin). Trotzdem werfen seine Worte eine der großen Fragen auf. Eine Frage, die jedem einigermaßen Sensiblen unter uns immer wieder im Hinterkopf nagt: Wieso kriege ich es denn nicht hin, jedem Moment meines kostbaren Lebens zuzurufen: Ach, Augenblick, verweile doch! Du bist so schön! Und weshalb würde es so wahnsinnig guttun, wenn ich's ihm denn sagen könnte – jedem einzelnen Moment?

Mephisto jedenfalls lockt den Suchenden, den hoch gelehrten Dr. Heinrich Faust, in die Irre. Er überflutet ihn mit dem, was uns heute im Übermaß umgibt (wenn nicht selbst erlebt, können wir es zumindest im Fernsehen rund um die Uhr konsumieren): Party, Sex und Rock'n'Roll, ein Entertainment-Overkill für Körper und Ego – nur nicht für die Seele. So lässt auch Goethe genialerweise zunächst nicht Faust selbst ins Verderben stürzen, sondern dessen Alter Ego, das Seelchen Gretchen. Der Genussmensch Dr. Faust lässt sie zur Mörderin und verlorenen Seele werden.

Augenblick, »du bist so schön …«, wenn ich Wein, Weib und Gesang konsumiere? Heute ist die Palette der verfügbaren leiblichen Genüsse noch wesentlich bunter als vor zweihundert Jahren. Doch eins haben der alte *Faust* und unser kollektives Verständnis heute gemeinsam: das Glück der Gegenwart, das setzen wir gerne gleich mit dem Rausch der Sinne. Wir denken im 21. Jahrhundert vielleicht an 220 Sachen auf der Autobahn, an Karneval oder Oktoberfest, an Abtanzen bis zum Morgen, was auch immer. Dr. Faust ist halt in Auerbachs Keller versackt und hat nebenbei das scheue Gretchen geschwängert.

Doch an dieser Stelle suchst du vergebens, lieber Dr. Faust. Und du auch, lieber Leser. Das jedenfalls ist Goethes Botschaft – und sie dürfte noch nie so wertvoll gewesen sein wie heute. Wenn du zum Augenblick sagst: »Verweile doch! Du bist so schön!«, während du Koks, Crack oder literweise Alkohol intus hast, dann lacht sich Mephisto ins Fäustchen. Diese Botschaft ist einfach, verständlich und nicht neu. Doch Goethe übermittelt uns in seinem *Faust* natürlich noch mehr: Auch wenn du dein Ego durch feiste Sex-Geschichten zum Jubilieren bringst oder mit allem anderen, was uns gemeinhin wertvoll ist – Bedeutung, Ruhm, Geld, Schönheit, Ehre –, auch dann bist du des Teufels. Das ist starker Tobak. Und trifft in seiner Schlichtheit sicher auch nur für die ganz schlimmen Egos zu, die nichts anderes tun, als sich selbst zu polieren.

Doch was ist mit uns? Ich, die ich diese Seiten schreibe und Sie, die sie lesen, wir streben ja vermutlich nach anderen Werten, wir suchen nach einem tieferen Sinn im Leben. Goethes *Faust* als Rollenmuster haben wir schon längst abgehakt.

Wir sind uns einig, dass das Glück der Gegenwart, der Augenblick, zu dem ich sage: »Verweile doch! Du bist so schön!«, sehr wenig zu tun hat mit dem, was ich mir von außen »reinziehen« kann – und sehr viel mit meiner Einstellung zum Moment, mit meiner Offenheit für das Geschenk des Lebens, mit meiner Trainiertheit, das abtropfen zu lassen, was mich hart macht und verschlossen. Und mit dem Bewusstsein, dass jedweder Konsum zwar durchaus großartige Glücksmomente bescheren kann – aber kein nachhaltiges Glück.

> *»Blühen bedeutet, offen zu sein für den Augenblick des Lichtes.«*

Thomas Carlyle, Goethe- und Schiller-Fan sowie bedeutender Autor des viktorianischen Großbritanniens, beschreibt wunderbar floral das, woran der Kopfmensch Faust verzweifelte. Jage nur dem Wissen nach, dem Erfolg und deiner eigenen Bedeutung, und du wirst alles haben. Nur keine Lebensfreude.

»Blühen« ist nichts anderes als die botanische Übersetzung der tiefen und vergänglichen Freude am Leben, für die wir geboren sind. Leider hat uns das bislang kaum einer gesteckt. Weder im Kindergarten oder der Schule noch in der Familie. Die Freude am Sein ist die Währung, die zählt. Und die purzelt uns nur dann ins Sterntalerhemd, wenn wir offen sind für »den Augenblick des Lichtes«.

Ich habe in diesem Buch schon etliche solcher Blüh-Momente beschrieben. Allen voran das Satori. Die vielen Steigbügelhilfen, das Verscheuchen der Moskitos im Kopf und das Wahrnehmen-Lernen ohne die Fallensteller der Ratio, ohne Begriffe.

*»Blühen bedeutet, offen zu sein für den Augenblick des Lichtes.«*

Was habe ich mir nun also vorzustellen unter diesem »Augenblick des Lichtes«? Er ist ein Tor zum Jetzt, nicht mehr und nicht weniger. Ein winzig kleiner Moment, und ich habe es in der Hand, wie tief ich seine Kraft erlebe.

Vor kurzem kam ich mit meinen beiden Hunden aus dem Park von einer unserer geliebten Touren zurück. Als ein Rudel in Harmonie, etwas erschöpft, aber total entspannt, überquerten wir eine Wiese. Es war viel zu kalt für diesen Tag im März, und grau war es auch. Doch dann riss für einen Augenblick die Wolkendecke auf, und zu sehen war ein traumschöner Farbwechsel zu zartem Blau, durchzogen von schüchternen gelblichen Strahlen. Frühling? Gibt's dich noch? Großartig!

Ich schaute andächtig zum Himmel. Und siehe da, von weit oben schwebte mir etwas Kleines entgegen, anthrazitgrau und aus Flaum: eine selbstbewusste Daunenfeder. Vielleicht stammte sie von einer der Krähen, die hier ihr Revier haben. Sie schien sich noch nicht mal die Mühe machen zu wollen, in ihrem Sinkflug ein wenig herumzutorkeln oder wenigstens eine Pirouette zu inszenieren. Nein, sie sank völlig senkrecht, entspannt und in Zeitlupe vom blauen Zenit zu mir herunter. Ich brauchte nur den Arm auszustrecken und meine Hand zu öffnen, da ließ sie sich auf ihr nieder. Nichts war zu spüren, so flaumleicht war sie.

Ach, Augenblick, verweile doch! Ich mochte mich nicht wegbewegen. Die Hunde maulten. Und ich war durchströmt von Glück. Ein Miniatur-Satori, das ich seitdem mit größtem Respekt in mir trage. Denn dieser Moment, als der Flaum sich auf meine Hand senkte, war *der* Moment zum Innehalten, zum Lächeln und zum Verstehen: der bewusst gelebte Moment tiefer Lebensfreude. Unabhängig vom Kontostand und vom Sollen-Müssen-Wollen. Ich war zwar wie immer ein wenig unter Zeitdruck, da ich am Abend eine Veranstaltung zu moderieren hatte, doch in diesem Flaum-Moment blieb die Zeit stehen. Das war das Licht, das Blühen bedeutet.

Die Flaumfeder gehört heute zu meinem Fundus der verschiedenen Türöffner ins Jetzt. Im bewussten Erleben des gegenwärtigen Augenblicks liegt eine ungeheure Kraft. Alle Religionen sprechen von ihr, und jeder ahnt, dass wir sie freilegen können, jeder für sich. Auch Dr. Faust ahnte das sehr exemplarisch. Goethe hat mit dieser Figur den Suchenden des Flaumfeder-Moments schlechthin geschaffen. Nur suchte er den Schlüssel dazu an der falschen Stelle.

Den Widerstand aufgeben, annehmen, was ist, voller Hingabe und ohne das Diktat der rationalen Begrifflichkeiten – dann entfaltet sich die Magie des Lebens, dann pulsiert die Freude.

Okay, alles schön. Wir haben verstanden. Aber schließlich gehören sehr viele von uns zur arbeitenden Bevölkerung, sind stark beschäftigte Menschen im Ruhestand oder führen eines der Millionen Kleinunternehmen, die wir »Familie« nennen. Und das bedeutet nun mal: Die Moskitos sind los. Jeder einzelne hat eine wahnsinnig wichtige Erledigung im Stachel, und jeder summt dir ins Ohr, dass die Welt zusammenbricht, wenn du ihn nur mal kurz in die Pampa schickst. Da ist nix mit der Kraft der Gegenwart. Und damit leider auch nix mit Lebensfreude.

Neben all den beschriebenen Steigbügelhilfen braucht es daher ganz rational auch eine gute Terminplanung. Die wenigsten wagen, sich eine persönliche Auszeit in den Kalender einzutragen. Dabei ist das enorm wichtig. Eine Viertelstunde mit sich selbst am Brunnen sitzen? Zehn Minuten in die nahe gelegene Kirche ausbüxen? Oder mit guter Musik auf dem Ohr in die Rumpelkammer? Seien Sie gerne ein wenig anarchisch in der Wahl Ihrer kleinen Fluchten. Egal, wohin Sie sich verkrümeln – solche Auszeiten sorgen für ein perfektes Moskitonetz!

Für mindestens eine tägliche Auszeit habe ich wunderbare Unterstützer: Meine beiden Hunde erwarten selbstverständlich von mir, dass ich mit ihnen laufen-schnüffeln-spielen gehe. Diese Stunde trage ich tatsächlich wie jeden beruflich wichtigen Termin in meinen Kalender ein. Mit den beiden durch die Natur zu streifen ist so verlockend, dass es mich regelmäßig mit ihnen nach draußen zieht. Und noch eine Miniaturauszeit: Unser winziger Münchener Garten wird von einer stattlichen Rotbuche überwölbt. Oft springe ich schnell raus, um mich an ihren Stamm zu lehnen. Sofort lässt es nach, das Summen im Kopf …

*»Ruhe zieht das Leben an, Unruhe vertreibt es.«*
GOTTFRIED KELLER

Um Ruhe als Lebensmagnet zu finden, sind Tu-Zettel für mich enorm wichtig. Sie schenken mir Lebensfreude. Ich führe drei verschiedene Sorten von Tu-Zetteln, die mir mehr helfen als jedes Moskitospray. Anfangs hatte ich immer alles auf einem Zettel, doch das hat mich wahnsinnig gemacht. Erstens war's viel zu viel (da fühlte ich mich wie ein Gnu mit einem Gepard im Genick), und zweitens verlor ich schnell den Überblick.

Ganz wichtig: Diese Zettel überschreibe ich nicht mehr mit »*to do*«. Streng genommen heißt das ja übersetzt nur harmlos »tun«, aber gebraucht wird es als: »Du musst«. Nein, heute betitele ich sie viel freundlicher: »*I would like*«, weil das deutsche »Ich möchte« einfach merkwürdig klingt. Denn es sind ja alles Dinge, die ich für ein gelungenes Leben erledigen *möchte*. Ich muss das nicht. Niemand muss. Jeder kann aussteigen. Doch ich habe mich nun mal entschieden, all diese Jobs zu machen, Bücher und Kolumnen zu schreiben, karitative Organisationen zu unterstützen und mit vielen wunderbaren Menschen intensiv befreundet zu sein. Also *möchte* ich all das erledigen, was mir ermöglicht, die vielen Bälle in der Luft zu halten.

Die Liste »*I would like*« gibt es erstens für die Dinge, die nicht so eilig sind, die noch ein bisschen warten können, aber nicht vergessen werden wollen: Geburtstagsgeschenke kaufen, Arzttermine vereinbaren, Hunde-und-Katzen-Impfungen, Jury-Kommentare schreiben, egal. Das macht schon mal den Hinterkopf frei.

Dann gibt es eine weitere »*I would like*«-Liste fürs Private, und drittens eine für den Job. Mir tut es gut, Privates vom Beruflichen zu trennen. Ich schreibe die Zettel mit der Hand, streiche aus und quetsche noch etwas rein, bis Feng-Shui um die Ecke kommt und ich alles neu aufliste. Ein super Gefühl. So viel fällt weg, so viel ist erledigt. Und was erneut auf die Liste kommt, bekommt ein Sternchen.

Damit mein Listenwesen auch nachhaltig gegen die Moskitos wirkt, behalte ich sie immer bei mir. Deshalb sind es auch keine DIN-A4-Blätter, sondern am besten funktioniert ein einmal längs gefaltetes DIN-A5-Blatt. Da passt im Notfall auch was auf die Rückseite drauf. Außerdem ist gefaltetes Papier stabiler und verknittert nicht so schnell in meinen Handtaschen, in denen das Leben tobt.

Die Listen immer dabeizuhaben ist großartig. Es befreit. Denn alles, was mir begegnet und in mein Beuteschema »will ich erledigen« passt, wird sofort dort geparkt. So kann ich sicher sein, dass ich nichts vergesse, und Speicherplatz für das Erleben der Gegenwart wird frei. Regelmäßiges Listen-Inspizieren gehört natürlich dazu. Dann hebe ich mit Markern das heraus, was nicht mehr lange warten kann.

Das Altmodische, Gestrige meiner Zettelei gibt mir das Gefühl von Einfachheit: das gefaltete Papier, der Kuli, der Marker, das Zerreißen, wenn das meiste erledigt ist – wunderbar.

*»Der Mensch ist nicht zum Vergnügen, sondern zur Freude geboren.«*

PAUL CLAUDEL

*»I would like«*-Listen abzuarbeiten ist nicht unbedingt ein Vergnügen, aber es kann durchaus Freude machen. Ich organisiere mein Leben *und* den Freiraum dazu. Es gehört schon was dazu, ein Listenwesen als Befreiung zu erleben, aber es funktioniert. Es ist mein Schalthebel im Driver Seat. Es nimmt den Wind aus dem Getrieben-Werden. Sich getrieben fühlen heißt, Opfer zu sein. Und Opfer werden irgendwann depressiv.

Zurück zur Lebensfreude, die aus der Kraft der Gegenwart entspringt. Zur Lebens-FREUDE – ich spreche keineswegs vom Lebens-VERGNÜGEN. Freude entspringt aus dem Innen, Vergnügen wird von außen serviert. Was öffnet sich da in uns, wenn wir präsent sind, mit all unseren Sinnen, in diesem einen Augenblick? Sollen wir »den Augenblick genießen«? Das ist ja ein Stück Alltagssprache, das Werbeprofis sehr gerne als Werbeclaims nutzen (»Alles für diesen Moment«, »Leben Sie – wir kümmern uns um die Details«). Ähnlich wird mit dem berühmten Horaz-Ausspruch umgesprungen:

CARPE DIEM.

»Genieße den Tag« – so hätten es manche gerne: hinsetzen und genießen. Dagegen ist auch gar nichts einzuwenden. Nur: Horaz hat das nicht gesagt. Das lateinische *carpere* bedeutet »pflücken«. Also fordert Horaz uns auf, den Tag zu pflücken, oder nüchterner vielleicht, den Tag zu nutzen: »Nutze den Tag« – das ist das Gegenteil von genießen und konsumieren, das ist eine aktive Handlung.

Pflücke den Augenblick, ergreife ihn, fang die Flaumfeder auf. Sei mit stiller Aufmerksamkeit gegenwärtig, und das Wunder des Lebens wird dir bewusst. Nicht nur das Wunder deines eigenen Lebens, auch das alles Lebendigen um dich herum. Du spürst das, was sich so konsequent allen Worten entzieht: Du spürst, was allem Leben innewohnt und alles verbindet; du spürst den Hauch der Ewigkeit.

Und weil Ewigkeit nun mal etwas sehr viel Größeres ist als wir alle zusammen auf diesem Planeten, macht uns diese Erfahrung demütig und dankbar zugleich. Die Kraft der Gegenwart rührt aus einer Erkenntnis, die wir gerne zeitlebens verdrängen: aus der Erkenntnis unserer Bedeutungslosigkeit und Endlichkeit. Umso radikaler erfahren wir daher den Wert der Gegenwärtigkeit.

Eine Freundin hat mir vor zwei, drei Jahren eine Armbanduhr geschenkt, die sie selbst designt hat. Es ist kein wertvolles Stück vom Materialwert her, doch immateriell bedeutet sie mir unendlich viel. Das Ziffernblatt ist schlicht und grau, die Zeiger sind eher spießig. Doch mitten darauf prangt ein Wort in Rot mit Ausrufezeichen: JETZT!

Mit dieser Uhr habe ich sehr praktisch erfahren, was selektive Wahrnehmung heißt. Die ersten zehn, fünfzehn Male habe ich beim Draufschauen innegehalten, habe gelächelt und bin für einen Moment aus der Zeit herausgetreten, um mit Goethe im Augenblick zu verweilen und mit der Dankbarkeit dafür einen Hauch Ewigkeit zu spüren. Doch irgendwann habe ich die Aufforderung in den roten Buchstaben nicht mehr gesehen, ich habe sie einfach nicht mehr wahrgenommen. Und so ist auch diese Uhr irgendwann zum ganz normalen Sklaventreiber mutiert.

Was also tun? Zum Beispiel: JEDEN Blick auf die Uhr als Aufforderung zum Innehalten nutzen! Eine gemeine Übung, ich weiß. Ein großer Teil unserer Blicke wandert ja zur Uhr, wenn *keine* Zeit zum Innehalten übrig ist. Macht nichts. Es gibt auch ein Turboinnehalten, das wirkt. Üben Sie sich darin, beim Auf-die-Uhr-Schauen zu denken: »Ich bin!« Und weil Leben Atem ist und umgekehrt: das Atmen nicht vergessen. Ich finde es großartig, ausgerechnet das übelste Folterinstrument unseres alltäglichen Lebens zu nutzen für eine klitzekleine Feier der Zeitlosigkeit. Das ist echt cool. Und befreit von Stress, übler Laune und Atemnot.

Die Kraft der Gegenwart – woraus wird sie gespeist, was ist ihr Quell?

> *»Yesterday's the past, tomorrow's the future. But today is a gift. That's why we call it the present.«*

Was Bil Keane, einer der bekanntesten Cartoonisten der USA, da so lapidar formuliert hat, bringt uns auf die richtige Spur. Sich lebendig fühlen, das folgt einem so simplen wie gnadenlosen Gesetz: Es geht nur im Jetzt. Ich kann mich nicht in der Vergangenheit lebendig fühlen und genauso wenig übermorgen. Klar spüre ich eine Gänsehaut, wenn ich mich in ein vor Jahren erfahrenes Satori versetze. Aber ich fühle die Gänsehaut JETZT. Und jeder hat Schmetterlinge im Bauch, wenn er oder sie an ein heiß ersehntes Rendezvous übermorgen denkt. Aber Sie haben die Schmetterlinge *jetzt* im Bauch. Es stellt durchaus eine Herausforderung dar, sich der Dimension dessen bewusst zu werden, was Keane da so lässig formuliert hat. Es gibt nichts anderes als das Jetzt. Das *jetzt* schon wieder vorbei ist. Und *jetzt* auch wieder. Diese Erkenntnis zu leben erfordert ordentlich Radikalität. Nämlich die Haltung, dass ich aus dem Gestern sehr viel lernen und für das Morgen perfekte Pläne machen kann – aber dass es mein Leben, die Fülle des Seins nur *jetzt* gibt.

Diese Erkenntnis zieht eine Menge Konsequenzen nach sich. Vor allem die Rechtfertigung, sämtliche Moskitos zu erschlagen. Denn die schleppen das Gestern und das Morgen mit Myriaden von Viren in unseren Denkkreislauf und verstopfen unsere Poren für die Freude des Seins. Letztlich geht es um einen permanenten Reinigungsprozess; darum, unsere Poren frei zu halten für die pure Empfindung des Geschenks des Lebens … womit wir wieder bei der feinen Unterscheidung zwischen FREUDE und VERGNÜGEN wären. Vergnügen in hoher Dosierung verstopft die Poren, Freude entsteht, wenn sie frei sind.

Die Kraft der Gegenwart ist also gleich der Freude am Sein. Über die tieferen Dimensionen dieser Erkenntnis werden wir im nächsten Kapitel nachdenken. Hier halte ich es erst einmal für wichtig, dem nachzuspüren, was diese Erkenntnis in aller Konsequenz bedeutet:

*Die Kraft der Gegenwart ist gleich der Freude am Sein.*

Erstens: Ich brauche keinerlei Hilfsmittel dazu. Die Freude am Sein, die habe ich hier und jetzt oder gar nicht. Die habe ich beim Wasser-ins-Glas-Schütten (was ich gerade getan habe) oder gar nicht. Die habe ich beim Einräumen der Geschirrspülmaschine oder gar nicht. Die habe ich beim Applaus nach einem gelungenen Vortrag oder gar nicht. Letzteres Beispiel zeigt natürlich: Es gibt Situationen, in denen die Freude kraftvoller sprudelt; in vielen anderen handelt es sich eher um eine Art tiefe Grundzufriedenheit.

Zweitens: Gedankliche Ausflüge in Vergangenheit und Zukunft sind eher hinderlich. Wer tiefer geht, lebt leichter. Wer sich nach vorn und hinten denkt, lebt schwer. Eckhart Tolle zitiert gerne die alte Sufi-Geschichte mit dem herrlichen Titel: *Auch das geht vorbei.* Sie ist leicht im Internet zu finden, und sie sagt uns: Die Konzentration auf das Jetzt macht uns nicht nur unsere eigene Vergänglichkeit bewusst, sondern zugleich auch die Vergänglichkeit von allem, was materiell existiert. Dieses Bewusstsein nimmt auch manchem Drama seinen Kern, es eliminiert Dramatik.

Mein Hund hat meine sündteure geschliffene Sonnenbrille zerbissen? Auch das geht vorbei. Der Sensationsauftrag ist an einen anderen gegangen? Auch das geht vorbei. Die Welt geht unter? Auch das geht vorbei. Okay, ganz so weit müssen wir nicht denken ... Doch die Erkenntnis, dass nur das JETZT zählt, das gleich-sofort wieder futsch ist, die verschafft enorme Gelassenheit.

Drittens: Radikale Gegenwärtigkeit heißt annehmen, was ist. Es bleibt uns ja gar nichts anderes übrig, wenn wir uns wirklich einlassen wollen. Widerstand verstopft die Poren.

> *»Weisheit besteht darin, dass einem die Kälte recht ist, wenn es kalt ist, die Wärme, wenn es warm ist.«*

Ich bemühe den französischen Schriftsteller Marcel Jouhandeau, weil er das Nicht-Meckern über das Wetter als »Weisheit« bezeichnet. Ich finde, der Mann hat absolut Recht! Sie dürfen sich partout als »weise« bezeichnen, als lebens-weise, wenn es Ihnen gelingt, dauerhaft weder über das Wetter noch über sonstige Unbilden zu meckern, die Ihnen ja sowieso täglich vor die Füße fallen. Es ist weise, weil Sie damit Ihre Lebensenergie ins Plus und zum Sprudeln bringen. Meckern vergiftet nicht nur Ihre Umgebung, sondern in erster Linie Ihr eigenes Lebensgefühl.

Was mich zu einem kurzen politischen Exkurs verführt: Ich frage mich, wie kritisch die Verfasstheit Europas noch werden muss, bis wir kapieren, dass es Zeit wird, den Stil unseres politischen Diskurses zu verändern. Im Augenblick leisten wir uns die extreme Energieverschwendung einer hoch emotionalen, nicht konstruktiven Schuldzuweisungsdebatte. Jede überlegte, vernünftige Argumentation geht gnadenlos unter. Klar würde mir jeder meiner Journalistenkollegen sagen: So ist das Geschäft, Schätzchen. Die Medien im 21. Jahrhundert können sich konstruktive Differenziertheit nicht leisten. Der mediale Wettbewerb ist zu brutal, Quote und Auflage werden von Lautstärke, Simplifizierung und negativer Emotion gepusht.

Es könnte allerdings sein, dass wir uns eine solche Ineffizienz bald nicht mehr leisten können. Zum Glück steigt mit wachsendem Chaos auch die Nachfrage nach Lösungsorientierung, Realitätssinn und konstruktiver Vernunft.

Zurück zur Kraft der Gegenwart. Sie ist gleich der Freude am Sein und somit verbunden mit zweierlei »Tugenden«, die aus der Zeit gefallen zu sein scheinen: Demut und Dankbarkeit.

Dem tieferen Quell dessen möchte ich im nächsten Kapitel nachspüren. Und da kommen wir um das nicht herum, was die Geister scheidet: die Spiritualität.

Nichts ist schwieriger für eine Journalistin, als über Spiritualität zu schreiben. Denn schließlich meinen Journalisten – genauso wie der größte Teil der deutschen Bevölkerung –, dass nur das existiert, was auch mit Ratio und Worten zu fassen ist. Ich versuch's jetzt aber trotzdem, mich dem anzunähern, was mit Worten nicht zu fassen ist. Und zum Glück bin ich ja nun auch wirklich nicht die Erste.

Mein geliebter Goethe hat da natürlich genial und unerreicht vorformuliert:

*Wär' nicht das Auge sonnenhaft, die Sonne könnt' es*
*nie erblicken.*
*Läg' nicht in uns des Gottes eigne Kraft, wie könnt'*
*uns Göttliches entzücken?*

Wenn wir ihn nicht in uns hätten, den unbesiegbaren Sommer – wie könnten wir ihn dann ersehnen?

# 8

# Man sieht nur mit dem Herzen gut. Das Wesentliche ist für die Augen unsichtbar.

## Der unbesiegbare Sommer in mir

»Höre … neige das Ohr deines Herzens …« So beginnt die Regel des heiligen Benedikt. Der Münchener Altabt der Benediktiner, Odilo Lechner, hat mir gezeigt, welche Kraft uns das »Ohr-Neigen« verleihen kann.

Kennengelernt habe ich Odilo Lechner im Jahr 2005, kurz nach dem Tod meines Vaters. Meine Mutter war schon 16 Jahre vor ihm von uns gegangen, und der Verlust nun auch des Vaters war ein tiefer, schmerzhafter Einschnitt. Mein Vater war unendlich stark bis zum Schluss, er war ein Kämpfer, und für uns alle starb er viel zu früh – immerhin aber im Alter von 84 Jahren. Meine Schwester und ich wollten ihm nun als letztes Zeichen unserer tiefen Wertschätzung eine würdige Trauerfeier gestalten und waren auf der Suche nach einem Pastor und einer Kirche. Mein Vater war evangelisch getauft; auch seine Mutter jüdischer Herkunft war evangelischen Glaubens gewesen. Uns gefiel eine kleine Barockkirche in München Unterföhring sehr gut, denn sie ist von warmer, würdiger Schönheit … aber katholisch. Das Pfarramt zögerte jedoch keine Sekunde, die Kirche für unsere evangelische Trauerfeier zu öffnen, zu der auch etliche Überlebende des Holocaust kommen würden.

Nun stellte sich die Frage: Wer liest die Messe? Eine Freundin meiner Schwester war der festen Überzeugung, dass dies Altabt Odilo Lechner machen müsse. Er sei einfach großartig. Also besuchten wir ihn im Münchener Kloster St. Bonifaz. Seine gütige Freundlichkeit faszinierte uns. »Gütig«, wem ordne ich heute noch diese altertümliche Vokabel zu? Für Altabt Odilo Lechner war es jedenfalls genau die rechte. Er fragte nach Leben, Glauben und Wirken unseres Vaters und sagte dann zu unserer großen Freude zu.

Ich mag es nicht anders formulieren: In der unendlichen Wärme, die der Altabt verströmte, hat er uns einen berührenden geistlichen Rahmen für diesen Trauergottesdienst geschenkt (den er in weiten Teilen übrigens mehr moderierte als gestaltend vorgab). Viele der engen Weggefährten meines Vaters traten an die Kanzel und drückten ihre Liebe, ihre Hochachtung und Wertschätzung für ihn aus: Es war ein unendlich würdiger Abschied von einem Mann evangelischen Glaubens mit jüdischen Wurzeln in einer katholischen Kirche – begleitet vom Altabt der Benediktiner.

Odilo Lechners unvoreingenommene Offenheit und Zugewandtheit haben mich damals tief berührt. Er hat es vermocht, unseren Schmerz zu lindern, indem er uns behutsam die »Normalität« des endgültiges Abschieds hier auf Erden vor Augen führte und uns damit sanft, aber unerbittlich auf unsere eigene Endlichkeit verwies.

Sechs Jahre später besuchte ich Odilo Lechner im Kloster Andechs, um ein längeres TV-Gespräch mit ihm zu führen. Gemeinsam mit dem Regisseur Hans-Günther Kaufmann wollte ich für die Dokumentation: *Stille – das scheue Glück* den Wert der Stille für unsere innere Balance ergründen – und umgekehrt auch zeigen, was der fortschreitende Verlust von Stille für Auswirkungen auf unsere Seele hat.

»Ohne die Stille wird das Ohr unseres Herzens nichts wahrnehmen können«, sagte der Altabt bedacht. Er sei dazu übergegangen, den Menschen zu empfehlen, sich einmal am Tag – aber wirklich *jeden* Tag – in eine sehr ungemütliche Situation zu versetzen. Sie sollten sich vorstellen, sie lägen auf dem Sterbebett. Im vollen Bewusstsein, dass nun alles für immer vorbei sei. Aus dieser radikalen Erfahrung unserer Endlichkeit heraus fiele es vielen leichter, sich den wahren Dingen zuzuwenden. Zum Beispiel der Stimme Gottes, die in uns spreche.

*»Höre … neige das Ohr deines Herzens …«* Doch wohin soll ich es denn bitte neigen? Welche Sprache versteht es? Es ist ja nicht anzunehmen, dass das Ohr meines Herzens Deutsch versteht oder Englisch. Oder Suaheli. Das ist mir schon klar. Worte wird es nicht dechiffrieren wollen. Doch welche Botschaften sind die seinen?

Das ist es ja gerade. Kaum einer weiß das konkret zu benennen. Eine hilfreiche Frage könnte vielleicht lauten: Wonach sehne ich mich im tiefsten Herzen?

Überflüssig zu sagen, dass es hier nicht um das Traumhaus, das Pferd oder das Boot geht. Auch die Selbstverwirklichung im Job lassen wir hier mal außen vor.

Es geht um die tiefste Frage im Leben: Was ist es, das wir uns im Innersten an Lebenssinn erhoffen, das uns am Ende trägt, glücklich und zufrieden macht? Was ist es, das uns tiefen Frieden schenkt, wenn es dann irgendwann heißt: *Rien ne vas plus, this is the end*?

Es geht also um den Sinn, den ich meinem Leben geben will. Es geht auch darum, ob ich spirituell leben will – und wenn ja, wie stark mich diese Orientierung prägen soll.

Die Frage danach ist eine der wichtigsten unserer Existenz. Sie verdient daher eine aufrichtige Auseinandersetzung. Trotzdem drücken wir uns gerne vor ihr, denn sie bedeutet Anstrengung, bedeutet, dass wir uns zu unserer Verantwortung für das eigene Schicksal bekennen müssen. Im Jahrhundert der Millionen Möglichkeiten und Unverbindlichkeiten ist das natürlich eine besondere Herausforderung. Doch die Beantwortung dieser Frage lässt sich nicht delegieren. Sie lässt sich nur verdrängen. Und das geschieht millionenfach.

*»Höre … neige das Ohr deines Herzens …«:* Wofür bin ich auf dieser Welt? Was mache ich zu meinem inneren Lebensziel? Manch einer mag darauf mit Faust antworten: »Werd' ich zum Augenblicke sagen, verweile doch, du bist so schön« – einmal durchtränkt sein von Glück, den Mega-Kick erleben und dann abtreten. Tod im Erlebnisrausch.

Manch anderer sucht nach Erleuchtung – welcher Spielart auch immer –, getrieben von der Sehnsucht nach der tiefen Erfahrung von Ewigkeit. Empfindsam werden für die Heiligkeit des Lebens, im Zustand des Mitgefühls und der Liebe leben.

Merkwürdig, dass wir uns so wenig über dieses Thema unterhalten, zumindest im Kreise vertrauter Menschen. Eigentlich selten bis nie, oder? Suchen wir denn überhaupt nach einem intimen Forum, um uns mit der Sinnfrage zu beschäftigen? Machen wir uns auf, einen Pilgerweg zu gehen? Verschanzen wir uns für ein, zwei Wochen in der Stille eines Klosters? Reisen wir zu fremden spirituellen Kulturen, um Orientierung zu finden in deren Andersartigkeit? Immerhin geht es um die Frage unseres Lebens schlechthin!

Klar, es gab und gibt natürlich immer Menschen, die sich auf die Suche begeben nach dem, was sie im Innersten zusammenhält. Bis vor wenigen Jahrzehnten hatten wir in unserer westlichen Welt allerdings wenig Spielraum dafür; die Leitplanken unserer Selbstdefinition waren weitgehend festgefügt, zumindest dort, wo christliche Erziehung einigermaßen funktionierte.

Heute ist das anders, da herrscht in dieser Hinsicht ein Vakuum. Ein Vakuum, das allerdings nicht weiter auffällt, weil es so hübsch verpackt ist in einem funkelnden Spektrum von Ablenkungsmöglichkeiten, Freizeitspaß und Entertainment auf Konsumwolke sieben. Angebote zur kollektiven Verdrängung.

*»Höre … neige das Ohr deines Herzens …«* auf etwas, das mit sehr leiser Stimme spricht. Deshalb ist es sinnvoll, den schlichten Hinweis von Odilo Lechner zu beherzigen: »Ein Verzicht auf die vielen Ablenkungen befreit mich von der Zerstreuung und dem Verlust des Wesentlichen.«

Sich »ab-lenken«, weg vom Wesentlichen. Sich »zer-streuen«, in tausend unwichtige Kleinigkeiten, nur um das Vakuum nicht wahrnehmen zu müssen, sich selbst verschütten – wie Salz auf dem Tisch.

Altabt Odilo weist damit einen Weg, sich den Raum und die Zeit zu schaffen, um »das Ohr seines Herzens« zu neigen, es horchen oder vielleicht auch sehen zu lassen, ganz nach Saint-Exupéry: »Man sieht nur mit dem Herzen gut. Das Wesentliche ist für das Auge unsichtbar.« Auge und Ohr des Herzens öffnen sich nur im geschützten, stillen Raum – also an einem Rückzugsort.

Wo finde ich so einen Ort? Auch dafür gibt's kein vorgefertigtes Rezept. Die klassischen Rückzugsorte haben für viele Menschen ausgedient. Kirchen, Kapellen und Hausaltäre werden heutzutage durch sehr persönliche, individuelle Fluchtorte und im schönsten Sinne »geheime Heiligtümer« ersetzt.

Das kann – wie in meinem Fall – der erstaunlich normale, tägliche Ausflug mit den Hunden sein. Auch wenn ich grenzwertig viel Arbeit habe, nehme ich mir diese Stunde, manchmal auch mehr. Genauer gesagt: Meine Hunde fordern sie ein, und ich schätze sie als großartige Erfüllungsgehilfen. Laufen im Park, an der Isar – und horchen. Auf einen (und das lässt sich leider nicht gefühlvoller formulieren) dialektischen Prozess. Denn dem Wandernden wird sich der Weg unter die Füße schieben. Das Wissen um das, was ich im Tiefsten suche, erscheint mit der Suche. Der Weg ist das Ziel.

Ich bin davon überzeugt, dass uns niemand unser Ziel, unsere ureigene Antwort auf die Frage nach dem Sinn unseres Lebens und damit nach unserer Spiritualität, vorformulieren kann. Auch kein Gott. Heute, im 21. Jahrhundert, erscheint uns nur das authentisch, was individuell »unseres« ist. Selbst entdeckt, selbst verfolgt, selbst gefunden.

Also: Welche Überschrift geben wir der Suche nach dem, was uns im Innersten zusammenhält? Auch nach ihr habe ich lange gefahndet. Als ich sie dann schließlich für mich fand, staunte ich nicht schlecht, denn sie klingt genial aus der Zeit gefallen:

»Suche die Heiligkeit.«

»Heiligkeit« – sicherlich fremdeln viele mit dieser biblischen, altertümlichen Begrifflichkeit. Doch wenn wir die Sprachgeschichte anschauen, rückt die Vokabel näher. Denn es steckt »Heilsein« in der »Heiligkeit«, die »Ganzheit«. Und heilige Orte, heilige Schriften stehen für Ruhe und Geborgenheit. (Auf der anderen Seite zählt die katholische Kirche bis heute 6650 »Heilige«, und das ist für manche von uns dann doch ein bisschen viel Heiligenschein …)

Suche die Heiligkeit. Suche das Göttliche in dir. Reinhold Messner hat das tibetische *Lagyelo* über die Einladung zu seinem runden Geburtstag gesetzt: »Ich begrüße die göttlichen Eigenschaften in dir.« Genau darum geht es mir.

Wenn ich mich nun also auf den Weg machen will, wenn ich Raum und Zeit schaffe für meine ganz persönliche Sinnfrage, wenn ich zudem bereit bin, entsprechend einer wie auch immer lautenden Antwort die elementaren Weichen meines Leben neu zu stellen, dann stoße ich auf einen hartnäckigen Widerspruch. Denn ich bin jetzt wieder dabei, mit »Heiligkeit« etwas beschreiben zu wollen, was sich Worten konsequent entzieht. Es sei denn, wir – Sie, liebe Leser, und ich – akzeptieren wechselseitig, dass wir uns an etwas annähern wollen, für das es gewisse Bilder, Begriffe, Literaturzitate gibt, die etwas in uns kollektiv zum Schwingen bringen. Etwas, von dem wir meinen, dass wir uns darüber austauschen könnten – was allerdings ein Irrtum sein kann.

Ich schlage folgenden Deal vor: Wir sind uns bewusst, dass wir jede Menge Hilfsmittel nutzen können, um uns zu verständigen und rückzuversichern. Wir sind uns aber auch bewusst: Erfahren, entdecken, zweifeln, verwerfen und innerlich wachsen kann jeder nur für sich alleine.

Für viele Gläubige ist das alles kein Thema, denn ihr Lebenssinn ist klar. (Und der Weg dorthin meistenteils auch.) Für sie geht es nur noch darum, ihren Weg im Glauben tatsächlich mit Leben zu füllen. Großartig. Ich gehe gerne in die Messe, und erlebe dort oft auch eine tiefe Meditation. Doch das wesentliche Portal in mir, das mich zu tiefem, heiligem Frieden führt, das öffnet sich dort nur zentimeterweise. Ich gehöre zu denen, die stark geprägt sind von Tradition – und sich zugleich von ihr gelöst haben. Unsere christliche Tradition lebt nurmehr fragmentiert in mir fort, gleichwertig neben adaptierten Stückchen anderer Religionen, Philosophien und Wertesystemen, die ich im Laufe der Jahrzehnte für mich ausgesiebt habe. Die Maschenweite meines Wertesiebs habe ich dabei ganz allein bestimmt. Was hängenblieb, ist für mich persönlich enorm wertvoll – ohne den geringsten Anspruch auf Allgemeingültigkeit zu erheben.

Der Homo sapiens des 21. Jahrhunderts ist ein Wertemixer, er baut sich seine ganz eigene Patchwork-Orientierung. Und seine Wertewelt ist ähnlich fragmentiert wie seine Existenz im www. *Wenn* er sich überhaupt für so etwas wie Sinnfindung interessiert. In viele sickert das süße Gift der Ablenkung und Zerstreuung völlig ungehindert hinein und betäubt ihre seelischen Nervenenden – und plötzlich war's das dann schon. Leben vorbei. *Am* Leben vorbei.

Wir sind ja alle so wahnsinnig frei. Nicht in Sachen Steuerklasse, Straßenverkehrsordnung oder Erneuerbare-Energien-Umlage. Aber in der Entscheidung, wie wir unseren inneren Kompass ausrichten wollen. Ob wir unser Leben verkonsumieren, verflachen oder vertiefen. In unserer schönen neuen Welt der hunderttausend Möglichkeiten besteht ja gar keine Notwendigkeit, sich innerlich einzuordnen. Niemand schreibt uns vor, wo's langgeht. Und andersherum interessiert sich auch kaum einer überhaupt für die Kompassnadel seines Lebens. Ist doch alles so schön bunt hier.

Und damit sind wir wieder beim »*Höre ... neige das Ohr deines Herzens ...*«. Denn wenn ich mich entscheide, meinen Kompass nach innen zu orientieren, dann heißt das, sehr sensibel für diese so seltsam zittrige Nadel zu sein. Sie verdreht sich leicht. Sie schwingt schnell über ihr magnetisches Fixum hinaus und rotiert auch gerne mal um ihre eigene Achse. Bis sie exakt auf Linie still geworden ist, braucht es Zeit.

Ich finde das Kompassbild sehr passend für diesen lebenswichtigen Prozess. Und irgendwann erkennen wir auf unserer Wanderung, dass wir selbst die Kompassnadel sind: zittrig, leicht zu irritieren, mit der Neigung, übers Ziel hinauszudrehen, und oft dauert es ewig, auf der passenden Linie still zu werden. Doch das Wunderbare ist: Je länger wir üben, uns auf den Weg nach innen zu orientieren, desto stärker wird das Magnetfeld, desto leichter fällt uns die Weichenstellung, desto selbstbewusster entscheiden Herz und Bauch.

Sie, die Sie sich auf dieses Buch einlassen, sind ja schon längst unterwegs. Gehen wir also – soweit das mit Worten und Bildern möglich ist – ein Stück gemeinsam. Beginnen wir bei den Brüdern Grimm und schlagen uns durch die Dornenhecke zu Dornröschen durch.

Die Dornenhecke, der Gedankenschwarm. Dieses undurchdringliche, verstachelte Gestrüpp schirmt die Prinzessin ab vom Wichtigsten, vom Kostbarsten überhaupt: vom Leben. Ihr Schlaf scheint dem Tod näher zu sein als dem Leben. Eine verschenkte Ewigkeit. Dann endlich, nach 100 Jahren innerem Vakuum, kommt der edle Prinz daher. Und mit dem Prinzen kommt die Liebe. Sie gibt ihm die Kraft, die Dornenhecke mit dem Schwert unerschrocken zu zerstören. Er küsst die Wunderschöne wach und entführt sie ins Leben. Doch damit kippt das Bild, leider. Denn Prinz und Schwert, das müssen wir mutigerweise selber sein.

Und wie lautet also die Moral von der Geschicht? Zum zittrigen Kompass gehört das Schwert. Um die Dornenhecke zu durchdringen, um den Gedankenschwarm zu verscheuchen, braucht es Konsequenz, braucht es die unbeirrbare Konzentration auf das Dahinter. Uns Prinzen auf der Suche nach dem Sinn des Lebens stellt sich die Aufgabe, so radikal wie sensibel immer wieder Tore nach innen zu öffnen, um die Fülle des Seins zu entdecken.

In den vorangegangenen Kapiteln habe ich etliche meiner Door-Opener beschrieben, vom Satori bis zum Umwidmen des drögen Auf-den-Fahrstuhl-Wartens. Jetzt geht's um des Pudels Kern, um die Frage nach der Spiritualität, um den unbesiegbaren Sommer, den ich zeitlebens in mir trage.

Einen möglichen Zugang zu ihm bieten zwei kurze Worte:

*ICH BIN.*

Zwei Goldnuggets der Philosophie und des Glaubens, Jahrtausende alt. Mit ihnen verknüpft sind erkenntnistheoretische Grundsatzfragen, doch da mischen wir jetzt besser nicht mit. Versuchen wir lieber, uns voll und ganz auf diese zwei Worte einzulassen, die alles transportieren können.

> *»Höre ... neige das Ohr deines Herzens ...« – und nimm wahr:*
> *ICH BIN.*

Die vielen Tricks und Schliche, mit denen wir den Gedankenschwarm alias Dornenhecke überlisten, sie öffnen das Tor zu einem tief empfundenen ICH BIN. Nehmen Sie sich die Zeit, dem nachzuspüren, und nehmen Sie sich diese Zeit JETZT: Fühlen Sie, was diese Worte auslösen in Ihnen:

*ICH BIN.*

Spüren Sie, wie Sie mit dieser Empfindung aus der Zeit fallen?

*ICH BIN.*

Es bleibt Ihnen ja gar nichts anderes übrig, als das Gestern und Morgen auszublenden. ICH BIN führt Sie kompromisslos in die Gegenwart hinein. Wenn Sie drinbleiben in dieser radikalen Gegenwärtigkeit, wird sich irgendwann Ihr Körper melden. Ihre Hände und Füße werden kribbeln, und Ihr Atem wird tiefer. Ihre Augen werden aufhören zu suchen. Antennen, die Sie längst vergessen hatten, beginnen zu funken. Sie werden die Fülle des Seins spüren.

Während ich diese Zeilen schreibe, sitze ich in meinem gläsernen Gewächshaus in einem Olivenhain. Auf manchen Olivenblättern spiegelt sich silbriger Sonnenschein, darunter tanzen quietschgelbe Tupfer auf sattem Grasgrün: eine Butterblumenwiese. Natürlich durchflutet mich die Fülle des Seins an einem solchen Ort deutlich intensiver als auf einem Bahnhofsklo. Aber letztlich öffnet sich das Portal zur bodenlosen Lebendigkeit überall – mit den Worten, mit dem gefühlten:

*ICH BIN.*

Wenn Sie dort angelangt sind, mit allen Sinnen, dann entfaltet sich das tiefe Geheimnis des Jetzt, der Gegenwart, des faustischen Augenblicks. Und wieder sind Worte wie die Wellen auf dem Ozean: Sie beschreiben die Oberfläche, sind vielfältig, unersetzbar, weise – aber sie spiegeln nur einen kleinen Teil des Meeres. Seine unermessliche Tiefe lassen sie nicht erkennen.

Diese Tiefe beginnt mit unserem Mantra des ICH BIN: Nichts existiert – außer dem Jetzt. Nichts hat einen Sinn – außer im Jetzt. Alles, was existiert, alles, alles – existiert nur im Jetzt. Im nächsten Augenblick wird alles anders sein. Und danach noch anders. Leben entsteht, Leben entfaltet sich, Leben stirbt.

In mir, um mich herum, alles.

*ICH BIN ... das Leben, aber nur jetzt.*
*ICH BIN ... ein Nano-Wimpernschlag der Geschichte.*
*ICH BIN ... radikal vergänglich.*

Und damit bin ich die flüchtige Inkarnation dessen, was Leben ist. Ich werde vergehen. Doch das Leben bleibt. In der Butterblumenwiese vor mir werden in diesem Augenblick Milliarden Pflanzenzellen geboren, und Milliarden sterben zugleich. Mein eigener Körper bringt täglich Milliarden neue Zellen hervor, und in jeder Sekunde sterben 50 Millionen von ihnen. Mein Schreibtisch, mein PC, der Olivenbaum vor mir und ich: Wir alle sind flüchtiger Ausdruck des EINEN Lebens, das immer schon da war. Und das ewig da sein wird.

Wenn Sie sich einlassen auf dieses Gefühl des Seins – und das ist sicherlich nicht das erste Mal in Ihrem Leben –, dann wird dieses ICH BIN wahnsinnig klein.

Hermann Hesse ließ die Urmutter Gaia in seinem *Siddhartha* sagen:

> *»Ihr spielender Finger schreibt in die flüchtige Luft unsere Namen.«*

ICH BIN das Leben. Doch ich bin nur flüchtiger Ausdruck eines grandiosen Phänomens, das Leben heißt. Das sich in unvorstellbarem Wandel und nicht fassbarer Formenvielfalt zu dem inkarniert, was die Welt ist.

Was folgt für mich daraus, was folgt aus dem tiefen Wissen um die enorme Flüchtigkeit von allem, was in und um uns existiert und aus dem Wissen um das großartige Wunder des ewigen Wandels, des Kreislaufs und der Wiedergeburt des Prinzips Leben?

Was bedeutet das für meine Haltung zu meiner Existenz, für meine Antwort auf die Frage nach dem Sinn und der Heiligkeit?

Zunächst einmal lässt es mich demütig sein. Und dann gibt es mir eine ruhige und ziemlich coole Gewissheit: nämlich die meiner eigenen Nichtigkeit – verbunden mit dem tiefen Respekt vor dieser grandiosen Kraft, die all das hervorbringt, was mich umgibt, die allem innewohnt. Zum Glück auch mir. Doch allein von »Kraft« zu sprechen, erscheint mir ein bisschen dürr. Natürlich: »Gott« wäre die nächstliegende Vokabel. Doch sie ist über die Jahrtausende so vielfältig ideologisch aufgeladen worden, dass ich mich scheue, sie zu verwenden.

Für mich fasst dieses andere Wort das Unfassbare viel besser, weil es weniger belastet ist, sozusagen das Wort als Welle auf dem Ozean: »Heiligkeit«. Es kann jedoch nur hinweisen auf seine enorme Tiefe, die sich jedem verstandesmäßigen Raster entzieht. Bewusst wahrnehmen lässt sie sich nur jenseits von Worten.

Seit ich mich konsequent bemühe, innere Portale offen zu halten für die tiefe Erkenntnis der Existenz der ewigen Kraft des Lebens, seitdem ist sie da, die innere Verneigung vor dem Bewusstsein der »Heiligkeit« … deren Teil ich bin. Irgendwann wurde mir damit klar, dass es letztlich auf der Suche nach dem vielbesungenen Sinn des Lebens darum geht, die Heiligkeit in allem zu finden. Auch in mir.

Albert Einstein ist da ein großartiger Wegweiser, wenn er sagt:

*»Es gibt nur zwei Arten zu leben. So, als wäre nichts ein Wunder. Oder so, als wäre alles eines. Ich glaube an Letzteres.«*

Was heißt das nun konkret für uns, für unsere Suche und unser Leben?

Lass dich ein, mache diese Erkenntnis zu dem Leitfaden deines Lebens: Suche die Heiligkeit, und spüre die Kraft, die so viel größer ist als du. Daraus erwächst ein tiefer Respekt vor dem Leben. Es fällt uns Verantwortung zu, mit diesem einzigen Geschenk von Wert würdevoll umzugehen. Wie man das macht? Mit Liebe. Mit der Dankbarkeit und Liebe zum Leben, die in jedem von uns mehr oder weniger tief vergraben ist. Wenn es uns gelingt, diese Bewusstheit für das Sein in unseren Alltag zu holen, sozusagen als Hintergrundprogramm, das unsere innere Festplatte anreichert und vertieft, dann schaffen wir eine dauerhafte Verbundenheit mit dem unbesiegbaren Sommer in uns.

Man könnte auch sagen: Da ist ein Quell in jedem von uns, der erst dann zu sprudeln beginnt, wenn wir ihn entdecken, wahrnehmen und wertschätzen lernen. Es ist die Heiligkeit des Lebens, die da fließt. Wer sie wahrzunehmen beginnt, der spürt in ihr die Ewigkeit. Denn sie war immer schon da, und sie wird nie vergehen.

Und weil wir den Zugang zu dieser Kraft in uns nur über diesen einen gegenwärtigen Moment finden, begreifen wir sie: die Kraft der Gegenwart.

> *»Wir haben zum Ewigen keinen anderen Zugang als durch den Augenblick, in dem wir leben.«*
> HERBERT VON HOERNER

Wenn wir uns also öffnen für die Dimension der Ewigkeit in uns, indem wir es uns erlauben, uns verbunden zu fühlen mit der Heiligkeit des Lebens und zugleich unsere Vergänglichkeit zu akzeptieren – dann sind wir verbunden mit dem unbesiegbaren Sommer in uns. Und mehr noch: Dann wissen wir um die Heiligkeit in allem, was uns umgibt und um dessen Vergänglichkeit. Wir erleben das tiefe Gefühl von Verbundenheit. Es war schon immer so, und es wird immer so sein. Tiefer Friede. Wovor also Angst haben? Nur davor, dass unser Ego vergeht?

Wer sich dazu entschließt, den unbesiegbaren Sommer in sich zur lebendigen Kraftquelle zu machen, der wird irgendwann seine Weltsicht ändern. Viele Automatismen lösen sich auf, auch Ängste. Die Hierarchie der Wertigkeiten wird neu geordnet.

Denn wer im Bewusstsein der Heiligkeit des Seins lebt, der wird dem Ego, dem kurzsichtigen »Ich«, wenig Raum beimessen. Doch dazu später.

Es geht also um nichts anderes als um eine Bewusstseinsänderung. Wenn uns die gelingt, dann lockt eine geradezu außerirdische Belohnung, denn:

> *»Das Paradies ist kein Ort, wo man hingeht, sondern ein Bewusstseinszustand.«*
>
> STEPHEN R. COVEY

# 9

# Auf welches Instrument sind wir gespannt?

## Das Ego-System als Dornröschenhecke

Die Dornröschenhecke, der Gedankenschwarm, die Moskitos und daneben die unerschöpfliche Quelle des Lebens in uns, der tiefe Frieden, der uns trägt, wenn wir uns verbunden fühlen mit der großartigen Vielfalt des Lebens.

Moment mal, werden Sie sagen, da verstrickt sich die Ruge aber in einen ordentlichen Widerspruch. Wenn die Kraft so stark ist in uns – schließlich spricht sie von »Heiligkeit« –, dann kann uns doch kein gedanklicher Mückenschwarm der Welt von so einem Ausnahmegefühl trennen. Der große Friede in uns. Die Verankerung im Leben. Die Vertiefung von Wahrnehmung und Zufriedenheit. Wenn *das* in jedem von uns existiert, wieso sollten wir dann so dumm sein, die Dornröschenhecke wuchern zu lassen, die uns abtrennt von der Tiefe, der Heimat in uns, von der Sinnfindung im Leben? Wieso lassen wir es dann zu, uns zu verheddern in oberflächlicher Um-uns-selbst-Dreherei?

Ziemlich merkwürdig. Nicht zu verstehen.

Genauso merkwürdig wie die Vertreibung aus dem Paradies. Ja, genau, ich meine die tragische Geschichte von Adam und Eva mit dem Apfel und der Schlange. Da lebt das erste Paar der Menschheit selig im Paradies, wo Gott ihnen aufgetragen hat, die Pflanzen und Tiere zu hegen und zu pflegen, doch dann naht die Verführung in Form der hinterlistigen Schlange, die Eva Lust macht auf die verbotene Frucht, den Apfel vom Baum der Erkenntnis. Die Konsequenzen sind knallhart: Gott vertreibt das gottgleiche Paar für immer aus dem Paradies und legt ihm als Strafe für sein Vergehen schreckliche Schmerzen und Entbehrungen auf. Das war's dann mit der Harmonie und Sorglosigkeit. Übrigens steht im Paradies ja noch ein anderer Baum: der des ewigen Lebens. Den werden die beiden auch nie wieder sehen.

Die großen Gleichnisse und Mythen der Bibel. Jahrzehntelang konnte ich nichts damit anfangen. Als Protestantin in einer Münchener Vorort-Grundschule wurde ich im Minderheitenunterricht eh etwas spärlich versorgt in puncto Religion. Später, im Konfirmationsunterricht, blieb aus pubertären Gründen nicht viel hängen. Und so hatte ich die Geschichten und Gleichnisse der Bibel nie verstanden, konnte mit dem »Buch der Bücher« nie etwas anfangen. Schon gar nicht konnte ich mir vorstellen, dass es Leitfaden des Lebens sein könnte, oder ganz praktische Lebenshilfe. Anders wurde das erst viel später, als ich von einem Verlag gebeten wurde, die »schönsten Geschichten der Bibel« für Kinder neu und gegenwartsnah zu interpretieren. Erst da, als ich mich mit voluminösen Werken zur Bibelauslegung, mit der Entstehung und der frühen Geschichte des Christentums beschäftigte und natürlich sämtliche Evangelien und deren Auslegungen las, wurde mir einiges klar. Erst da erkannte ich, welch unermesslichen Schatz es zu heben gab.

Das gilt besonders für die Geschichte von Adam und Eva und ihrer Vertreibung aus dem Paradies. Als Kind hatte ich mich gefragt: vom Baum der Erkenntnis essen? Was sollte denn daran schlimm sein? Erkenntnis ist doch was Tolles! Ich fand es schrecklich, dass der liebe Gott so gar nicht lieb war mit Adam und Eva und sie so hart und unerbittlich bestrafte, dass er sie rausschmiss aus dem Paradies, das ja auch für mich ein Sehnsuchtsort war. Friede, Wonne, Harmonie für immer! Nein, einer, der das tat, der war nun wirklich kein Gott, dem ich vertrauen wollte. Als ich diese Geschichte so viele Jahre später neu schrieb, wurde mir klar: ihre Weisheit, ihre Vielschichtigkeit überfordert Kinder. Doch sie spüren zugleich intuitiv, wenn in ihnen Saiten angeschlagen werden, die auf ihr Morgen hin schwingen. Deshalb fasziniert sie diese Geschichte.

Als Kinder fühlen wir uns eins mit allem; unsicher vielleicht, versponnen, doch da ist (wenn's gut geht) das Gefühl von Zugehörigkeit, von Liebe zur Natur – also das Gefühl von Paradies. Und da ist die Ahnung, dass das irgendwann zu Ende sein wird, dass wir irgendwann mit Schmerzen, Gemeinheiten, Scham, Hass und Entbehrung alleine sein werden.

Der Menschheit als Ganzes ging es nicht viel anders: In grauer Vorzeit begann sie, sich von der Tier- und Pflanzenwelt elementar abzuheben. Irgendwann kam dann der Apfel der Erkenntnis ins Spiel: die Fähigkeit zu reflektieren, die Fähigkeit, von sich selbst zu abstrahieren, die Fähigkeit zu werten, die Welt in Gut und Böse zu unterteilen … um sich dann Zehntausende Jahre später nicht nur gottgleich, sondern vermessenerweise als Gott selbst zu fühlen. Zumindest verhält sich die Spezies Mensch derzeit so.

Die Erkenntnisfähigkeit als Fluch, der die Menschheit abtrennt von ihrer Herkunft als gewachsener Teil der Natur und der sie verführt, sich über die Erde zu erheben, sie auszubeuten und zu vernichten. Die Vertreibung aus dem Paradies als Sinnbild für den ungezügelten Willen zur Macht über alles, was ist – und zugleich als Sinnbild für unsere Abgetrenntheit von der Einheit und der Kraft des Lebens, dem »Paradies«, in dem die Natur seit Millionen von Jahren existiert. Die Menschheit hat die Bewusstheit des Intellekts erlangt und dadurch die unbewusste Intuition für die alles verbindende Kraft in ihr, die ewig ist, verloren.

Was für eine tragische Geschichte. So viel gewonnen, so viel verloren. Und da sind wir halt jetzt. Ausgestattet mit einem Hochleistungsintellekt, während die innere Gedankenhecke unsere Ahnung des tiefen Friedens, der in uns wohnt, überwuchert und uns abtrennt.

Da müssten wir doch nun einen schrecklichen Mangel empfinden, sollte man meinen. Wir müssten uns entwurzelt, verloren fühlen, wie ein Blättchen im Wind! Das ist ja auch so. Doch dieses Gefühl wird überdeckt von einer genialen Ersatz-Konstruktion, die super funktioniert. Sie beschäftigt uns rund um die Uhr, erzeugt ein interessantes Spektrum an Gefühlen und macht ziemlich süchtig: das Ego.

*»Auf welches Instrument sind wir gespannt? Und welcher Geiger hält uns in der Hand?«*

Rainer Maria Rilke hat in seinem *Liebeslied*, für das er diese magischen Zeilen verfasst hat, nach dem gefragt, was zwei Seelen zum Gleichklang bringt, nach der Macht der Liebe und nach dem Dirigenten dieser Liebe. Ist es Gott? Das Schicksal? Fügung? Auf jeden Fall etwas sehr, sehr Großes.

Mich reizt es, sein lyrisches Bild zu entfremden. Fragen wir nicht nach der Liebe, fragen wir nach dem Leben. Doch bleiben wir im Bild und gehen davon aus, wir seien eine Geigensaite. Auf welches Instrument ist sie gespannt? Na, auf unser eigenes! Ich gehe meinen Weg, ich bilde mich, erobere einen Beruf, gründe vielleicht eine Familie, spare meinetwegen auf eine Harley Davidson, egal: ICH bin das Instrument!

Und welcher Geiger hält mich in der Hand? Das sind meine Lebensumstände: In welchem Land ich geboren bin, in welcher Familie, welche Ausbildungschancen ich hatte und welcher Chef mich mochte oder auch nicht. Meinen Weg beeinflusst natürlich tausenderlei.

Ich bin die Saite, ich baue mir das Instrument meines Lebens, und ich versuche dem Geiger möglichst gut in der Hand zu liegen: dem, was da auf mich zukommt, und dem, was mich von außen prägt.

Ich finde, Rilke hat da unfreiwillig eine schöne Umschreibung des Egos geliefert. Alles dreht sich um mich. Mein Leben als Fixstern. Was ich mache und kriege, das bin ich. Das bestimmt meinen Wert. Und dieser Wert, diese Bedeutung, das macht den Thrill. Von anderen gespiegelt bekommen, wie wichtig man ist (oder eben auch nicht). Bewundert werden. Anerkannt werden. So wichtig sein, dass andere beeindruckt sind …

Wenn ich mich ständig um die eigene Achse drehe, dann ist die logische Folge, dass ich irgendwann wissen will, was dieser Energieeinsatz an Effekt bringt. Ich möchte meinen Marktwert wissen. Um den zu messen, kennt das Ego großartige Instrumente. Neben all dem, was handelsüblich ist an materiellen Gütern (Haus, Auto, Pferd, Boot, Markenklamotten), verfügt es über großartige Methoden, das Gefühl von Größe und Bedeutung anzufachen.

Zum Beispiel durch das »Prinzip Dschungelcamp«: ablästern über andere. Jemanden kleinmachen, gekrönt von dem geilen Machtgefühl, per Anruf bestimmen zu können, wer »drinbleibt« in dem erbärmlichen Spiel, und wer »rausmuss.« Das Ego jubiliert!

Auch geschickt zu prahlen und zu protzen ist eine hervorragende Methode. Plump kann ja jeder, aber dezent Bedeutung zu verströmen ist eine Kunst. Hardcore-Methoden des Egos, um sich seiner Bedeutung zu versichern, sind Machtausübung und Rechthaberei. Beide sind in Familien und Partnerschaften sehr weit verbreitet. Und es liegt nahe: Beide sind hoch effiziente Liebeskiller.

Nun fragen Sie sich sicher: Was habe ich denn damit zu tun? Ich protze nicht, ich lästere nicht ab, und rechthaberisch bin ich auch nicht. Also ist mein Ego ganz klein. Das mag so sein. Aber es lohnt sich sehr, sich selbst auf die Schliche zu kommen. Oftmals arbeitet das Ego nämlich ganz subtil. Bewerte ich ständig andere Menschen und finde immer wieder Dinge an ihnen auszusetzen? Ja, rege ich mich über andere manchmal tierisch auf? Das macht mich größer und setzt andere herab.

Denke ich ständig über das Gestern und das Morgen nach? Krieg ich's nicht hin mit dem berühmten »Sorge dich nicht – lebe!«? Weiß ich oft nicht, wem ich es recht machen will oder soll, wo ich hinwill und wo meine Wurzeln sind?

Das Ego empfiehlt: weiter um die eigene Achse drehen! Das kostet dich Kraft, und die hast du dann nicht für andere übrig. Sehr gut so. Offenheit, geteilte Lebendigkeit, Gegenwärtigkeit – also gelungene Begegnung – zehrt am Ego, denn es definiert sich als Gegenwert zur Getrenntheit. Hingabe an das Leben öffnet den Fokus, weitet den Horizont und setzt dem Kreisen um das Ich ein Ende.

Deshalb ist Prominenz ein ideales Trainingscenter. Nehmen wir VIPs aus Sport, Kino und Fernsehen, große Künstler, Leistungsträger. Allein die Präsenz in den Massenmedien boostet ihr Ego. Das kann niemand verhindern. Wenn Bewunderung an jeder Straßenecke, per Follower auf Twitter und in den People-Magazinen zum Alltag wird, ist die Suchtgefahr groß. *DSDS* führt uns gnadenlos vor, dass die Währung »Prominenz« für sehr viele Menschen eine der wichtigsten ist.

Zehn Jahre *Leute heute* haben mich gelehrt, den jeweils aktuellen Wechselkurs der Währungseinheit »Prominenz« zu werten. Er wird natürlich in erster Linie durch den öffentlichen Auftritt reguliert. Top-Schauspieler zum Beispiel gehen mit der Vermarktung ihrer Person sehr sparsam um. Sie wissen, dass sich permanente mediale Präsenz und große Kunst nicht gut vertragen. Das eine führt vom anderen weg. Ich denke, es gibt eine Art ungeschriebene »Corporate Governance« für Schauspieler: »Je höher dein künstlerischer Anspruch, desto weniger darfst du in der *Bunten* sein.« (In den USA hingegen, wo Filme, TV-Serien und Broadway-Stücke ganz anders vermarktet werden, gehört das professionelle Spiel mit den Medien – auch für die Schauspieler mit hohem Anspruch – als Pflichtübung zum Job dazu, aber das ist ein anderes Thema.) In Deutschland wird Prominenten, die regelmäßig in der People-Berichterstattung auftauchen, leicht zweierlei unterstellt: erstens Eitelkeit und zweitens mangelnde Begabung. Ein »wahrer« Künstler stellt sich nicht aus.

Das Beispiel Prominenz macht besonders deutlich, wie empfänglich das Ego für Bewunderung und Bedeutung ist. Der Suchteffekt ist groß, und Selbstbestätigung wird schnell zum Lebenszweck. Wer sich an den Kick der Sonderbehandlung gewöhnt hat, dem fällt es verdammt schwer, irgendwann wieder loszulassen. Es ist ja auch ein verlockendes Dasein. Nur damit sie beispielsweise bei *Wetten, dass ...?* auf der Couch sitzen, wird prominenten Schauspielern ein Top-Honorar gezahlt; sie werden firstclass eingeflogen und von Edel-Designern ausgestattet. Für Shoperöffnungen von internationalen Labels gilt das Gleiche: Einmal kurz rumstehen und durchs Blitzlichtgewitter, und du hast den Scheck in der Tasche. Je bekannter der Name, desto krasser das Missverhältnis von Aufwand und Effekt. Das ist der Stoff, aus dem nicht nur *DSDS*-Träume sind. Das lässt kaum einen kalt, das Ego jubiliert.

Das alles ist für sich genommen ja überhaupt nicht verwerflich, ein Ego haben wir alle. Es ist praktisch der Wurmfortsatz des Intellekts. *Erkenntnis* ist das Zauberwort. Entscheidend ist, dass wir spüren und einzuschätzen wissen, dass das Ego locker dazu in der Lage ist, uns komplett abzuschneiden von dem, was uns trägt. Es geht darum, es zu erkennen und zu domptieren. Damit es nicht zum Geiger wird, der sein Lied spielt auf unserem Instrument. Und deshalb es ist natürlich wichtig, dass wir selbst nicht nur die Saite, sondern auch die Geige sind – allerdings vorausgesetzt, dass der Intellekt es uns ermöglicht, sehr bewusst zum Geigenbauer zu werden.

Ich bin so dankbar, zu der ersten Generation von Frauen zu gehören, die frei über sich bestimmen konnten. Für die Generation meiner Mutter sah das noch völlig anders aus. Ihr Vater hatte eine kleine Buchdruckerei in Berlin. Sie wollte Medizin studieren, doch er war der Meinung, Mädchen bräuchten kein Abitur. Der Kompromiss war dann die Höhere Handelsschule, und sie ergatterte durchaus einen Traumjob danach: Chefsekretärin bei der UFA in Babelsberg. Trotzdem gab sie ihren wahren Traum nicht auf. Nach der Arbeit fuhr sie per S-Bahn zur Abendschule und machte ihr Abitur. Sie begann zu studieren, dann kam der Krieg. Danach nahm sie das Studium wieder auf, dann kam mein Vater. Mit dem ersten Kind war Schluss mit Studium, im achten Semester. Als sie fünf Jahre später mit mir schwanger war, kam die Krebsdiagnose. Und als ich dann 15 war, da machte sie sich erneut daran, den Berufstraum ihres Lebens zu verwirklichen. Sie studierte zu Ende, machte ihren Doktor mit summa cum laude und arbeitete dann als Ärztin bei der Bundeswehr.

20 Jahre lang war meine Mutter Hausfrau gewesen, was ein enormes Opfer für sie bedeutet hatte. Alles andere als glücklich gab sie trotzdem alles, um eine gute Mutter und Hausfrau zu sein. Doch sie kochte nicht gerne, mochte keine Hausarbeit und riss sich auch nicht darum, über Jahre mit uns Kindern allein zu sein. Damals, in den Fünfzigern, Sechzigern, gab es aber keine Alternative: Mein Vater war ein viel beschäftigter Universitätsprofessor, und meine Mutter machte den Rest. Zwar nahm er sie mit auf Dienstreisen und kam so oft es ging nach Hause, doch trotzdem wollte sie auch ihren eigenen Weg gehen. So setzte sie alles dran, dass wir, meine Schwester und ich, es dann später ganz, ganz anders machen könnten. Haben wir auch.

Ich erzähle von meiner Mutter, weil mir ihr Beispiel meine eigene Freiheit umso bewusster machte. Ich bin so dankbar für das neue weibliche Selbstbewusstsein meiner Generation, für die Chance, unsere Zukunft komplett selbst zu gestalten. Das galt in den Siebzigern und Achtzigern allerdings eher fürs Private. Beruflich war die gläserne Decke für Frauen noch immer ganz normal. Immerhin aber war es möglich, Weichen zu stellen, und das habe ich dann mit Leidenschaft und mehrfach getan; ich bin rausgesprungen aus dem Lehrerdasein in Wolfsburg, hinein ins Filmgeschäft nach Berlin und später in den TV-Journalismus gewechselt. Natürlich waren das Kraftakte, in denen ich mich jahrelang enorm um mich selbst gedreht habe, geradezu besessen davon, mich bis an meine Grenzen auszutesten. Ich war von Neugier getrieben, von großer Lust an Kreativität und Leistung … und sicherlich hat da auch mein Ego mitdirigiert.

In dieser Zeit, wir schreiben das Jahr 1989, lebte ich in Berlin, moderierte dort das Frühstücksfernsehen von RIAS-TV und pendelte nach Mainz, wo ich Co-Moderatorin im ZDF *heute journal* war. Und auch für 3sat stand ich wochenweise vor der

Kamera. Die Mauer war gerade gefallen, der Ostblock erodierte nach und nach, und wir berichteten rund um die Uhr. Wir Journalisten waren im nachrichtlichen Dauerrausch; die Wucht dieser historischen Veränderung hautnah zu erleben war journalistisches Kokain.

Irgendwann im Sommer entschieden mein Freund und ich, uns immerhin eine ganze Woche Auszeit zu nehmen. Wir flogen nach Mallorca und mieteten uns in eine traumschöne Finca ein. Ich genoss die Wärme, fühlte mich wie eine Katze am Kamin. Nach Monaten Rund-um-die-Uhr-Nachrichten-Fieber bei drei Sendern durfte ich mich einfach hängenlassen. Genial.

In der dritten Nacht hatte ich einen Traum, der mich zutiefst bewegte. Ich lief darin barfuß über den lichtdurchfluteten Hof der Finca. Die Luft war samtig, die Stille überwältigend. Ich spürte jeden einzelnen warmen Stein unter den Füßen. Gleichzeitig schwebte ich geradezu, leicht und frei. Die Sonne funkelte zwischen den Olivenblättern hindurch, der Duft von Orangenblüten lag in der Luft. Ich fühlte mich mitten im Leben, ich fühlte Leben.

Bis ich an mir herunterschaute. Und erstarrte. Denn ich entdeckte eine große, klaffende Wunde in meinem Unterbauch. Eiter quoll heraus. Und ich verstand sofort: Dies war keine »normale« Wunde. Das war was anderes. Eine Verletzung aus der Tiefe. Die würde nicht einfach so verheilen. Sie würde offen bleiben und klaffen – bis irgendetwas geschah.

Ich wachte auf, von Schmerz überwältigt. Es war aber kein körperlicher Schmerz. Auch im Traum war die Wunde überraschend schmerzfrei gewesen, wie ein Lied ohne Ton. Nein, der Schmerz stieg in mir auf, weil ich den Traum sofort zu deuten wusste.

Es war derselbe Schmerz wie damals, bei der Konfirmation in der Kirche, als ich so hemmungslos zu weinen begonnen hatte.

Nur diesmal war er stärker. Ich erkannte intuitiv, dass mir das Wichtigste fehlte im Leben, und es war diese Erkenntnis, die so wahnsinnig schmerzte. Da hatte ich mit ungeheurer Kraft, Neugier und auch Mut bienenfleißig meine Geige gebaut. Ich hatte in kürzester Zeit das Einmaleins des Journalismus gelernt, bei RIAS-TV holprig zu moderieren angefangen, und begann mich nun sicher zu fühlen (ein bisschen stolz auf das Erreichte war ich auch). Im ZDF *heute journal* war ich verantwortlich für die Nachrichten, die ich präsentierte, und schrieb sie größtenteils selbst, das gehörte zum Job. Wieder ein neues berufliches Feld, noch dazu in diesen so irrwitzig bewegten Zeiten. Ich testete mich auch in anderen Fernseh-Formaten, in einer politischen Talkshow bei 3sat zum Beispiel – und im abendlichen politischen Live-Talk auf demselben Sender.

Auch mein Privatleben stimmte doch. Ich lebte glücklich mit meinem Freund zusammen in Berlin. Wir hatten eine wunderbare Altbauwohnung gefunden, die wir gemeinsam einrichteten. Viel Zeit hatten wir nicht füreinander, ich hatte viel zu tun, und mein Freund baute damals gerade ein junges Format bei RIAS-TV auf, das sehr erfolgreich war. Aber das war völlig okay.

Von außen betrachtet war also alles paletti. Doch was ich übersehen hatte, vergessen, verdrängt: In all dem Wirbeln hatte ich den Kontakt zum Leben verloren, hatte unmerklich sämtliche Portale verschlossen zum unbesiegbaren Sommer in mir. So bewusst wie heute war mir damals natürlich noch nicht, welchen Frieden mir die tiefe Verbundenheit mit dem, was ich heilig nenne, schenkt. Aber ich war ja schon immer auf dem Weg dahin, das war eine Dimension in mir ... *gewesen.*

Denn: Das Meditieren hatte ich aufgegeben, beim Yoga war ich geblieben, ich joggte und ging regelmäßig 1000 Meter schwimmen. Raus in die Natur zu fahren schaffte ich zeitlich selten. Sie war einfach zu spannend, die Wendezeit. Ich baute an meinem Instrument, ich kümmerte mich um die Fitness meines Körpers – aber kaum um meine Seele.

Warum auch? Um mich herum tat das doch auch keiner! Meine Berufswelt war und ist komplett intellektgesteuert. Dass da eine ganze Dimension in meinem Leben vertrocknet war, fiel mir überhaupt nicht auf. Es schien ja auch kein anderer etwas zu vermissen. Um im Rilke-Bild zu bleiben: Der Geiger, der uns alle fest im Griff hielt, war der vibrierende Verstand. Das macht über lange Zeit zufrieden, schließlich wird damit ja auch das Ego genährt. Und natürlich ist überhaupt nichts zu sagen gegen die Brillanz unseres Intellekts, ist er doch Grundlage für die vernünftige Ausübung eines jeden Jobs. Dumm nur, wenn *ausschließlich* der Verstand der Geiger ist, der uns bespielt.

Genau das signalisierte mir nun dieser Traum, kurz und extrem schmerzhaft. Denn er konfrontierte mich ja nicht nur mit der klaffenden Wunde. Er zeigte mir auch das Gegenteil: unendliche Wärme innen und außen, tiefer Friede, heilige Stille und das ungefilterte Glück zu leben. Von alldem hatte ich mich abgeschnitten. Genauer gesagt: Meine Begeisterung für meinen Beruf hatte das bewirkt. Und weil das in unseren Breitengraden normal ist, dass man sich nur über den Intellekt definiert, war mir überhaupt nicht aufgefallen, dass die entscheidenden Wurzeln fehlten.

Was tun? Ich begann erneut zu meditieren, spürte aber schnell, dass sich die innere Ruhe einfach nicht einstellen wollte, sobald ich wieder in den drei Sendern normal funktionierte. Also begann ich, das Tagebuchschreiben anders zu nutzen. Ich hatte früh damit begonnen, mit zwölf, dreizehn Jahren. Das nächtliche Schreiben am Ende des Tages war für mich eine wohltuende Mischung aus Notizbuch, Blödelei und innerem Dialog. In den Monaten nach dem Traum nutzte ich es als Schutzraum, Garten und Pinnwand für die Seele. Ich kümmerte mich sozusagen schriftlich um sie; es war ein analytischer und zugleich spielerischer Versuch, das Nichtbeschreibbare zurück in mein Leben zu holen. Das funktionierte sehr gut. Allein die bewusste Innenschau gab mir sofort Lebendigkeit zurück.

Das Tagebuch als Pforte zum ICH BIN wurde dann für fast 20 Jahre ein wichtiger Begleiter für mich. Trotzdem ließ ich den Verstand immer wieder den alleinigen Geiger sein. Und immer wieder waren es extrem aufwühlende Träume, die mich weckten, Schlüsselträume von einer ganz anderen Intensität als Alltagsträume. Sie sind Spiegel der Seele, sehr persönlich, enorm intim. Deshalb mag ich auch hier nicht mehr über sie preisgeben.

Ich habe sie schätzen gelernt als Wegweiser von ungeheurem Wert. Sie sind selten, und sie sind so stark, dass sofort klar ist: *Das* ist ein Schlüsseltraum, entschlüssele ihn! Mit Traumdeutungsbüchern zum Interpretieren von kollektiven Symbolen konnte ich allerdings noch nie viel anfangen. Mein Zugang ist ein anderer: Ich rufe die Traumgefühle in mir zurück und begreife sie als Botschaften der Seele: Ein seliges Gefühl barfuß auf warmem Stein. Schreck und Verzweiflung beim Anblick der klaffenden Wunde. So fällt mir die Entschlüsselung ohne Anstrengung, ohne Kopfarbeit zu.

So. Vielleicht ein etwas gewagter Bogen, den ich in diesem Kapitel geschlagen habe: Von Adam und Eva über Rilkes Geiger bis hin zur »Traumdeutung hausgemacht«. Mein Versuch war, über ein Gleichnis, ein literarisches Bild und über die Traumdeutung zu veranschaulichen, wie wichtig es ist, unseren großartigen Verstand sanft, aber bestimmt an die Leine zu legen. So erfolgreich er ist – zynischerweise verdankt ihm die Menschheit ja sowohl ihre explosionsartige Vermehrung als auch die Unterwerfung der gesamten Erde-, wenn er uns ungezügelt in den

Fängen hält, laufen wir in die Irre. Immer mehr Menschen spüren das, beklagen die Abwesenheit von Orientierung und von Werten. Sie wenden sich ab von der rabiaten Ausbeutung unseres Planeten zugunsten des kollektiven Egos der Spezies »Mensch«. »Maßhalten«, »Nachhaltigkeit«, »Naturschutz« sind mittlerweile entscheidende Wahlkampfthemen in der saturierten Welt des Westens, die sich kritische Reflexion leisten kann.

Doch vielleicht brauchen wir noch viel mehr – vielleicht brauchen wir ein neues Bewusstsein. Ein neues Bewusstsein aus der Erkenntnis heraus, dass uns der Fetisch Verstand sämtliche Sinne raubt und jeden Kontakt zum Wunder des Lebens verhindert. Eckhart Tolle überschreibt sein Buch zu diesem Thema mit *Eine neue Erde*. Vielleicht brauchen wir eine neue Bewusstheit, die eine neue Erde formt, indem sie beides vereint: den Intellekt, der uns Erfolg bringt und uns zugleich vereinzelt – und das Bewusstsein für die Verbundenheit mit der Heiligkeit in uns und in der Welt.

Wer im Bewusstsein des ICH BIN lebt, ICH BIN ENDLICH UND ICH BIN EWIG, der lässt den Verstand nicht mehr den einzigen Geiger sein. Wer ein neues, duales Bewusstsein für sich entwickelt, der handelt aus einer tiefen Orientierung – und der denkt auch so. »Maßhalten«, »Nachhaltigkeit«, »Naturschutz« als einige wenige Vokabeln aus dem Anspruchskatalog einer modernen, aufgeklärten und demokratischen Gesellschaft erhalten in diesem dualen Bewusstsein eine andere Notwendigkeit.

Wer im tiefen Gefühl der Dankbarkeit lebt für das Wunder des Lebens, dem wird der Schutz des Lebens zum elementaren Bedürfnis.

*»Wer die Welt erwärmen will, muss ein großes Feuer in sich tragen.«*

PHIL BOSMANS

Das Feuer ist da, in jedem von uns. Ein neues Bewusstsein, ein anderer Geiger, öffnet den Weg zu ihm.

# 10

# Lebenskunst beginnt bei der Absichtslosigkeit

## Doch: Nur tote Fische schwimmen mit dem Strom

*»Es wird immer dringlicher, dass wir das geistige und spirituelle Leben als die eigentliche stabile Grundlage für das Erlangen von wahrhaftem Glück und Frieden anerkennen.«*

Wozu uns der Dalai Lama mit diesen Worten mahnt, ist nichts anderes, als endlich zu verstehen, dass wir zwar Befriedigung und Wohlgefühl problemlos kaufen können, Glück und inneren Frieden aber selber gestalten müssen!

Will heißen: Spiritualität – oder »das neue Bewusstsein« – macht dich zum Realisten. Du lernst intuitiv zu unterscheiden, was ein Zündfunke für wahres Glück sein kann und was nicht. Du weißt die sinnlichen Qualitäten des Konsums entspannt zu schätzen, weißt aber auch, auf welcher Stufe der Wohlfühlskala das »Haben« endet und wann nur noch das »Sein« dich weiterführt. Du lernst, Geld zu genießen, und bist dir darüber im Klaren, dass es sehr hilfreich ist als Netz und doppelter Boden – doch dass ein erfülltes Leben nichts damit zu tun hat.

Eine Binsenweisheit? Na ja, dass Geld allein nicht glücklich macht, klar, das ist eine Plattitüde. Aber stellen wir uns doch einfach die Frage, die gerade für uns vergleichsweise reiche Deutsche eine *der* Fragen ist: Wir haben das Privileg, nicht rund um die Uhr um unser materielles Überleben kämpfen zu müssen – wie können wir nun die Plattform dieser (relativen) Sicherheit nutzen, um ein erfülltes Leben zu führen?

Meine Jobs an Bord eines Fünf-Sterne-Kreuzfahrtschiffs, mit dem zu reisen ja bekanntlich richtig teuer ist, waren der perfekte Anschauungsunterricht dafür. Das waren sensationelle Reisen: Zum Beispiel habe ich in drei Etappen ganz Südamerika umschifft. Von der *Fitzcarraldo*-Dschungelstadt Manaus den atemberaubenden Amazonas hinunter, bis zur brasilianischen Atlantikküste; Silvester auf Reede vor der Copacabana; Buenos Aires sehen und den Moloch São Paulo; bei Vollmond durch die Fjorde von Chile gleiten; Kap Horn bei Sturm umschiffen; durch das marode Lima streifen; auf den Machu Picchu kraxeln und das tropische Ecuador erleben.

Mein Job als Bordmoderatorin brachte mich in eine sehr angenehme Zwitterposition: Ich war ein bisschen Passagier und ein bisschen Personal. Für meinen Anschauungsunterricht in Sachen »Geld oder Leben« war das ein Fernglas mit zwei Schärfenebenen.

Wenn ich mein Fernglas auf die Passagiere fokussierte, blieb mir immer wieder die Spucke weg. Da wurden die Menschen auf einer der luxuriösesten Sänften auf See zu den schönsten Plätzen der Welt geschaukelt, verwöhnt, umhegt, gepflegt, bekamen jeden Wunsch von den Augen abgelesen und … trotzdem waren etliche von ihnen grantig, ungeduldig und unzufrieden. »Ungnädig« war mein Lieblingswort dafür. Wikipedia definiert

»Gnade« als »wohlwollende, freiwillige Zuwendung«. Ungnädig könnte man dann im Umkehrschluss als »keine Zuwendung an niemand, freiwillig im selbst verdrahteten Käfig sitzen bleiben« interpretieren. Und wer das tut, der braucht, klar, einen Schuldigen dafür. Der braucht sozusagen seinen ganz persönlichen, »gnadenlosen« Gefängniswärter.

Überall gab es *stairways to heaven*: Sanfte Abendwinde an der Reling mit Blick auf den prallen Amazonasdschungel. Tanzende Delphine, die das Schiff begleiten. Millionen genialer Eindrücke, die die Glückshormone sprudeln lassen – wenn man sich auf sie einlässt.

Aber was erlebte ich stattdessen bei so manchen Passagieren? Gefängniswärter füttern. Da gibt es doch sicher ein Haar in der Suppe. Das gilt es zu identifizieren, um mal klarzustellen, was nämlich fehlt zum perfekten Landausflug! Bettelnde Kinder sind schon mal fürchterlich, ja, und wieso hat uns niemand gesagt, dass wir Wanderschuhe anziehen sollen? Außerdem hat der brasilianische Guide einen schrecklichen Akzent. Kann man da nicht einen Deutschen nehmen, der wenigstens die Sprache ordentlich spricht? Ja, da muss man sich tierisch drüber ärgern … Und überhaupt, man langweilt sich. Mit dem Partner, mit den Tischnachbarn, beim Abendprogramm. Es ist nie genug. Es reicht nie für Leben und für Glück. Basta!

Der Gefängniswärter schlägt gelassen die Türe zu.

Stellte ich mein Fernglas dagegen auf die andere Schärfenebene ein, auf die Besatzung, war das Bild ein ganz anderes: Ich sah Superlaune, auch und gerade hinter den Kulissen – trotz Rund-um-die-Uhr-Schichten und Miniatur-Doppelkajüten ohne Tageslicht. Ich sah, wie das Kabinenpersonal, die Stewards, die Mitarbeiter der Wäscherei, die Köche und die vielen anderen Beschäftigten an Bord die Landausflüge in ihrer raren Freizeit sichtlich genossen. Nachts wurde dann noch mal kurz eine Party auf dem Crew-Deck veranstaltet: Das Leben ist ein Fluss und hat nur ein Leitmotiv: *Celebrate your life!*

Die einen machen ihren bezahlten Job und fühlen sich – immer mal – im Paradies, die anderen zahlen richtig viel für ihr Vergnügen – und sind unzufrieden. Die einen machen das Beste aus den Gegebenheiten, die anderen stoßen permanent an ihre Grenzen. Alle Bedingungen für ein paar Wochen Glück sind erfüllt: Jetzt wären sie dran, dieses Glück auch zu leben. Entweder selber machen … oder ungnädig bleiben.

Was haben die Crewmitglieder (nicht alle, aber sehr viele von ihnen) nun anders gemacht als die Gäste? Wie lautete ihr Zauberwort für dieses Glück? *Mehr Hingabe.* Diesen Job kann man nur mit Hingabe machen, sonst wird man depressiv. Zwölf Stunden hingebungsvoll rennen für die Passagiere, und dann hingebungsvoll Schiff, Mannschaft und Weltregionen genießen. Und was machten besagte Nieselprime? Die Schotten dicht. Zum Fluss des Lebens in ihnen.

Hingabe mag ich, Sie wissen es schon. Denn sie trickst auf ihre eigene Weise den Verstand aus. Sie suggeriert mit einer Riesenportion Leichtigkeit, dass es ziemlich einfach sein kann, die Pforte zu meinem inneren Sommer zu öffnen: Ich muss mich nur einlassen auf das, was ist. Aber bitte mit Haut und Haaren und mitsamt den Nervenenden darunter. Bewertungen, Klassifizierungen und Kommentare müssen leider draußen bleiben. Natürlich sind wir damit auch wieder beim Domptieren des Gedankenschwarms. Doch Hingabe führt noch darüber hinaus:

Vertiefe den Augenblick, dann hört die Zeit auf, dir davonzulaufen.

Es ist nicht mehr als das. Und auch nicht weniger. Und an diesem Punkt sind die Grenzen des Ratgebens auch schon erreicht. Denn *wie* das gehen kann, das Vertiefen des Augenblicks, dafür gibt es keine allgemeingültigen Wege. *All fits one* gibt's nur im Pauschalangebot. Das Leben aber kennt nur Individualreisen. Jede Persönlichkeit hat ihr eigenes Bewusstseins-Patchwork, jede Seele ihren eigenen Fingerabdruck, und jede Biografie ihre besonderen Lebensthemen und Blockaden. Also kann ich meine Marker für Hingabe, meine Rituale zur lustvollen Öffnung für den Augenblick, nur ganz alleine finden. Nur dann wirken sie. Und nur dann nutzen sie sich hoffentlich nicht ab.

Doch Schlüsselloch-Gucken schadet natürlich nicht. Daher verrate ich Ihnen hier ein paar meiner Miniaturrituale, die mich daran erinnern, wie wahnsinnig gut es tut, den Augenblick zu vertiefen und damit postwendend das Leben in mir pulsieren zu spüren, was mich, plopp!, glücklich macht.

Ein Lied! Genauer gesagt gibt es zwei. Das eine: *Hallelujah*, von Jeff Buckley interpretiert, missbrauche ich auf ziemlich ignorante Weise. Das Original stammt von Leonard Cohen. Den Song *Hallelujah!* (lobet den Herrn!) zu nennen ist allerdings reine Blasphemie, denn Cohen hat da weit und breit keinen Herrn finden können. Der Text ist gemein düster und geht großartig als Agnostikerhymne durch. Doch Jeff Buckley und seine Gitarre sind Hingabe pur in diesem »broken Hallelujah«, da ist nichts als destillierte Sehnsucht samt Verzweiflung. Für mich ist es ist der Titelsong des inneren Winters in ihm. Doch das ist mir egal. Denn nicht Jeff Buckley singt da, ES singt ihn, die pure Lebensenergie – wenn auch eine von der düsteren Sorte. Mich berührt der Song so sehr, auch beim hundertsten Hören, dass ich jedes Mal fünf Stockwerke tiefer in den Augenblick rutsche. Jeff Buckley –1997 ertrank er mit nur 31 Jahren auf tragische Weise im Wolf River, Memphis Tennessee. Sein *Hallelujah* klicke ich jedes Mal im Internet an, wenn ich mich für dieses Buch an den PC setze. Als Herz- und Gefühlsöffner. Seine kompromisslose

Intensität ist ein unkaputtbares Moskitonetz, Sie wissen schon ...
Nutzloser Gedankenmüll, der sämtliche Poren der Wahrnehmung verstopft, bleibt hängen, tropft ab.

Das andere Lied ist meine innere Melodie, seit ich einigermaßen geradeaus denken kann, einer meiner Gate-Opener nach innen: *Summertime* von George Gershwin, am liebsten in der Interpretation von Ella Fitzgerald. Das ist meins. Das ist mein fliegender Teppich, der mich rausholt, wenn's wieder mal stressig bis wirbelig zugeht. Natürlich bin ich selbst es, die den Song so aufgeladen hat, ICH machte ihn zum ureigenen Song meines Lebens, nicht Gershwin. Der hat »nur« einen Welthit komponiert. Ich kann nicht erklären, weshalb, doch der Südstaaten-Groove, der abgeklärte Chill, mit dem die schwarze Amme die weiße Bourgeoisie besingt, das ist mein »*inner Song*«, das Lied des unbesiegbaren Sommers in mir. Egal, wie tief ich auf einer Party in ein Gespräch vertieft bin, die ersten Akkorde dieses Songs entführen mich in ein ungeheures Wohlgefühl. Das Klischee vom »reichen Daddy« und der »*Good Looking Mama*«, getragen von einer genialen Komposition entspannter Wärme und kombiniert mit dem kuschligen »*hush, little baby, won't you cry* ...«. Es fehlt nicht viel, und ich fühle mich selbst gewiegt auf den Armen der properen Nanny.

Irgendwann habe ich diesen Song also zu meinem höchst persönlichen Alles-wird-gut-Song gekürt – politically natürlich totally incorrect. Die Schwarz-Weiß/Arm-Reich-Thematik blende ich aus, die ist mir in diesem Fall egal: Der Song funktioniert subkutan als Trampolin für meinen Verstand. »*Summertime, and the living is easy* ...«, und Tschüß!, der gedankliche Belagerungszustand ist aufgehoben.

So, und hier nun, wenn Sie mögen, eine Art Gebrauchsanweisung für solche Lieder: »*My inner song*« funktioniert also zum einen als mein sehr persönlicher Zufallsgenerator. Jedes Mal, wenn er irgendwo erklingt, erinnere ich mich an den Kraftquell des Lebens in mir, und der ist schon so perfekt konditioniert, dass er auch sofort brav zu sprudeln anfängt. Und – zum Glück war ich ja jahrelang im Kinder- und Jugendchor – ich singe auch selbst, und das sogar ziemlich oft und manchmal ziemlich bewusst.

*Summertime* singe ich, wenn ich mal wieder merke, dass ich »zu« bin, mich von den tausend Pflichten getrieben fühle und entsprechend angespannt umherlaufe. *Summertime* singe ich, wenn ich mit Hingabe meine Pflanzen gieße, und der tiefe Augenblick wird noch tiefer, die Hingabe gibt sich noch stärker hin.

*Summertime* singe ich, wenn ich grad mal wieder einen Glücksflash erlebe, in der Natur, mit meinen Hunden, mit sehr vertrauten Menschen (Fremden mute ich eine singende Ruge nicht zu).

Okay, also, ich singe, wenn ich glücklich oder wenn ich angespannt bin. Sehr binsige Weisheit, oder? Nicht wirklich, denn da gibt es auch eine andere Seite der Medaille. Dieser Song macht mich glücklich, weil ich ihn bewusst aufgeladen habe. Ich habe mich selbst auf *Summertime* konditioniert – wie meine Hunde auf Harzer Käse als Leckerli. Als würde Pawlow mich persönlich dirigieren, bringt mich der Song sofort dazu, aus jedem Alltagsgetümmel herauszufallen, um dem Augenblick zu frönen. Ich nutze »*my inner song*« also spielerisch, aber auch sehr bewusst. Damit wirkt er wie ein Shortcut, er verbindet mich direkt mit dem unbesiegbaren Sommer in mir – kein Umweg über liederliche, irreführende Gedanken.

Probieren Sie's. Suchen Sie Ihren »*inner song*«, und laden Sie ihn auf: mit der Süße des Lebens. Vielleicht brauchen Sie ein Weilchen, bis er Ihnen in die Ohren und Gefühle purzelt, aber irgendwann steht er da, an Sie gelehnt, und Sie wissen: Das ist er. Sie erkennen ihn untrüglich an der Resonanz. Innen schwingt alles mit: warm, satt und köstlich. Und dann wird er Sie begleiten. Vielleicht für immer.

Doch das ist noch nicht alles. Als Gate-Opener zum inneren Sommer haben sich für mich auch mehr oder weniger heilige Gesten bewährt. Um sich auch hier wieder ganz individuell an die Bewusstheit für den Augenblick zu erinnern, sollten es keine stark religiös geprägte Gesten sein. Sich zu bekreuzigen sollte doch bitte Christen vorbehalten bleiben, oder? Weniger Skrupel habe ich allerdings, mir Handzeichen anderer Kulturen zu eigen zu machen, wenn sie für uns keine spirituelle Bedeutung haben und wenn wir sie nur für uns benutzen, unter Ausschluss der Öffentlichkeit.

»Meine« Geste habe ich mir von einer nicht wirklich geschmackvollen Statue in unserem Garten abgeschaut. Sie stammt von einem Trödelmarkt, ist um die 70 Zentimeter hoch, aus weißem Sandstein und vielleicht Anfang des 20. Jahrhunderts entstanden. Der Bildhauer war vermutlich kein Freund von Feinheiten, denn Hände und Füße dieser weiblichen Figur sind sehr schlicht gearbeitet, ihre Finger und Zehen haben eher die Anmutung verbogener Zigaretten …

Egal. Von hinten gesehen haben wir es mit einer Art Ordensfrau zu tun, deren Kleidung eine undefinierbare Mixtur aus einem Habit mit Kapuze und einem arabischem Schleiergewand ist. Die Vorderseite der Figur aber offenbart, dass der Bildhauer ein Schelm war, ein regelrechter Provokateur. Denn da springt das arabisch anmutende Ordensgewand weit auf – und legt einen nackten Frauenkörper frei. Von Erotik zwar keine Spur, aber das ist künstlerisch gesehen kein Wunder und in diesem Fall eh nicht von Belang. Denn mir geht es um die Geste dieser Figur, um die Haltung von Armen und Händen.

Ausgerechnet dieses nicht wirklich geglückte Kunstwerk namens Erna (der Name stammt mit Verlaub von mir) hat mich nämlich nachhaltig inspiriert: Ihre Oberarme fallen entspannt seitlich am Oberkörper herab, die Unterarme sind stark abgewinkelt, zeigen nach oben, und mit der Verlängerung der ausgestreckten Hände bilden sie jeweils ein zum Oberarm nach außen gerichtetes »V«. Diese obskure Dame könnte so locker einen riesigen Sitzball vor ihrer Nase halten.

Monatelang bin ich an dieser merkwürdigen Erna vorbeigegangen und hatte nur ein mitleidiges Grinsen für sie übrig. Bis ich aus irgendeiner Laune heraus ihre Geste imitiert habe. Spannend, was da passiert! Intuitiv hebt man beim Anwinkeln der Unterarme und Öffnen der Hände auch den Kopf ein wenig – und legt das Herz frei. Unsere intuitive Schutzhaltung ist ja sehr gerne: Herz verdecken. Wir lassen die Schultern ein wenig nach vorn hängen, den Kopf auch, und der Oberkörper fügt sich dann mit in die schützende Sichel. Diese Geste ist das Gegenteil: Sie hebt Kopf und Brustkorb, schiebt die Schultern nach hinten und öffnet das Herz Richtung Himmel. Hier passt die Redewendung, dass einem das Herz aufgeht, optimal. Echt schön. Für mich ist diese Geste ein einfaches Portal zum Kontaktfinden nach innen, zum bewussten Vertiefen des Augenblicks.

Also lasse ich mich von Erna immer wieder zu dieser Geste verführen. Natürlich nur, wenn keiner zuschaut. Auch sie hat für mich einen wunderbaren Shortcut-Effekt. Ich öffne die Arme, schaue in den Himmel, und schon atmet es mich viel tiefer als sonst, und das Gedankengebrabbel in meinem Kopf verstummt augenblicklich. Ernas Geste funktioniert ohne viel Gedöns. Da sie den Verstand ignoriert, ignoriere ich ihn auch. Eine perfekte Komplizin.


Vieles, was nicht über den Intellekt läuft, lässt sich so aufladen und instrumentalisieren. Gerüche gehören auch dazu. Jeder kennt das: Da weht einen etwas an, ein Duft von einer ganz besonderen Intensität, und schon sind wir bis über die Ohrläppchen verzaubert. Auch was unseren Gesuchssinn betrifft, gibt's keine kollektiven Vorgaben, sonst hätte schon längst jemand Milliarden damit gemacht. Welche Aromamixtur uns binnen Bruchteilen von Sekunden ins pure Leben entführt, wurde sicherlich durch unsere individuellen Erfahrungen geprägt – natürlich unbewusst. Wie stark eine intensive Erfahrung nun zufällig verknüpft ist mit dem Duft von Apfelkuchen, Glückskeksen oder Waldmeisterbowle, bestimmt, wie sehr sich ein Portal nach innen öffnet, wenn mir die Dufterinnerung in die Nase weht. Auch dieser schlichte Zusammenhang lässt sich wunderbar nutzen. Die einzige Voraussetzung ist, dass ich sie für mich entdecke, die Düfte meines Lebens.

Sicherlich wird kaum einer, der eine einigermaßen sensible Nase hat, an blühendem Jasmin, Maiglöckchen, Zitronen oder Gardenien vorbeigehen, ohne selig die Augen zu verdrehen. Der ganz eigene Lieblingsduft allerdings wirkt noch stärker.

Meiner stammt aus einer uralten Apotheke in Florenz. Dort haben im 16. Jahrhundert die Mönche eines Klosters eine Kräutermischung mit Weihrauch zusammengemixt, als Renaissance-Raumduft sozusagen, der bis heute verkauft wird. Ich bin in diese Apotheke durch Zufall hineingeraten, auf einer Journalistenreise. Die angebotene Stadtführung wollte keiner meiner Kollegen wahrnehmen, und so war ich mit der Stadtführerin allein. Großartig. Ich bat sie, mich zu *ihren* Lieblingsplätzen zu führen. So landete ich zum Beispiel im Stadtpalast der Familie Antinori, den italienischen Wein-Moguln, und irgendwann eben auch in dieser unglaublich prächtigen Apotheke. Der Inhaber der edlen Kräuterdrogerie schenkte mir eine kleine Amphore aus Terrakotta mit der geheimen Klosterkräutermischung »Potpurri«. Ich öffnete sie am Abend … und fiel um. MEIN Duft. Bis heute.

Ein Lied, eine Geste, ein Duft: Es gibt viele Möglichkeiten, unsere Sinne zu nutzen, um den Verstand auszuschalten. Sonst läuft es ja meist anders herum: Der Verstand vernebelt die Sinne. Es kann ein Handschmeichler sein, ein genialer Akupressurpunkt, den Sie selbst an Ihrem Körper erst entdecken und dann »bedienen«, ein Mandala, ein Bild, ein Symbol, ein Foto, vielleicht sogar *Ihr* Kräutertee oder *Ihr* Mantra, ein Wort, ein Satz wie ALLES WIRD GUT oder ICH BIN. Entscheidend ist nur, dass Sie die Klaviatur der Sinne selbst definieren und selbst bedienen. Diese Akkus des Unmittelbaren, der Lebendigkeit funktionieren nur, wenn Sie sie selbst entdeckt und selbst aufgeladen haben.

Und jetzt fragen Sie sich: Da ist also das Satori. Da sind die vielen kleinen Alltagstricks zum Überlisten des Gedankenstroms. Und jetzt kommt also noch die Klaviatur der Sinne, die Portale zum Sein-Öffnen, hinzu. Wer soll das denn bitte auseinanderhalten?

Ganz einfach. Das Satori ist von ungeheurer Wucht, es ist ein Flash der Erkenntnis, eine kurzzeitige gewaltige Bewusstseinserweiterung. Und dann sind da viele, viele kleine Chancen, die es zu ergreifen gilt und die uns immer nur das Eine ermöglichen: den Eintritt ins Jetzt. Manche mögen intensiver sein, ein »Satori light« gewissermaßen. Andere sind kleine, geheime Leuchtfeuer, die ich mit mir selbst verabredet habe, um mich wieder und wieder an das zu erinnern, was wichtig ist.

Gemeinsam ist all diesen Bewusstseinshilfen ihre Absichtslosigkeit. Sie helfen beim Abschalten der Alltagsgeschäftigkeit, beim Aushebeln des Tag-Taktes und der Lahmlegung der Sinne. Sie melden sich als kleine Fingerzeige jenseits der Verstandesmuster, um uns entdecken zu lassen, was wir noch so alles sind. Klar kann ich beim Chorgesang, im Kochkurs, beim Bildhauerlehrgang oder in der Schwimmschule auch jede Menge Kreatives, Nicht-Intellektuelles in mir entwickeln. Nur steckt da schon wieder so viel Absicht drin: ein Chorkonzert, für das geprobt wird, ein Gericht, das perfekt werden soll, eine Skulptur, die Geld bringen, oder eine Schwimmtechnik, die das Training effizienter machen soll.

Die kleinen Gate-Opener dagegen haben erst mal keinen Sinn, mit ihnen verfolgen wir keine konkrete Absicht, auch keine kreative, künstlerische oder sportliche. Außer der, radikal im Jetzt anzukommen – um dann, wenn das hinhaut, noch radikaler das Leben zu feiern.

> *»Lerne von der Lilie, und lerne vom Vogel! Zu sein heißt, für heute da zu sein.«*
>                                    SØREN KIERKEGAARD

Die kleinen Gate-Opener machen noch keinen Bewusstseinswandel. Aber sie erinnern uns beharrlich an die andere Dimension in uns, der wir – indem wir ihr folgen – mehr und mehr Gewicht verleihen, bis sie ein bewusster Teil von uns geworden ist.

# 11

# Das Wasser, das du in den Wein gossest, kannst du nie wieder herausschütten

## Widerstand gegen das, was ist, raubt Leben

❦

*»Leben ist das, was passiert, während du dabei bist, andere Pläne zu schmieden.«*

John Lennon hat durchgeblickt. Das Leben hatte ja auch sehr früh begonnen, ihm »übel mitzuspielen«. Als John fünf war, trennten sich seine Eltern. Er wuchs bei einer Tante auf, den Kontakt zu seiner Mutter verlor er. Als er 18 war, gerade als die beiden sich wiedergefunden hatten, kam seine Mutter bei einem Autounfall ums Leben. Sein enger Freund Stuart Sutcliffe, mit dem er die *Beatles* gegründet hatte, starb mit 21 an einer Gehirnblutung. Es gab noch viel mehr schockierende Wendungen und Verluste in seinem Leben – *neben* den verrückten Wellen des Erfolgs, auf denen er jahrzehntelang surfte. Und dann starb er selbst, so früh, durch die Kugel eines Psychopathen.

Lennons Leben, das waren atemberaubende Höhenflüge und krude Abstürze. Er war ein Suchender mit einem Hang zum psychedelischen Experiment, er trat aufs Gas und haute zugleich die Bremse rein – und dann kam es doch immer *noch* ganz anders: »Leben ist das, was passiert, während du dabei bist, andere Pläne zu schmieden.« Diese Erkenntnis dürfte eine seiner wichtigsten gewesen sein, in dem vierzig Jahre währenden Versuchslabor, das sein Leben war.

Doch noch einmal zurück zum Anfang des Kapitels: Wir sagen das so leicht daher, aber: Spielt uns das Leben wirklich »übel mit«? Spielt es dann auch mal »super« mit? Oder eher »mittelmäßig«? Hat das Leben denn überhaupt etwas vor mit uns? Macht es wissentlich den einen groß und wirft dem anderen Knüppel zwischen die Beine? Eine philosophische Frage von einigem Gewicht. Es geht um Vorsehung, Bestimmung, Fügung. Wer hat die Antwort? Ich jedenfalls nicht.

Nüchtern betrachtet ist das, was passiert, oft sehr anders als das, was wir uns so ausgedacht haben für unser Leben, für unseren Alltag, für *diesen* Tag.

Man könnte auch sagen: Wir machen die Rechnung wieder und wieder ohne den Wirt. Jeder Terminkalender, jede berufliche Strategie, die Pläne, die wir mit unseren Kindern haben, die Urlaubspläne – alles schöne Ideen, Verstandesübungen, Wunschvorstellungen … und: Rechnungen ohne den Wirt, der da heißt »Leben«.

Wieso es sinnvoll sein könnte, die Rechnung *mit* dem Wirt zu machen, darum geht es jetzt. Wobei – von einer »Rechnung« bleibt da nicht viel. Aber dazu später.


Eine der wichtigsten Weichenstellungen in meinem Leben fand statt, als ich 29 war, eine verbeamtete Studienrätin am Wolfsburger Gymnasium, die merkwürdige Flohmarktklamotten liebte, in einer wildromantischen Hinterhofwohnung in Braunschweig wohnte und hoch motiviert war, einen praxisorientierten Unterricht zu bieten, der die Schüler fit machte fürs Leben. Also alles gut. Nein, nicht alles gut!

Als sei es gestern gewesen, sehe ich mich an irgendeine Wand gelehnt, wie ich »meinen« Schülern zuschaue. Es ist Abiturfeier, sieben Klassenstufen lang hatte ich einige von ihnen begleitet, sie sind mir vertraut, ans Herz gewachsen. Klar, das ist die ganz große Party für sie. *School's out!* Rausgehen ins Leben! Weg aus Wolfsburg, mal schauen, was sich so bietet. Zukunftspläne, leuchtende Augen, sprudelnde Stimmung. Wie das halt auf Abi-Feiern so ist.

In mir sprudelte es auch. Und es sprudelte heftiger als sonst. Sozusagen ein Sprudeln aus dem Unterbauch heraus. Ich spürte: Dieser Abend ist etwas Besonderes, ein *life changing moment*. Denn in dem Augenblick, als ich da an der Wand lehnte und schaute, fiel die Entscheidung: Auch ich würde nicht bleiben, auch für mich war die Schule aus. Natürlich war diese Erkenntnis kein Fingerzeig aus dem Nirgendwo. Die Abi-Feier war der berühmte Tropfen, der ins randvolle Fass fiel. Doch in diesem Moment schloss ich sozusagen den Pakt mit mir selbst: »Von nun an gibt es keinen Weg mehr zurück. Der Abschied der Schüler von der Schule soll auch meiner sein. Sie gehen raus ins Leben, um sich neu zu erfinden – ich auch.«

Ich erzähle das, weil nun die Sache mit dem Pläneschmieden begann. Wohin ich wollte, war mir völlig klar: Ich wollte lernen, Filme zu machen. Welchen Job in der Filmbranche ich genau anstrebte, war mir noch nicht klar. Was ich nur wusste, war, dass die Filmkunst mich schon seit Jahren faszinierte. Ich empfand sie als die wichtigste und komplexeste Kunstform des 20. Jahrhunderts. Idee, Plot, Drehbuch, Schauspielerführung, Licht, Kamera, Maske, Requisite, Effekte und den Schnitt so zu komponieren, dass das Gesamtkunstwerk die Zuschauer berührt, fesselt, beschäftigt, unterhält, was auch immer – das war's, was ich unbedingt lernen wollte. Das und nichts anderes.

Schon seit einiger Zeit hatte ich die Zahl meiner Schulwochenstunden reduziert auf eine Zweidrittelstelle. So konnte ich nebenbei an der Braunschweiger Kunsthochschule Vorlesungen der Filmklasse hören und Bücher zur Praxis des Filmemachens verschlingen. Bis ich dann irgendwann so weit war, den einzig richtigen Plan für mich zu entwerfen: Ich wollte die Aufnahmeprüfung an der Film- und Fernsehakademie in Berlin bestehen.

Es war, das darf man sagen, ein sehr ambitionierter Plan, denn es bewarben sich jedes Jahr Hunderte, und nur 20 wurden aufgenommen, davon etliche außerhalb des Auswahlverfahrens über ein Quotensystem. Also hieß es, mich optimal vorzubereiten auf das, was ich für die Chance meines Lebens hielt.

Ein Freund stellte den Kontakt zu einem Absolventen der Filmhochschule her, einem Berliner Regisseur. Ich besuchte ihn, löcherte ihn zu den Feinheiten des Auswahlverfahrens und den Vorlieben des Auswahlgremiums. Die Anforderungen waren nicht ohne. Allein um unter die letzten 40 zu kommen, musste man eine geniale Fotostory einreichen, eine geniale Filmkritik, eine geniale selbst verfasste Erzählung und noch irgendwas

Geniales, das ich vergessen habe.

Ich scheute weder Mühe noch Aufwand, um so viel Genialität wie möglich zu produzieren. Und siehe da: Ich kam in die Runde der glücklichen 40 und wurde zur eigentlichen Aufnahmeprüfung nach Berlin eingeladen, die sich über fünf Tage erstreckte. Das war nun aber ausgerechnet die Woche des mündlichen Abiturs in Wolfsburg, und ich hatte fünf Abiturkurse zu prüfen. Noch dazu war mein Gymnasium nach vielen Jahren mal wieder für eine Kontrolle dran. Das hieß, Vertreter der Bezirksregierung saßen bei jeder Prüfung mit anspruchsvoller Miene dabei.

Mein Direktor war großartig. Er ließ mich vier Tage nach Berlin und war einverstanden, sämtliche Prüfungen meiner Schüler auf einen einzigen Tag zu legen. Es war eine wahnsinnige Woche. Ich nahm zig Prüfungen ab und wurde gleichzeitig selbst durch die Prüfungsmangel gedreht. Ein illustres Thema, das ich bearbeiten musste, lautete »Imbissbude«. Ich drehte also einen Film an einer Berliner Imbissbude mit einer ziemlich sexistischen Wurst, schrieb eine Reportage über die großartige Würstchenverkäuferin am Straßenstrich auf der Straße des 17. Juni, inszenierte irgendwas Weltbewegendes mit spanischen Prozessions-Trommeleien … und wurde nicht genommen.

Das durfte doch nicht wahr sein! Meine Mega-Hoffnung auf den totalen Neustart im Leben: das studieren, was mich im tiefsten Inneren faszinierte, in der Stadt, in der ich schon immer leben wollte … Traum geplatzt, alles dahin. An dem Tag, als die Absage kam, rutschte ich das erste Mal in meinem Leben in so etwas wie eine Depression. Ich hatte doch alles gegeben, hatte viel weniger Zeit als die anderen gehabt, hatte mich geradezu besessen in die Aufgabe gestürzt. Und die hatten sich einfach für andere entschieden! Ja, das ging doch gar nicht! Niederlagen hatte ich bis dahin nicht gekannt. Und meine erste war dann schallende Ohrfeige und Sturz in den Gulli zugleich.

Dass es einigermaßen naiv gewesen war, sämtliche Träume von einer neuen, erfüllten Zukunft auf eine einzige Karte zu setzen, war mir durchaus irgendwie klar. Doch im Stillen war ich überzeugt davon gewesen, dass ich durch den großen Einsatz, den ich fuhr, und die Kreativität, die ich aufbrachte, eigentlich unweigerlich den heiß ersehnten Studienplatz ergattern müsste. Dass ich erstens als Lehrerin und zweitens als 29-Jährige (und damit mit Abstand die Älteste unter den Bewerbern) von Anfang an miese Karten gehabt hatte, wollte ich mir gleich gar nicht eingestehen. Nichts also. Keine Filmakademie in Berlin.

Es kamen die Osterferien, ich war noch immer voll im Frustmodus und entschloss mich, zu einem Freund nach Florenz zu flüchten. Bloß weg. Eine Freundin, Kollegin an meiner Schule, fuhr mit. Wir nahmen den günstigsten Bahntarif, was mehrere Stunden Aufenthalt in München bedeutete. So kam es, dass wir dann noch einen anderen Freund in irgendeinem Brauhaus trafen, einen Fotoredakteur bei einem Modemagazin. Der hatte nun seinerseits einen Freund dabei, der Standfotograf von Beruf war, also ein Profifotograf, der Bilder von Filmsets für die Pressearbeit macht.

Die beiden bekamen sofort und kübelweise meinen Frust in ihre Maß Bier gekippt, was sie glücklicherweise mehr amüsierte als nervte. Der Standfotograf kapierte sehr schnell, wie wild entschlossen ich war, von der Lehrerin zur Filmschaffenden zu mutieren. Und das war auch kein Wunder, denn ich fühlte mich saublöd in der Falle. Mit der Schule hatte ich innerlich abgeschlossen, und die Tür zu dem neuen, aufregenden Leben in Berlin, für das ich so vehement gekämpft hatte, die schien mir nun auf immer verschlossen. Weiter in Wolfsburg leben? Weitermachen wie gehabt? Ich glaubte zu ersticken. Ich haderte wie Rumpelstilzchen. Ich *war* Rumpelstilzchen …

… bis wenige Wochen später der Anruf kam. Ein Produzent meldete sich. Er plane, im Juli ein großes Roadmovie im Ruhrgebiet zu drehen, und suche noch eine Assistentin für die Garderobiere. Er sei gerade auf dem Weg von Dortmund zurück nach Berlin und könne einen kurzen Stopp in Braunschweig einlegen. Ich war wie vom Donner gerührt. Wie er denn bloß auf mich komme? Er habe von einem Standfotografen den Tipp bekommen, dass ich ziemlich filmverrückt sei. Vielleicht könne das ja ein Einstieg für mich sein?

Halleluja! Mich x-beliebige, unbedarfte Studienrätin wollte dieser wichtige Produzent treffen? Und dann wollte er auch noch höchstpersönlich zu mir nach Braunschweig reisen? Träumte ich?

Ich war wie in Trance, machte mir keinerlei Gedanken, wie ich denn auftreten, wie ich erscheinen, wie ich beeindrucken wollte. Nur eines stand fest: Ich war säbelzahntigermäßig entschlossen, diese Chance nicht zu vertun! Merkwürdigerweise kann ich mich an das Treffen selbst gar nicht mehr erinnern – umso mehr aber natürlich an das Ergebnis: Ich bekam den Job! Er begann – als Anfang einer Kette von glücklichen Zufällen – am ersten Tag meiner Sommerferien und endete am letzten.

Gedreht wurde der Film *Ein Treffen mit Rimbaud*, der im folgenden Frühjahr die Berlinale eröffnen sollte. Leider erschreckend erfolglos, aber zu dem Zeitpunkt ahnte das ja keiner. Ich wusch also zunächst die Socken der Schauspieler, schlug die Klappe (was durchaus gelernt sein will bei einer großen Produktion), war Servicekraft und überhaupt Mädchen für alles. Das hatte was. Ein Crashkurs im Filmemachen. Doch es ging noch mehr, denn der nächste Zufall nahte: Das Scriptgirl erkrankte so heftig, dass von einer Stunde auf die nächste Ersatz her musste. Der Kameramann, Thomas Mauch, war der Meinung, dass ich das wohl hinkriegen würde, und der Produzent dachte das glücklicherweise auch. Es hat nicht viel Sinn, an dieser Stelle den Job des Scriptgirls in einer 35-Millimeter-Produktion zu erklären – vor allem, wenn es (gemeinsam mit dem Regieassistenten) zusätzlich auch noch den deutlich anspruchsvolleren Job des Continuity erfüllen muss. Für mich waren das sechs Wochen Ausnahmezustand. Ich warf mich in diesen Job wie ein Lachs, der sich stromaufwärts in die Laichgebiete kämpft. In dieser kurzen Zeit lernte ich so viel über das Filmemachen, dass ich danach die Erfahrung von zwei Semestern Filmhochschule intus hatte. Mindestens!

Kurz noch das Ende der Geschichte: Ich kam zurück nach Wolfsburg in die Schule und ging sofort zum Direktor. Ich wollte raus, und zwar möglichst bald. In Berlin hatte ich zwar weder

Wohnung noch Job, noch Geld, aber das war mir völlig egal. Ich würde Klinken putzen, und irgendwas würde sich schon ergeben. Besagter Direktor – ein großartiger Vorgesetzter und eine hoch empathische Persönlichkeit – schlug mir vor, meine Planstelle ab dem Halbjahreswechsel im Februar ruhen zu lassen, *wenn* denn meine Kollegen bereit seien, meinen Unterricht zusätzlich zu übernehmen.

Sie waren bereit. »Reisende soll man nicht aufhalten«, warf mir der Direktor nach meiner letzten Lehrerkonferenz noch hinterher. Und meine wunderbaren Kollegen gaben mir Durchgeknallten, die sie mochten, aber nicht wirklich verstanden, freies Geleit.

Ein etwas umfangreiches Beispiel, das gebe ich zu. Aber es lehrte mich unendlich viel, insbesondere zwei Dinge: Zum einen lernte ich, dass es sie wirklich gibt, die innere Stimme, auf die zu hören sich lohnt. Denn heute weiß ich, dass ein Dasein als Lehrerin auf Dauer nicht das Richtige für mich war. Geahnt hatte ich das schon sehr früh, aber irgendwann wurde meine innere Stimme so laut, dass ich sie nicht mehr überhören konnte.

Wichtig, wenn es um die innere Stimme geht, ist die zugehörige Kontrollinstanz, die prüft, ob diese Stimme tatsächlich auch die eigene ist – oder eine der vielen Einflüsterungen von außen. Die Ohren der Teenies sind weit offen für Scheinwelt-Flüstereien der Sorte *DSDS* oder *Germany's Next Topmodel*. Aber auch Menschen, die wir bewundern oder von denen wir in irgendeiner Form abhängig sind, reden uns Dinge ein, die nicht die unseren sind. Die innere Kontrollinstanz signalisiert uns, was echt ist und was aufgesetzt. Wenn wir unser Ohr aufmerksam lauschen lassen, nach innen, können wir sie hören.

Zum anderen lernte ich zu verstehen, was Goethe so großartig formuliert hat:

*»Unsere Wünsche sind Vorgefühle der Fähigkeiten, die in uns liegen.«*

Unsere tiefen, oft verschütteten Wünsche und unsere innere Stimme weisen uns die Richtung, aber nicht den exakten Weg. Unser Verstand hätte natürlich am liebsten ein ordentliches Navi-System: Ziel eingeben, Pfeil erscheint, und ab geht's. Blöd nur, dass das Leben anders funktioniert. Die Richtung mag ja klar sein, doch auf dem Weg dorthin kann sich das Ziel verschieben. Das heißt: Wir müssen uns auf eine Reise mit permanenter Autokorrektur einlassen, oder wir verirren uns.

Die Lehre, die ich aus dieser Geschichte für mich und meinen Lebenswunsch zog, lautete: locker bleiben! Ein Ziel anzupeilen – in diesem Fall den ersehnten Studienplatz – ist gut und schön. Doch dann spielt das Leben sein eigenes Spiel, und Widerstand ist zwecklos.

Erstens kommt es anders, zweitens, als man denkt. Was für ein blöder Spruch, gähn. Im Lichte eines entwickelten Bewusstseins betrachtet, erscheint hier jedoch eine sehr spannende Dimension. Denn in genau diesem platten Spruch schwingt Resignation mit, die uns jede Menge Energie kosten kann. Da verfolge ich also meine schönen Pläne für mich und meine Zukunft, und dann kommt es anders. Saublöd. Ist halt so im Leben. *You can't always have what you want.* Und irgendwann fährst du dann eben nicht mehr mit Vollgas, weil du befürchtest, dass die Dinge eh anders kommen, als du willst.

Doch Resignation ist eine höchst ungute Haltung. Sie lähmt dich. Also gilt es, die Wahrnehmung umzudrehen, um sagen wir 180 Grad. Sie erinnern sich vielleicht an eine der Maximen aus meiner Zeit als Studienrätin: Es wäre doch auch möglich, das Leben als einen heiteren Schreittanz zu begreifen. Wie wäre es, wenn wir das, was uns stört, was unsere Pläne durchkreuzt, was uns aus heiterem Himmel aus der Bahn wirft, als eine Übung zu begreifen, als eine Trainingseinheit für ein tief empfundenes, glückliches Leben?

Lassen wir den Tod von geliebten Menschen oder eine schwere Erkrankung einmal außen vor. Das zu akzeptieren ist grenzwertig, allerhöchste Herausforderung. Aber die vielen anderen Dinge, die »schief-« oder »danebengehen«, die »ins Wasser fallen«, die von der Sorte »*shit happens*«: Hier kann ich das berühmte Annehmen lernen, wenn ich meinen Verstand an die Leine nehme.

Noch mal zu meinem Beispiel mit dem Studienplatz: Rückblickend ist die Tatsache, dass ich durch die Aufnahmeprüfung gerasselt bin, das Beste, was mir geschehen konnte. Meine innere Stimme ließ ja nicht nach, mir ins Ohr zu flüstern, was ich wirklich im Leben wollte. Und nachdem sich die Tür zur Akademie geschlossen hatte, ging sofort eine andere auf. Das widersprach nur diametral meinen Plänen. Mein Kopf hatte »rechts rum!« befohlen, und das Leben wollte mich nun links herum führen. Aber zum selben Ziel. Und nach einigem Klinkenputzen fand ich in Berlin sehr schnell den Weg zur Erfüllung meiner Wünsche: Ich fing beim Berliner Sender SFB als Regieassistentin für eine Kindersendung an, dann kamen der schon erwähnte Scriptgirl-Job beim Reinhard-Hauff-Film *Linie 1*, ein weiterer Scriptgirl-Job bei einer TV-Serie und dann die ersten Angebote für Regieassistenzen bei großen Filmen, später dann auch für eine Co-Regie. Binnen eines Jahres war ich dort, wo ich vielleicht nach vier Jahren Filmakademie gewesen wäre. Und der Clou: Dann verschob sich das Ziel. Denn bekanntlich bin ich beim Fernsehen gelandet. Leben ist das, was passiert, während du dabei bist, andere Pläne zu schmieden.

Also, die Devise ist klar: Es gilt, die Wahrnehmung umzukrempeln und die Bewertungen dessen, was passiert. Nicht resignieren à la »Erstens kommt es anders …«, sondern annehmen, was kommt, nutzen, was kommt, draufspringen und wegreiten.

Meine berufliche Laufbahn hätte zwar nicht anders ausgesehen, wenn ich mein Scheitern bei der Aufnahmeprüfung schneller angenommen hätte, aber ich hätte monatelang um Dimensionen intensiver gelebt. Widerstand kostet nicht nur unendlich viel Kraft, sondern auch den Zugang zum Leben. Denn Widerstand ist kopfgemacht und blockiert die Portale zum inneren Sommer in uns, zu dem tiefen Frieden, der uns erdet.

Machen Sie ein Spiel draus, mit einem Menschen, der Ihnen nahesteht: Finden Sie heraus, *wie oft* Sie an einem einzigen Tag Widerstand leisten gegen das, was ist! Am besten eignet sich ein Urlaubstag, ein Wochenende, an dem Sie gemeinsam etwas unternehmen. Eine schön geplante Tour, radeln, sporteln, Kultur, was auch immer. Und dann notieren Sie schlicht und einfach, wenn Sie oder der andere auf Konfrontationskurs gehen zu dem, was ist. Der Wolkenbruch, die Autopanne, der verpasste Anruf, der Fettfleck auf der Lieblingsbluse. Das Leben bietet eine so grandiose Palette an Planabweichungen, dass ausgedachte Beispiele dagegen immer nur kümmerlich sein können.

Wenn Sie schon weiter fortgeschritten sind, können Sie beginnen, Ihren Alltag zu checken: Der Chef oder der Kollege nerven oder der Zeitdruck oder alle zusammen. Die Grippe ist furchtbar, denn sie kommt garantiert zum genial falschen Zeitpunkt, das berufliche Projekt läuft unrund, der Partner ist nicht da, und die Freunde sind zickig drauf. Im Alltag sind den Möglichkeiten zum Ärgern keinerlei Grenzen gesetzt.

Kommen Sie sich selbst – oder gemeinsam mit dem Freund oder der Freundin – auf die Schliche nach dem *To-be-detached-*Prinzip, das Sie schon kennen. Damit meine ich: Treten Sie, wenn Sie sich ärgern, einen Schritt neben sich, und nehmen

Sie überhaupt erst mal die Sachlage wahr (also wie oft Sie Widerstand leisten gegen das, was geschieht). Notieren Sie sie. Und dann notieren Sie Ihre Lieblingsmeckereien, ihre Widerstandsvokabeln, dirigiert vom zickigen Verstand, der sich total ärgert, die Kontrolle zu verlieren. Meine Widerstandsvokabeln sind nicht sehr kreativ: »Ich glaub, es hackt!«, »Spinnt der?«, »Sauber!«, »O nee, das ist jetzt nicht ernst gemeint, oder?« Ein bisschen antiquiert, ich weiß. Ich benutze sie auch nur noch recht selten. Schließlich übe ich mich ja schon länger darin, bewusst und entspannt zu akzeptieren, was mir da so alles widerfährt.

Behalten Sie dabei aber bitte im Hinterkopf, dass es einfach Zeit braucht, um alte Muster durch neue zu ersetzen. Und nicht nur Zeit, dazu braucht es auch neue Begriffe. Und vor allem: ein neues Gefühl. Es geht hier um nichts Geringeres als die grundlegende Umprogrammierung Ihrer Weltwahrnehmung. Die gelingt umso leichter, je erfahrener Sie im Toröffnen nach innen sind, im Lebendigmachen von Satoris, mit den vielen kleinen Steigbügeln ins Jetzt, in Ihr einzigartiges, pulsierendes Leben. *Und* es gelingt umso leichter, je erfahrener Sie darin sind, die Dominanz Ihres Verstandes zu erkennen und einzugrenzen. Er, der Verstand, ist es, der sich verhakt in dem, was Ihnen das Leben serviert, der Widerstand leistet, der die verrückten Dinge, die geschehen, bewertet, verurteilt und als unpassend verhindern will. Wenn Sie es schaffen, ihn an die Leine zu legen, ist die Hauptarbeit getan.

Voll und ganz annehmen, was nicht zu ändern ist, das könnte sich zunächst etwas merkwürdig anfühlen. Ein Wolkenbruch, während Sie auf dem Weg zu einem wichtigen Termin sind und keinen Schirm dabeihaben? Also ein Auftritt vor dem Chef *ohne* Frisur. Na und? Der Flieger hat Verspätung, der Anschlussflug ist weg, bleibt nichts als die Übernachtung im hoch erotischen

Flughafenhotel? Ja bitte! Ist halt so. Vielleicht gibt's einen guten Film im Fernsehen. Jeder Tag hat gute Übungseinheiten fürs Ja-Sagen zum So-Sein. Manches lässt sich natürlich noch drehen. Vieles aber nicht. Es geht darum, Ihr System auf eine einzige Tatsache einzustimmen: Das Leben interessiert sich nicht für Ihre Pläne. Es ist das, was passiert, während wir dabei sind, andere Pläne zu schmieden …

Werden Sie zum Streuner, schnüffeln Sie sich durch die Unwägbarkeiten des Lebens, und passen Sie sich an die Wetter- und Futterbedingungen an. Kämpfen Sie nur dort, wo es sich zu kämpfen lohnt. Für die Streunerhaltung zum Leben lassen sich großartige neue Wörter finden. Das mag unser Verstand. Wenn er neue Begriffe kriegt, lässt er leichter die alten Meckereien los.

Den »Selbstentwickler« Jens Corssen hatte ich bereits erwähnt, der von »Strahlenden Sternen« spricht, wenn ihm Zeitgenossen in die Parade fahren. Heitere Distanz halten zu dem, was nervt. Üben, üben, üben zu fühlen, was wirklich wichtig ist in diesem einen besonderen Moment, auch wenn der sperrig ist. Blockiertsein im Stau kann Termine platzen lassen … und wird so lang dauern, wie es eben dauert, bis die rettende Ausfahrt kommt.

Wenn Sie es schaffen, sich wirklich einzulassen auf das, was ist, werden Sie das als eine beglückende Befreiung empfinden. Sie lassen nicht zu, dass Ihnen widrige Umstände die tiefe Freude am Leben klauen. Und es fühlt sich genial an, es sind wunderbare kleine Triumphe, wenn es gelingt, eine unvorhergesehene, »ungünschtige Situation«, wie Jens Corssen sagt, hinter sich zu lassen, ohne Unmut, ohne miese Laune, ohne Frust zu schieben. *Well connected* mit dem Ja zum Leben. Wer die Rechnung *mit* dem Wirt macht, braucht keine Rechnung mehr. Denn er ist nicht gebührenpflichtig unterwegs. Wer sich einlässt, bezahlt keinen Tribut mehr an den nörgelnden Verstand: Er lebt im Frieden mit dem, was ist.

> *»Lerne nicht nur, das zu finden, was du magst, sondern lerne, das zu mögen, was du findest.«*
>
> ANTHONY J. D'ANGELO

# 12

# Im Herbst des Lebens verkriecht sich die Schönheit nach innen

… und der unbesiegbare Sommer welkt?

*»Irgendwann im Leben spürst du die Geburt des Todes.«*

Als Kind verstand ich so gar nicht, was meine Mutter damit meinte. Für sie war dieser Moment klar definierbar: Als sie im vierten Schwangerschaftsmonat war, setzte die Krebsdiagnose jedem »normalen« Leben ein Ende. Zum »normalen« Leben gehört es nun mal, Pläne zu machen. Sei es der nächste Urlaub, der Besuch bei Freunden, der Wohnungskauf, die Hochzeit, was auch immer. Durch die Diagnose wurde meine Mutter unmittelbar zur Betroffenen der Rückrufaktion, die für uns alle gilt. Bei ihr war die Dringlichkeit allerdings eine besondere. Metastasierter Schwarzer Hautkrebs zwingt den Patienten brutal dazu, auf Sicht zu fahren. Wie viele Sommer habe ich noch? Eine fast zynische Frage.

Meine Mutter überlebte – und hatte seitdem eine sehr intensive Beziehung zum Leben und zum Tod. Doch sie sprach nie darüber; sie wollte nicht die Stigmatisierte sein. Alles sollte sein wie immer. Nur dieser eine Satz, der kam immer mal. »Irgendwann im Leben spürst du die Geburt des Todes.« Nachdenklich, melancholisch, ja fast entrückt sprach sie ihn aus. Sie bezog diesen Satz gar nicht so sehr auf ihr eigenes Schicksal, denke ich heute. Es spiegelte sich ihre Philosophie des Alterns darin, ihre Trauer über den Abschied von der Jugend, ihr sich Bewusstwerden der Tatsache, dass das Leben eine ballistische Kurve ist – im besten Falle.

Viele verlassen diesen Planeten noch mitten im Steigflug. Andere werden direkt auf dem Scheitelpunkt ihrer körperlichen und geistigen Kräfte abberufen. Sehr viele aber haben das Privileg, die Rückreise erst dann anzutreten, wenn sie sich deutlich im Sinkflug befinden.

Kein schönes Bild? Steigflug, Scheitelpunkt, Sinkflug? Eine unangenehme Vorstellung? Golda Meir, die frühere israelische Ministerpräsidentin, hatte durchaus einen Sinn dafür:

*»Das Alter gleicht einem Flugzeug in einem Sturm.*
*Wenn du einmal an Bord bist, kannst du nichts mehr*
*daran ändern.«*

Um es nüchtern zu sagen: Zum körperlichen Verfall gibt es nur eine Alternative: den sofortigen Tod. Das Leben *ist* eine ballistische Kurve, auch wenn der Sinkflug im 21. Jahrhundert in den reichen Nationen erheblich abgeflacht werden kann. Mit 70 aussehen wie 50 – wunderbar. Für den, der es sich leisten kann, eine tolle Sache. Und das entspricht ja auch dem Grundkonsens unserer Gesellschaft, die auf Wachstum, technologische Entwicklung und immer schnellere Erneuerungsprozesse setzt.

Von außen besehen ist das großartig, nicht zuletzt für die, die zu den Älteren zählen. Social Media, Carsharing, Onlineshopping … es ist Blödsinn zu glauben, dass meine Generation da fremdeln würde, bloß weil in der Grundschulzeit noch die Schiefertafel im Ranzen steckte.

Nein, unser Thema, das der über 50-Jährigen, sag ich mal, ist die Unerbittlichkeit der ballistischen Kurve. Wir »Best Ager« nutzen die technologischen und gesellschaftlichen Tools wie alle, die sich im Steigflug befinden. Wir leben genauso hektisch und kosmopolitisch, wenn der Job es hergibt; wir mögen dieselben Klamotten, oft sogar dieselben Filme und dieselbe Musik.

Doch wir sind trotzdem die, die sich im Sinkflug befinden, und das macht einen feinen, aber sehr elementaren Unterschied. Wie gesagt, wir haben tausend Möglichkeiten, den Sinkflug – so Gott will – enorm abzuflachen. Doch wir sitzen drin, im Flugzeug mitten im Sturm. Wenn es rappelt, dann rappelt's. Der Tod rückt näher. Die Gleitsichtbrille auch. Trotz perfekter Anti-Aging-Ernährung sagt die Lendenwirbelsäule schmerzhaft »Guten Tag«, zählt plötzlich der Physiotherapeut zu unseren Freunden, und der Cholesterinspiegel steigt.

Kein Grund zur Panik, nein, sondern Grund für Bewusstheit. Das kompromisslose Akzeptieren dessen, was ist – auch das Älterwerden.

Welche neuen Wege können sich öffnen, welche Gartentüren nach innen, zum unbesiegbaren Sommer in mir?

Darum geht's jetzt.


So vieles in der Alltagswelt ist für uns »50plus« effizienter geworden: Das Sortieren nach »spannend« und »brauche ich nicht« geschieht in Millisekunden, denn wir schnüffeln ja nicht mehr wie Welpen an jedem Hosenbein herum. Sich zu zentrieren fällt viel leichter, weil der Erfahrungsschatz die Wahrnehmung schärft.

Welche Möglichkeiten also bietet das Älterwerden? Kurz gesagt: viele schöne und viele weniger schöne. Und die schönsten berühren den unbesiegbaren Sommer in mir. Das größte Plus nach der 50: Wir sind freier von Angst. Wenn wir unser Leben über die letzten Jahrzehnte hin gut angewendet haben, dann sinkt das Angstniveau.

Jeder hat Ängste. Es ist gut, sie zu kennen, und es ist noch besser, nicht nur ständig hinzustarren in die dunklen Ecken, in denen sie sich verkriechen, sondern in die Offensive zu gehen. Tu das, was du fürchtest, und die Angst schwindet. Je länger das Leben, desto mehr Chancen bieten sich. Viele Menschen befreien sich auf diese Weise ganz intuitiv von dem Klabautermann. Also, ein Vorteil des Älterwerdens lautet: je mehr Jahre, desto weniger Angst.

Die berühmte Gelassenheit des Alters hat sehr viel mit der zunehmenden Angstfreiheit zu tun. Doch daneben beginnt die Macht des Faktischen zu wirken. Will heißen: Die Abbauprozesse eines Körpers im Sinkflug können den Angstpegel locker wieder auffüllen. Klar, die künstliche Hüfte, der graue Star oder das Vorhofflimmern können der viel beschworenen Entspanntheit und Gelassenheit schnell Grenzen setzen und in eine neue Dimension der Unsicherheit führen. Kaum sind die Selbstzweifel und Ich-Turbulenzen überwunden, kann sich eine undefinierbare Angst vor dem Siechtum einnisten. Im Freundeskreis spricht man immer öfter über die besten Ärzte für dieses und jenes, über ideale Diagnose- und geniale Therapiemethoden. Die Zahl der Mediziner im Freundeskreis nimmt zu, wenn die Chance dafür besteht, und der Fokus verengt sich noch stärker. Waren es im Steigflug die Karriere, die Familie und die Lebensplanung, sind es im Sinkflug die Sorge um die eigene Gesundheit, das individuelle Fitnessprogramm und die persönliche Krankengeschichte, die einen beschäftigen. Weitsicht in der Linse, doch ein stierer Blick auf das Ich. Die Gedanken kreisen, und das Tor nach innen, Richtung unbesiegbarer Sommer und Fluss des Lebens, bleibt verschlossen.

Also Achtung, hier heißt es aufmerken! Damit wir nicht die eine Angst einfach durch die nächste eintauschen, erinnern wir uns an unsere Lieblingsübung: *to be detached.* Kommen Sie sich selbst auf die Schliche, beobachten Sie Ihre Gefühle, und legen Sie Ihren Verstand an die Leine.

Doch nun zu den Chancen der späten Jahre.

*»Das Streben nach Jugend hat uns blind gemacht für die Möglichkeiten des Alters.«*

Nö. Betty Friedan, die amerikanische Frauenrechtlerin, schilt uns da zu Unrecht, finde ich. Und mit »wir« meine ich die Frauen meiner Generation, die Unmengen von Ballast abgeworfen haben. Wo sind sie denn, die Frauen über 50, die sich für nichts anderes interessieren als für Spritzen, Sit-ups und Skalpell? Von einigen bemitleidenswerten Ausnahmen abgesehen, arbeiten die meisten von uns mit moderatem Zeit- und Geldeinsatz an persönlichen Frischhalteaktionen. Viele bleiben so engagiert im Job und im Leben, wie es die Männer halt auch tun.

Also, Betty Friedans »Streben nach Jugend« macht uns nicht unbedingt »blind für die Möglichkeiten des Alters«. Aber ... *sehen* wir sie denn bewusst, diese Möglichkeiten? Und wenn nicht, was macht uns dann blind dafür?

Vielen von uns geht es finanziell wahnsinnig gut. Die 30 Millionen der über 50-Jährigen in Deutschland sitzen auf 60 Prozent des Gesamtvermögens aller Haushalte. Viele von uns leben so, als befänden sie sich in der Steigflug-Phase, aber in einer, in der sie kaum noch für irgendetwas kämpfen müssen. Eigenheim, Auto, Fernreisen – fast alles ist möglich. Die Kinder sind flügge, die Partnersuche eingestellt beziehungsweise überflüssig. Weshalb sich also mit dem Sinkflug beschäftigen – und mit den Chancen, die er bietet?

*»Älterwerden bedeutet: den Weg nach innen gehen.«*

Wieso denn, liebe Luise Rinser? Ist doch alles so schön bunt hier! Richtig. Und deshalb lautet die wichtige Frage in Bezug auf das Älterwerden auch nicht: rüstige Rentner-Party *oder* besinnliche Gartenlaube, nein, es geht darum, eine bewusste Wahl aus der Vielfalt der Möglichkeiten und Angebote zu treffen.

Ich zum Beispiel habe mit dem Älterwerden eine unbändige Lust darauf entwickelt, mehr zu wissen und mehr zu erfahren über das, was die Welt und mich zusammenhält, und diese Lust steuert einen Gutteil meines Terminkalenders. Nun Raum und Zeit zu haben und sie dafür reservieren zu können, ist ein genialer Luxus.

Ja, der Scheitelpunkt ist überschritten, der Sinkflug beginnt. Doch in dieser Phase sind die Bedingungen besonders gut, den wärmenden Kraftquell in uns in den Alltag zu holen, seine heilige Dimension hellwach und durchaus unsentimental wahrzunehmen und mit ihr im besten Fall dauerhaft in Verbindung zu bleiben.

Die Voraussetzung dafür ist allerdings, dass wir unsere Position auf der ballistischen Kurve mit Haut, Haaren und Seele akzeptieren. Der Sinkflug lässt sich durchaus über Jahre und Jahrzehnte verdrängen, besonders für den, der das berufliche und gesellschaftliche Leben jüngerer Generationen lebt. Trotzdem hat »die Geburt des Todes« längst stattgefunden, und es nimmt, wenn auch meist sehr moderat, der körperliche Verfall zu. Denn der startet ja leider, wie wir alle immer wieder staunen, bereits mit deutlich unter 30. Ein Steigflug-Leben auf der Sinkflug-Lebenskurve: Das kann sehr gut gehen. Es kann aber irgendwann auch den umso heftigeren Absturz zeitigen, nämlich wenn das Ego die Realität bis in den Tod verdrängt.

Mein Leben im Sinkflug ist ein wahnsinnig gutes Leben. Ich arbeite viel, fliege für Sendungsaufzeichnungen, Kongress- und Firmen-Moderationen in der Weltgeschichte herum, schreibe mit Leidenschaft (Kolumnen, Zeitschriftenartikel, Bücher) und halte meinem Mann so weit wie möglich den Rücken frei. Doch im Vergleich zu den Steigflug-Jahrzehnten haben sich meine Bedürfnisse verschoben. Im Steigflug-Leben habe ich versucht, die wenigen kleinen Fluchten aus dem Beruf zu nutzen, um ein paar Zipfel der Welt zu sehen und Menschen kennenzulernen, die völlig anders ticken. Ich wollte höher, weiter, mehr.

Heute habe ich zwar noch dieselbe Neugier-Grundspannung in mir, aber es interessieren mich andere Dinge. Ausgehen am Abend, Konzerte, Partys, Wochenendreisen – all das mache ich noch immer gern, aber selten. Neugierig, zugewandt mit allen Fasern bin ich stattdessen Menschen, die mir nahestehen, meinen Hunden und Katzen, Filmen, Büchern, der Natur. Hühner füttern und Sonnenuntergänge, Wanderungen mit Hund, Gespräche mit Rotwein – das sind die Dinge, die mich jetzt erfüllen. Mein seelisches Grundbedürfnis hat sich von »Verbreitern« in »Vertiefen« gewandelt. Es geht mir nicht ums Marinieren von Problemen oder eine ritualisierte Nabelschau. Ich suche die Begegnung, egal, ob mit Mensch, Tier oder Zypresse. Ich lasse mich anregen von Filmen, von Opern, Büchern oder einfach nur durchs Schauen auf das Leben. Weil ich den Kontakt nicht mehr verlieren will: den Kontakt zum ungefilterten Lebendigsein.


Die Möglichkeiten des Älterwerdens sind genial, wenn wir uns bewusst mit ihnen auseinandersetzen. Das kommt allerdings nicht so wahnsinnig oft vor, denn die Ablenkungsmöglichkeiten sind ja gerade dann besonders verführerisch, wenn Zeit und Geld da sind. Es geht mir nicht darum, in Jesuslatschen vor einer Höhle auf Kreta zu meditieren. Doch jetzt, in der Altersphase der 50plus, sind die Voraussetzungen besonders gut, um sich auf die andere Seite in uns zu konzentrieren und das Leben nicht auf der Überholspur, sondern im Gegenteil in seiner zeitlosen Magie zu erfahren. Und es hat auch einen sehr praktischen Vorteil, wenn wir mit dem Ewigen in uns bewusst leben. Der geniale Goethe trifft es mal wieder am besten:

*Und solang du das nicht hast,*
*Dieses: Stirb und werde!*
*Bist du nur ein trüber Gast*
*Auf der dunklen Erde.*

Ach, lieber Johann Wolfgang, an dich reicht nichts heran. Also: Wenn ich mir im Hintergrund, auf der zweiten, höheren Ebene meiner Wahrnehmung, permanent meiner persönlichen Endlichkeit bewusst bin und zugleich des Ewigen in mir, und wenn ich das voll und ganz annehme, dann weiß ich das Leben in seiner Fülle zu feiern, dann hat es sich ausgetrübt, dann bin ich ein klarer, ein leuchtender Gast auf dieser Erde.

Und das kann für das, was uns allen bevorsteht, unendlich hilfreich sein. *We all will have to cross that bridge …* vom Leben in den Tod. Schon lange vorher mit dem tiefen Bewusstsein des »Stirb und werde«, des Vergänglichen und des Ewigen in uns zu leben, dürfte dem endgültigen Abschied einiges von seinem Schrecken nehmen. Denn dann haben wir die Wahrheit längst geahnt, bevor sie uns bei Toresschluss erreicht.

Bei den Dreharbeiten zu einer Sendereihe für die katholische Redaktion des ZDF in Israel habe ich einer sehr besonderen älteren Frau im Sterbehospiz begegnen dürfen. Sie hat mir so bewegend gezeigt, nicht *wo*, sondern *wie* es langgeht über besagte Brücke, dass mich diese Begegnung für immer geprägt hat.

Das Sterbehospiz ist von einem christlichen Orden geführt und etwas, das man in Israel nun gar nicht vermutet: ein ideologiefreier Ort. Die Schwerkranken, die hier in den einfachen Betten liegen, sind »nur noch« Menschen, weil nichts anderes mehr zählt. Sie sind Moslems, Juden und Christen in ihren letzten Wochen, Tagen, Stunden. Israelis und Palästinenser: in zwei feindliche Welten hineingeboren und am Ende im Tod vereint.

Die Ordensschwester führte uns zu einer Frau, vielleicht Mitte 60, die alles andere zu sein schien als eine Sterbende. Sie sei eine Jüdin aus Argentinien und gut ansprechbar, so die Schwester. Allein das Um-sie-herum: Ihr Bett samt Tropf und Nachttisch mit einem Berg von Tabletten war in eine Zimmerecke geschmiegt, die Wände drumherum mit Fotos aus ihrem Leben gespickt (mit Klebestreifen, gut ablösbar …). Sie strahlte uns an, begrüßte uns herzlich und begann sofort zu erzählen. Mir geisterte die Bemerkung der Ordensschwester durch den Kopf, die uns in das Achtbett-Zimmer geführt hatte: »Endstadium Brustkrebs. Morphiumtropf«.

Ja, sie sei jetzt hier und sehr gut aufgehoben für diese letzten Tage, lachte sie und deutete auf die Fotowand um sie herum. »Schaut, mein Leben! Sehr erfüllt, sehr schön. Eine Sorge hatte ich noch, ein große!« Sie zeigte auf das Foto von einem Hund, einen traumschönen Australian Shepherd. »Er lebt jetzt bei einer Freundin von mir. Die beiden haben mich in dem anderen Krankenhaus, in dem ich war, immer mal besucht. Es war schrecklich. Er hat so gelitten. Er wollte, dass ich mit ihm spiele, mit ihm spazieren gehe. Vorgestern waren die beiden dann hier, und als sie gingen, hat er freudig zu seinem neuen Frauchen aufgeschaut. Er hat sich nicht mehr umgedreht. Er ist einfach gegangen, leicht und frei. Was glaubt ihr, wie glücklich ich war! Jetzt kann ich in Frieden gehen, denn ich gehe ja zu Gott. Alles ist gut.«

Ihre Augen leuchteten. Alles an ihr war authentisch. Was sie sagte – und vor allem, *wie* sie es sagte –, war tief empfunden, echt …und heiter. Ich werde nie vergessen, wie sie uns nachgewinkt hat, als wir das Zimmer verließen. Sie war vorbereitet in einem unfassbar großen Frieden.

Draußen auf dem Flur musste ich den nächsten Stuhl ansteuern. Ich konnte und wollte keinen Schritt weitergehen. Welche Größe, welche Leichtigkeit in der schwersten Phase des Lebens, in der Vorbereitung auf den letzten Gang!

Überglücklich zu sein, wenn die Liebsten sich umdrehen und sich bei anderen gut aufgehoben fühlen. Ohne Schrecken das Alleinsein im Sterben spüren. Ja, im Gegenteil: erleichtert frei sein für das Heimgehen.

Was sind wir doch für Ignoranten, dachte ich. Wir schlagen uns unablässig mit Alltagsblödsinn herum, während hier eine Frau mit einer unbeschreiblichen Würde und Haltung ins Sterben einwilligt. Und das, weil sie tief im Glauben lebt. Und in ihrem unbesiegbaren Sommer.

Die Radikalität, mit der diese Frau ihren Weg angenommen hat, beschäftigt mich bis heute. Ich habe nichts mehr über sie in Erfahrung bringen können, da ich ja keine Angehörige bin. Doch ich bin mir sicher: Sie ist so gestorben, wie sie gelebt hat: in großer Verbundenheit mit dem Sein, in angstfreier Hingabe an das, was nicht zu ändern ist – und im Glauben an die Kraft des Lebens, die uns trägt. …bis sie in anderer Form weiterlebt.

Aha! Also Reinkarnation? Keine Ahnung. Eckhart Tolle sagt dazu:

> *»Der Tod nimmt alles, was du nicht bist.«*

Hoppla. Eine Denksportaufgabe. Der Tod nimmt mir meinen Körper und mein Ich. Und soll das sein, was ich *nicht* bin? Was, bitte schön, bin ich denn dann? Da bleibt logischerweise nur eins übrig: Ich bin die einzigartige, wunderbare und radikal flüchtige Inkarnation des – ja, ich sag's noch mal – heiligen Lebens, das ewig ist.

Nach Eckhart Tolle nimmt der Tod mir alles, was ich *denke*, dass ich bin. Und viele, fast alle von uns meinen ja, das *seien* wir. Der Tod nimmt uns unsere einzigartige, unwiederbringliche, über Jahrzehnte gereifte und irrsinnig individuell geprägte Persönlichkeit. Was er uns nicht nimmt, ist die zeitlose Magie des Lebens. Die sei unendlich – sagt nicht nur Tolle. Die habe sich in uns manifestiert und werde sich wieder und wieder und wieder in späterem Leben manifestieren.

Tröstlich oder nicht: Es könnte so sein. Für mich fühlt es sich wahr an. Und relativiert sehr, sehr viel von unserer bedingungslosen Fixierung auf das *Rat Race* der individuellen Bedeutsamkeit. Jede Orchideenblüte, jede Giraffe und jeder Schmetterling hat eine eigene Persönlichkeit, das nicken heutzutage sogar die Wissenschaftler der sozio-emotionalen Verhaltensforschung ab. Hoch individuell ausgeprägte Tier- und Pflanzenexistenzen verlöschen sang- und klanglos im Nichts, wenn es so weit ist. Wieso, verflixt, sollte es für uns Menschen anders sein? Haben wir, weil wir uns ach-so-außergewöhnlich knechten, um besonders zu sein, im Jenseits ein Recht auf eine Sonderbehandlung? Werden sich unsere Seelen dort um den sphärischen Hals fallen und »Hallo« sagen dürfen? Nur weil wir als Spezies Mensch ein bisschen bewusster auf der Metaebene denken, ist uns ein individueller Reisespaß ins Jenseits vergönnt? Mit Persönlichkeits-Garantie sozusagen, und das milliardenfach?

Schöne Vorstellung. Dann hätte sich das alles ja doch irgendwie gelohnt. Was aber wäre, wenn wir – wie wir es den meisten

Kreaturen der Tier- und Pflanzenwelt ja unterstellen – genauso spurlos vergingen? Wenn unsere einzigartige Seele, unsere Persönlichkeit, unsere Aura nur ein wunderbarer Ausdruck der unendlichen Vielfalt des Lebens wäre, der aber nach ein paar Jahrzehnten unwiederbringlich verschwindet, damit wieder und wieder etwas völlig Neues hervorgebracht werden kann?

Was wäre, wenn unsere Ahnen als Kreationen eines genialischen Schöpferprinzips in ihrer Lebenszeit liebens- und verehrenswerte Individualität entfalten durften, um dann mit allem, was sie waren, zurückzufallen in das Eine, in das Prinzip des heiligen, nicht greifbaren und schon gar nicht individuellen Fluss des Lebens? Wenn nichts bliebe von ihnen, außer unserer Erinnerung an sie und der Gewissheit, dass in ihnen derselbe unbesiegbare Sommer wohnte wie heute in uns?

*»Der Tod nimmt alles, was du nicht bist.«*

Mein wahres Ich ist unvergänglich und gar nicht individuell, sagt Tolle. Logische Schlussfolgerung: Wir kommen aus dem große Strom, der Leben ist. Wir dürfen uns wahnsinnig schnell, intensiv, vielfältig und komplex entwickeln, wir dürfen blühen, fruchten und verwelken. Und dann gehen wir zurück in den Strom, der Leben ist. *That's it.*

Wenn all das also so wäre, wäre es doch ziemlich gut, sich bereits zu Lebzeiten, und zwar so früh wie möglich, zu desillusionieren. Nicht zuletzt, weil diese Erkenntnis unendlich vieles relativiert. Ich habe so oft es geht einzelne Blüten aus dem Garten in meinem Badezimmer stehen. Tulpe, Osterglocke, Pfingstrose, Rose, Hortensie, Lilie. Ihr Aufblühen, ihre Perfektion, ihre überirdische Schönheit *und* ihr Verwelken erinnern mich immer aufs Neue an mein eigenes Vergehen. Was sind wir anderes als diese Blüten?

Das führt uns zur Frage nach dem Sinn des Lebens zurück. Denn mit der Antwort entwickeln wir die Währung für Lebensglück.

Dazu eine merkwürdige Begebenheit aus meinem Leben. Ich bin (solange die untere Lendenwirbelsäule es zuließ) jeden Morgen mit größtem Vergnügen vor meiner Haustür herumgejoggt, wo auch immer ich gerade wohnte.

Eines Sommermorgens gegen 7 Uhr 30 trat ich nach draußen und schrak zurück. Es war ein geradezu gespenstischer Morgen. Mindestens 25 Grad, ein pechschwarzer Himmel und merkwürdig gedämpfte Geräusche rundherum. Endzeitstimmung, irgendwie.

Ich lief los, Richtung Park. Tatsächlich gab es ein Wetterleuchten. Und plötzlich – also morgens um halb acht ist das nicht wirklich mein normaler Aggregatzustand – überfiel mich eine Art Tagtraum, eine Vision. (Bitte nicht falsch zitieren! Soll ja vorkommen …) Vor mir, auf einem abgestorbenen, blattlosen Ast, saß nämlich eine Krähe und fixierte mich. Hitchcock lässt grüßen. Ich hatte schon mehrere einschlägige Erfahrungen mit Krähen hinter mir und war daher aufgeschlossen für die Botschaften dieser schwarz gefiederten Damen und Herren aus dem Jenseits.

Da kam mir ganz unvermittelt eine Frage, und zwar so sehr, dass sie mich in 3-D und Farbe packte: Was geschieht wohl im Augenblick des Todes? Rauscht das gesamte Leben im Zeitraffer an einem vorbei, wie es Menschen mit Nahtod-Erfahrungen berichten? Und wenn nicht das ganze Leben, dann welche Momente davon? Und wer wählt diese Momente aus? Welche Botschaft sollen sie tragen – und von wem?

Wie gesagt, es war 7 Uhr 35, und ich war irgendwie in Trance: Joggingschuhe, Laufhosen, Shirt, schwarze Wolken drüber, Krähe rechts.

Doch es kommt noch besser. Ich sah einen virtuellen Zeitrafferfilm. Nicht unbedingt den meines Lebens, einfach einen Lebensfilm, der wahnsinnig schnell zurückgespult wurde. Er war in warmen Farben gehalten, doch merkwürdig ruckelig, abgehackt. Und dann am Ende: Stille. Ein stechender wohlbekannter und grauenhafter Schmerz machte sich in mir breit, eine abgrundtiefe Verzweiflung, die irgendwie gar nicht zu mir gehörte, die ich sozusagen stellvertretend spürte. Für alle von uns. Fast alle. (Für die argentinische Jüdin wohl eher nicht.) Es war das, was viel später ein Mentalcoach, den ich anmoderierte, in seinem Vortrag so beschrieb:

> *»An vielen der Gräber kauert eine tief verschleierte*
> *Gestalt, geschüttelt von abgrundtiefem Schmerz: vom*
> *Schmerz über nicht gelebtes Leben.«*

Und ich dachte: kitschiges Bild – aber das ist es! Sie fragen, was das denn bitte sein soll, das »nicht gelebte Leben«? Na ja, viele wissen sofort, was gemeint ist und nehmen sich sofort was vor.

Was denn? Mehr lieben.

Und ich erlaube mir hinzuzufügen: mehr *Leben* lieben. Mehr Tiefe suchen, den voll gelebten Augenblick, Satoris – verbunden sein mit dem unbesiegbaren Sommer in uns …

# 13

# Was ist Liebe –
# und wenn ja, wie viele?

»Ihr seid das Licht für die Welt« (Mt, 5.15)

Wenn der Sommer in uns unbesiegbar sein soll, dann muss die Kraft der Liebe zum Arsenal unserer inneren Sonne gehören, keine Frage.

Doch was ist Liebe? Das meistbesungene Gefühl der Welt – wo fängt es an, wo hört es auf? Was hat es mit einem »neuem Bewusstsein« zu tun? Wann ist es billiger Fake, wann Illusion – und wann wird es zur elementaren und verlässlichen Kraft in uns?

Vielleicht ist das etwas gewagt, doch ich möchte in diesem Zusammenhang das Ende des letzten Kapitels aufgreifen. Im Angesicht des Todes – scheint sie da auf, die wahre Essenz der Liebe, fern der Synthetik moderner Surrogate? Mit größtem Respekt vor der Wucht endgültigen Abschieds gefragt: Wenn wir glauben, dass das Bild der »tief verschleierten Gestalt«, die da an den Gräbern der Verstorbenen kauert, eine Botschaft trägt, wie lautet sie? Worum trauert diese Gestalt, »geschüttelt von abgrundtiefem Schmerz«, denn eigentlich genau?

Die Antwort hatten wir ja eben: Sie trauert um nicht gelebte Liebe. Doch um *welche* nicht gelebte Liebe? Auf dem Markt der

Gefühle haben wir im 21. Jahrhundert eine Riesenpalette verschiedener Spielarten der Liebe im Angebot. Trauert sie um die Liebe zum Partner? Und wenn ja, um welche: um die Liebe *vom* oder *für* den Partner? um die Liebe zu den Kindern, Verwandten, Freunden, Hunden, Katzen – oder um *deren* Liebe für den Toten? Trauert sie vielleicht um die Liebe zur Natur? Oder um die zum Leben? Die letzteren beiden Lieben sind unverkennbar Einbahnstraßen. Oder liebt die Natur etwa zurück? Und das Leben vielleicht sogar auch?

Banale Fragen? Nur bedingt. Zeigen sie doch, wie wenig wir uns aufrichtig und auch bewusst mit dem beschäftigen, was in jedem zweiten Popsong zum Klischee erstarrt. Was ist Liebe – und wenn ja, wie viele? Gibt es einen Quell für Liebe, und wenn ja – wo entspringt er? Es geht in diesem Kapitel auch darum, unsere Denk- und Sehnsuchtsmuster zu entschlacken und uns auf ein Liebesverständnis zurückzusetzen, zu »reseten«, das viel umfassender ist als das gängige.


Unsere Ideen von Liebe und ihrer Rolle in unserem Leben sind so vielfältig wie das Schraubensortiment in einem Werkzeugkasten. Und sie wandeln sich mit den gelebten Jahrzehnten.

Leider aber findet sich für diese Schraubenvielfalt (für jedes Herz eine andere) oft nur ein einziger Schraubenzieher, der dann auf alle passen soll. Es braucht nicht viel handwerkliches Verständnis, um zu wissen, dass das nicht funktionieren kann. Besagter Schraubenzieher ist geformt durch die Erretter-Liebesvorstellungen, die Hollywood- und TV-Schmonzetten präsentieren. Sie folgen alle einem so einfachen wie angenehmen Muster, das guttut, wenn man es als hübschen Ausflug ins Wolkenkuckucksheim nimmt. Aber eben auch nur dann.

Was ist zum Beispiel der Blockbuster *Pretty Woman* anderes als ein klassischer Erretter-Film? Mein Gott, wie romantisch!

Julia Roberts entkommt ihrer schäbigen Bordschwalben-Welt, nur weil sie Herz hat, Schönheit und Natürlichkeit, und weil sie den eiskalten Geschäftsmann Richard Gere mühelos läutert. Sie kriegt durch ihn Sicherheit und Geld, er bekommt durch sie Wärme und Lebendigkeit. Und wenn sie nicht gestorben sind, dann leben sie noch heute. Ach, tut das gut! Der erfolgreichste Film des Jahres 1990 ... Märchenwelt – Disney-World.

Doch lassen Sie uns mal genauer hinschauen und vor allem: hinfühlen. Wir wollen es uns vielleicht nicht eingestehen, aber sind wir nicht alle ein bisschen infiziert von Erlöserstorys dieser Sorte, vor allem wir Frauen? Irgendwie, irgendwann, irgendwo kommt dein Held daher, entdeckt dich, liebt dich, und alles wird gut. Selbstzweifel, Jobprobleme, Unzufriedenheiten jeglicher Art: Diese Liebe *takes it all*. Der richtige Mann bringt die Wende im Leben. Einsamkeit? Sinnkrise? Depression? Er küsst sie weg. Das Leben ist plötzlich ganz einfach, wenn Mr. Right um die Ecke kommt. *Pretty Woman* war übrigens auch deshalb so erfolgreich, weil die Story nicht nur die Heilsgeschichte *ihrer*, sondern auch *seiner* Erlösung schreibt. Es lebe die Gleichberechtigung! (Die Geld- und Machtverhältnisse allerdings, die bleiben schön traditionell.)

Vom Kopf her wissen wir natürlich, dass diese Sorte Liebe ausschließlich eine Drehbuch-Liebe ist. Kunstvoll erdacht, um uns einen märchenhaften Kinoabend zu bescheren. (Ich zumindest bin dahingeschmolzen.) Sie knüpft an die Phantasien und Sehnsüchte an, die uns mit den Geschichten und Filmen unserer Kindertage eingepflanzt worden sind. Sie hilft uns aber auch, uns der wahren und so ganz anderen Essenz der Liebe bewusst zu werden. Wenn man so will, verfassten Hedwig Courths-Mahler, Rosamunde Pilcher und Margaret Mitchell nämlich großartige Lehrstücke darüber, was die Essenz der Liebe gerade *nicht* sein kann.

Denken wir nur an das Schicksal von Scarlett O'Hara, der Protagonistin aus dem atemberaubend tragischen Filmepos *Vom Winde verweht*, das nach dem Roman von Margaret Mitchell entstanden ist. Es soll immerhin das kommerziell erfolgreichste Werk der Filmgeschichte sein. Scarlett ist darin auf der verzweifelten Suche nach dem »richtigen« Mann. Was folgt, sind Bürgerkriegswirren, eine Baumwollplantage, die pleitegeht, zwei Ehemänner und eine »wahre Liebe« (Rhett Butler), die sich erst als solche entpuppt, als es zu spät ist … Oh je, oh je, alles falsch gemacht, Scarlett! Du hattest den Traummann deines Lebens und hast die Chance vertan!

*Vom Winde verweht* ist wie gesagt ein geniales Lehrstück über die Illusion der Liebe zwischen Mann und Frau. Und das nicht etwa, weil sich Scarlett so blöd in der Wahl ihres Lebenspartners vertut, sondern weil es gnadenlos offenlegt, wohin es einen führt, wenn man glaubt, dass die »große Liebe« ausschließlich durch eine optimale Wahl des Ehepartners ins eigene Leben tritt.

Natürlich war zu Scarletts Zeiten die Wahl des Gatten entscheidend für das Wohlergehen von Frau und Familie. Rein materiell gesehen war es überlebenswichtig, welchen Mann frau sich angelte. Die »wahre Liebe« war da kein Kriterium. Deshalb ist ja das große Finale von *Vom Winde verweht* auch so gruselig-tragisch, weil Scarlett in Rhett nicht nur den materiellen Retter, sondern eben *auch* ihre Liebe gefunden zu haben glaubt. Die »wahre Liebe« als moderne Sinnstiftung über allem. Dass Scarlett dann allein die Baumwollplantage weiterführt, sozusagen als emanzipierter Single, ist ein furchtbarer Abstieg in ein liebeleeres Sein.

Sie ahnen, was ich uns zu Tränen gerührten Zuschauern nun rate: *to be detached*. Schauen wir hin und erkennen wir, welche Sehnsuchtsprägung unsere Vorstellung von Liebe bestimmt. Denn:

*»Sklave ist, wer darauf wartet, dass jemand kommt und ihn befreit.«*

Der amerikanische Dichter Ezra Pound wusste, wovon er schreibt. Er wartete zwölf Jahre in einer Washingtoner Anstalt für Geisteskranke (die ihn als bekennenden Faschisten aber immerhin vor der Todesstrafe rettete), bis ihn Freunde wie Ernest Hemmingway 1958 endlich »befreiten«. Sein Zitat lädt dazu ein, sich Gedanken über die eigene Sklavenmentalität zu machen. Ein bisschen davon schlummert in vielen von uns. Das ist ja nicht schlimm, es ist nur sinnvoll, den versteckten Sehnsuchtswinkel in sich zu entdecken und sich des heimlichen Erlöserdenkens bewusst zu sein.

Was ist Liebe, und wenn ja, wie viele?

Kann uns ein Mensch, den wir lieben, glücklich machen, so wie *Pretty Woman* es suggeriert? Und wenn ja, welche Voraussetzungen braucht es dazu?

Und wenn es gelingt, das mit dem Glücklichwerden durch einen geliebten anderen – ist das die einzige Form von Liebe? Oder gibt es da noch andere? Vielleicht solche, die weniger in Abhängigkeit von außen stehen, die nicht unglücklich machen, wenn der oder die Geliebte uns verlässt oder gar nicht erst auftaucht. Vielleicht solche, die aus uns selbst kommen. Zum Beispiel die, von der uns das Johannesevangelium erzählt?

*»Gott ist Liebe. Wer in der Liebe lebt, der lebt in Gott, und Gott lebt in ihm.«*

Interessant! Das sind doch grundverschiedene Arten von Liebe. Die Scarlett-Julia-Liebe hat mit der Bibel-Liebe nichts zu tun, oder?

Jawohl, dieser Meinung bin ich (weitgehend).

Es gibt Menschen – ich fürchte, es sind nicht so sehr viele –, die tun *alles* mit Liebe. Die nehmen einen Küchenschwamm, drehen den Wasserhahn auf, befeuchten den Schwamm sanft, geben ein paar Spritzer Allzweckreiniger drauf und säubern die Nirostaspüle mit Liebe. Ich habe anfangs im Buch von »Hingabe« gesprochen. Die putzt da auch mit. Solche Menschen schauen ihr Gegenüber, wer immer es ist, mit hellwachen Augen an. Mit Augen, die lächeln. Sie scheinen sich ihres Körpers, ihrer Bewegungen, ja: ihrer Gegenwart, auf geheimnisvolle Weise bewusst zu sein. Alles wird mit Achtsamkeit getan.

Und selbst wenn der Stress naht, der Frust oder die persönliche Krise, fällt die Achtsamkeit bei diesen Menschen nicht in sich zusammen wie Hefeteig bei Zugluft.

Hier ein Beispiel: Vor kurzem arbeitete ich mit Jocelyn B. Smith zusammen, einer fantastischen US-amerikanischen Sängerin und Pianistin. Sie lebt seit 30 Jahren in Berlin, engagiert sich zum einen intensiv sozial und tritt zum anderen als Goodwill Ambassador ihres Heimatlandes auf. So hat sie zum Beispiel auf der panzerverglasten Bühne vor dem Brandenburger Tor gesungen, als Präsident Barack Obama im Juni 2013 seine Rede an die Deutschen gehalten hat. Einen Tag später sang sie auf einer Kölner Bühne, wo Obamas Vor-Vorgänger Bill Clinton anlässlich eines hochkarätigen deutsch-amerikanischen Firmenjubiläums sprach.

Ich war die Moderatorin an diesem Abend und schon bei den Absprachen der Proben fiel Jocelyn mir auf, durch ihre liebe-volle Art.

Ein starkes Gewitter ging gerade über Köln nieder. Zur Mittagszeit war's düster wie die Nacht, und es schüttete aus Kübeln – und Jocelyn strahlte. Einfach so, von innen heraus. Zur Begrüßung fiel sie mir erst mal um den Hals. Wir kannten uns nur flüchtig, und bei jedem anderen wäre mir eine so plötzliche ungefragte Nähe unangenehm gewesen. Nicht bei Jocelyn. Denn ihre Wärme und Herzlichkeit sind entwaffnend authentisch. »Entwaffnend«, was für ein verräterisches Wort. Haben wir denn Waffen im Gepäck, wenn wir anderen begegnen?

Wir sprachen ihre Parts ab, wann sie allein mit Flügel auf der Bühne sein sollte und wann mit ihrer Band. Als Höhepunkt war ein Duett mit Bill Clinton angedacht. Er hatte ihr signalisiert, eventuell sein Saxophon mitzubringen, so würde eine kurze Jamsession möglich sein. Das wäre natürlich *der* Hit! Wann hat Bill Clinton bisher in Deutschland Saxophon gespielt?? Wir überlegten natürlich jedes Detail, die Band sollte dazukommen, doch deren Anlage musste aus Sicherheitsgründen während Bills Rede abgebaut sein etc., etc. Der Spontanplan für die Jamsession stand.

Und dann kam alles anders. Clinton verspätete sich um eine halbe Stunde, wodurch Jocelyns Einsätze auf der Bühne enorm zusammenschrumpften und die Jamsession ganz gestrichen wurde. So. Ich ging nun fest davon aus, dass das geschehen würde, was ich mit fast allen großen Showstars erlebt habe: Ich dachte, Jocelyn würde ihre wenigen Songs cool und professionell durchziehen, abgehen und verschwinden. Angesäuert bis explosiv.

Doch nichts davon! Ihre Lieder strömten über vor Wärme, Liebe und Melancholie. Als sie einmal aus besagten Zeitgründen mitten im Song abbrechen musste, lächelte sie und verbeugte sich mit genau dem Funkeln in den Augen, das bei ihr offenbar mit Iris und Pupille verwachsen ist.

Als ich sie nach der Veranstaltung traf, bedauerte ich natürlich, dass manches nicht hatte stattfinden können, wie es geplant oder angedacht gewesen sei. »Was?«, rief sie. »Wie kommst du denn darauf? Das ist das Leben! Ich fand es wunderbar, so wie es war.«

Und ich ergänzte heimlich für mich: » …weil sie alles, was sie tut, mit Liebe tut. Für die Gäste, für einen gelungenen Event. Weil eines fehlt, in ihrer inneren Gestimmtheit, weil es scheinbar einfach keinen Nährboden findet: das Ego. Mein Gott, eine Jamsession mit Bill Clinton, davon hätte sie ihr Leben lang erzählen können! Völlig unwichtig. Hauptsache, allen ging's gut. Ihr dann auch. Aha! Diese Form der Liebe kommt also ohne Ego aus.«

*»Der wahrhaft Liebende liebt Gott in allem und findet Gott in allem.«*

Dass Meister Eckhart vor rund 700 Jahren auch in Köln gepredigt hatte, ist ein hübscher Zufall …

Wir befinden uns also bei der Frage: Wie kommt es denn bitte, dass die einen die Welt mit den Augen der Liebe sehen – und keineswegs nur ihre Lebenspartner, Familie und enge Freunde, sondern alles, alles –, andere aber so viel kühler und distanzierter bleiben und sich gefühlt in Schwarzweiß durch die Welt bewegen?

Wo ist der Quell für solch ein liebe-volles Leben? Der Evangelist Johannes sagt: »Gott ist Liebe.« Und mit der Liebe lebt Gott in dir. Meister Eckhart sagt, Liebe sei »in allem« zu entdecken, also in Mensch, Tier, Natur, Alltag und Arbeit.

Liebe ist demnach allumfassend, kommt aus allem, lebt in allem – auch in uns –, und wir verströmen sie überallhin.

Eine ziemlich vertrackte Angelegenheit. Nicht wirklich zu begreifen?

Vielleicht hilft da die Frage weiter, was uns denn überhaupt liebesfähig macht. Also im Sinne von Johannes und Meister Eckhart natürlich, nicht in dem von Pilcher und Courths-Mahler. Woher kommt dieses warme, HERZliche Gefühl voller Güte und Demut? (Ja, antiquierte Vokabeln passen sehr gut zu einem uralten Seinszustand.) Wodurch genau entsteht diese Fähigkeit, Liebe im 360-Grad-Radius zu verschenken, eine Liebe, die immer mehr wird, je mehr wir von ihr geben?

Natürlich durch den unbesiegbaren Sommer in uns, also aus dem, was ich in sämtlichen Kapiteln zuvor zu beschreiben und herzuleiten versuchte: aus der klaren und permanenten Bewusstheit für das Wunder des Lebens in uns und um uns herum. Aus der Bewusstheit für unsere pulsierende Lebendigkeit, die wir nur spüren in radikaler Gegenwärtigkeit, wenn wir im Jetzt sind, mit Haut und Haaren – und damit intuitiv verbunden sind mit allem, was lebt (und sterben wird).

Diese Bewusstheit *ist* nicht Liebe. Aber aus ihr heraus sprudelt sie.


Und damit sind wir wieder beim Satori. Ein Satori ist die stärkste Erfahrung der Kraft des Seins. Es durchströmt uns mit Glück, und dadurch entsteht eine unerschöpfliche, unzerstörbare Liebe zu allem, was ist.

> *»Ich kenne aber die Liebe und weiß: Sie besteht darin, dass keine Frage mehr gestellt wird.«*

Antoine de Saint-Exupéry hat das so treffend formuliert. Wer im Bewusstsein dessen lebt, was für ein großes Geschenk das Leben ist, im Bewusstsein der individuellen Bedeutungslosigkeit im ewigen Werden und Vergehen, der verschenkt Liebe, weil sie aus der Zugewandtheit zum Leben sowieso entsteht. Der fragt nicht: »Wo krieg ich Liebe her?«, weil er weiß, dass diese Frage einer der größten Irrtümer überhaupt über die Liebe ist.

Unser Erlöser- und Erretter-Liebesdenken lässt uns ständig auf die anderen starren. Auf den Partner, auf *potentielle* Partner, auf Menschen aller Art, die uns weich lieben könnten, glücklich machen, der bösen Realität entheben. Wir suchen das wärmende Öfchen, den Spiderman oder die Zauberfrau der selig machenden Liebe.

Saint-Exupéry will uns etwas Wichtiges klarmachen: Wenn du ständig nach Liebe fragst, nach ihren Bedingungen, nach dem oder der »Richtigen«, dann rennst du an der Liebe vorbei. Denn »sie besteht darin, dass keine Frage mehr gestellt wird«. Fragen musst du, wenn du etwas *haben* willst. Keine Fragen stellst du, wenn du hast, was du brauchst. Wenn du dir bewusst bist, dass die Liebe, die du suchst, bereits da ist, bereits in dir wohnt – als die Strahlkraft des unbesiegbaren Sommers in dir.

Nicht suchen – finden. Nicht bei anderen suchen – in sich selbst finden. Das ist meine Gebrauchsanleitung für das Erlangen von Liebesfähigkeit. Sich des eigenen randvollen Liebespotentials bewusst sein – und nicht andere zwingen wollen, die eigenen leeren Akkus zu füllen.

Ich kann so schlau daherschreiben über die Essenz der Liebe, weil ich lange genug auf der Suche nach ihr war. Ein Gedicht von Erich Fried, das mich viele Jahre begleitet hat, spiegelt die Zerrissenheit, in die uns eine solche Suche stürzen kann:

*NOTWENDIGE FRAGEN*

*Das Gewicht*
*der Angst*
*Die Länge und Breite*
*der Liebe*
*Die Farbe*
*der Sehnsucht*
*im Schatten*
*und in der Sonne*

*Wie viel Steine*
*geschluckt werden müssen*
*als Strafe*
*für Glück*
*und wie tief*
*man graben muss*
*Bis der Acker*
*Milch gibt und Honig*

»Die Länge und Breite der Liebe«. Wenn wir danach fragen, wenn wir sie vermessen wollen, die Liebe unseres Partners, dann verlieren wir uns.

Wenn wir unserer Sehnsucht nachhängen, nach dem Erlöser oder der Erlöserin, dann verlieren wir uns.

Illusionen über Liebesglück fallen steinschlagartig auf uns zurück.

Doch bevor ich mich jetzt in hinkelsteinigen Bildern verliere, breche ich lieber ab und hoffe, dass ich ein wenig vermitteln konnte, was durch Worte mal wieder so schwer zu beschreiben ist: dass wir alle mit einer Flut von Bildern und Geschichten aufgewachsen sind, die von erlösender Liebe nur so triefen, und dass die wenigsten von uns lernen durften, wie wir den starken Quell der Liebe in uns selbst entdecken und uns mit ihm verbinden können. Dann nämlich verliert die Suche ihre Verzweiflung. Dann beginnen wir zu strahlen, anstatt gefallen zu wollen.

Und dann, ja dann wird Liebe zwischen zwei Menschen auf einer ganz anderen Ebene möglich. Wenn keiner den anderen retten muss, verlieren Liebesgeschichten ihren tragischen Charakter. Aus der Fülle zu lieben geht besser als aus dem Mangel heraus.

Natürlich ist es notwendig, eine Liebe zu hegen und zu pflegen, sie mit Respekt, Empathie und Kreativität zu düngen – das wissen wir alle. Oft gelingt's, oft nicht. Aber darum geht es hier nicht. Wir könnten darüber nachdenken, wie damit umzugehen ist, wenn der eine liebesfähiger scheint als der andere. Alle Beziehungen sind asymmetrisch. Doch das hier ist auch keine Paarberatung. Selbst wenn es jetzt sehr reizvoll wäre, noch ein bisschen den schönen Buchtitel des Ehepaars Zurhorst auf seine praktische Umsetzbarkeit hin zu prüfen: *Liebe dich selbst, und es ist egal, wen du heiratest.* Wir bleiben besser beim Thema. Nämlich bei der Frage nach der Essenz der Liebe: Worin besteht sie, wo finde ich sie, lohnt sich die Jagd? Ziemlich gewagt, auf wenigen Buchseiten eines *der* Themen der jüngeren Menschheitsgeschichte abhandeln zu wollen. Ich versuche es ja auch nur partiell. Botanisch sozusagen; soweit es dem prachtvollen Garten des unbesiegbaren Sommers in uns entspringt.

Also: Jeder von uns trägt sie in sich, die Quelle für Liebe. Klein, mittelgroß, groß, riesig, je nachdem. Häufig ist sie allerdings ziemlich verstopft. Dann hat es nicht viel Sinn, sich einfach hinzusetzen und auf den Liebesblitz in sich zu warten. Denn dazu braucht es ein Portal, das sich geräuschlos und willig zum unbesiegbaren Sommer in uns öffnet. Das ist Voraussetzung.

Wir befinden uns also schon auf einer fortgeschrittenen Erkenntnisstufe. Sich der eigenen Liebesfähigkeit bewusst zu werden, setzt nämlich die Fähigkeit voraus, sich wieder und wieder mithilfe der kleinen Fluchten ins Jetzt zu katapultieren und ein Bewusstsein für die Heiligkeit und Kraft des Seins als zweite Wahrnehmungsebene in den Alltag einzubeziehen. Ob Sie dafür Ihr Satori ausrollen oder lieber etwas anderes nutzen, um Ihre Gedanken zu domptieren und so das Portal nach innen zu öffnen, das wird Ihnen die Erfahrung zeigen. Doch wenn Sie in Kontakt sind mit dem unbesiegbaren Sommer in Ihnen, dann werden Sie nicht nur Glücksgefühle erleben, sondern auch Liebe, die einfach so entsteht. Eine wärmende, verstehende, friedvolle Liebe zu allem, was ist. Zum Hund, der Durchfall hat, genauso wie zum Nachbarn, der grenzwertig stänkert. Letzterer wird sich Ihrer wohlwollenden Liebe wahrscheinlich schnell entziehen. Schade für ihn. Zumindest aber werden Sie nicht negativ infiziert.

Es macht einen riesengroßen Unterschied für unseren Alltag, ob wir in der Gewissheit leben, ein gut gefülltes Liebesreservoir in uns zu haben oder nicht. Mit der Zeit werden Sie ein Gespür dafür entwickeln, wie hoch der Liebespegel in Ihrem Inneren steht. Das Dumme ist nur: Je niedriger er ist, desto weniger spüren Sie. Aber auch das kann ja ein sehr aussagekräftiger Gradmesser sein, den Sie zu bewerten wissen. Für mich zumindest ist seit einiger Zeit ganz klar: Wenn ich nachfühle, mit welcher Gestimmtheit ich meine Umwelt betrachte (und sei es die Rose in meiner Badezimmer-Vase), dann weiß ich auch, wie es um meine Portale in Richtung unbesiegbarer Sommer steht. Keine liebevolle Gestimmtheit – kein offenes Tor. Ein Seismograph mit Namen »Herzlichkeit«.

Wenn Sie beginnen, auf diesen Seismographen zu achten, dann wird Ihnen vielleicht auffallen, dass liebevolles Verhalten wahnsinnig guttut. Nicht nur Mensch, Tier und Natur, sondern in erster Linie Ihnen selbst. Liebe-voll sein entspannt, wärmt und gibt Frieden. Doch das geht nur, wenn Sie einigermaßen tief verbunden sind mit dem Bewusstsein des ewigen Lebens, das sich in Ihnen manifestiert.

Sie kennen das ja nun: *to be detached*. Immer wieder innerlich aus der Situation heraustreten und die Aufmerksamkeit ganz sacht auf die Farbe der inneren Gestimmtheit lenken. Und irgendwann wird »liebe-voll« zum Normalzustand. Oder zumindest wird Ihnen automatisch bewusst, wenn Ihr Liebesquell auf

Notaggregat brummt und es Zeit wird, sich auf ein Neues durch die Dornenhecke des Gedankenkäfigs zu kämpfen.

Wenn Sie sich also Ihres inneren Liebespegels bewusst sind, dann hat Carl Zuckmayer die passende Bestätigung für Sie bereit:

> *»Liebe ist die höchste Seelenkraft, auch die stärkste Gestaltungsmacht, in unserer Welt.«*

Ist der Pegelstand niedrig, läuft unser Seelenleben im Zustand »*low energy*«. Steigt der Pegelstand, dann steigt die Seelenkraft und Gestaltungsmacht. Umso fataler ist es also, wenn wir uns ausschließlich von der Liebeszufuhr von außen, von anderen, abhängig machen. Autarkie ist das Zauberwort!

Zurück zum Anfang des Kapitels – und damit auch das letzte Zitat:

> *»Die große Tragik des Lebens liegt nicht darin, dass die Menschen sterben, sondern darin, dass sie aufhören zu lieben.«*

… weil sie vielleicht nie erfahren haben, wie unendlich viel Liebe in ihnen steckt. William Somerset Maugham, britischer Bestsellerautor, Spion und hadernder Bisexueller, mag andere Bilder verwendet haben als die von Schmerz geschüttelte Gestalt am Grab der Menschen. Doch er gibt uns einen Hinweis für die Beantwortung unserer Ausgangsfrage, nämlich *welche* nicht gelebte Liebe im Augenblick des Todes so furchtbaren Schmerz bereitet. Unsere eigene natürlich! Es ist die Trauer um die vertane Chance, ein Leben in Liebe geführt zu haben. Es ist die Trauer um den gravierenden Irrtum unserer Zeit, dass Liebe auf wenige Menschen zu beschränken sei und vor allem, dass sie auf der

Haben-Seite verbucht wird. Es geht darum, Liebe zu GEBEN, umfassend und immer, mal mit hoher Frequenz, mal mit niedriger.

Wie viel Wärme und Glück verpassen wir zeit unseres Lebens, wenn wir warten und warten und warten, bis die Liebe kommt, die bleibt. Wie abgrundtief schrecklich, vielleicht erst in den letzten Lebenstagen oder -minuten entsetzt feststellen zu müssen: Sie ist nicht gekommen – denn sie war immer schon da. Ich habe den wertvollsten Schatz meines Lebens … achtlos übersehen. Und die Chance, ihn zu heben, ist für immer vorbei.

# 14

# Auf den Hund gekommen

## Tiere als Türöffner zum Sein

Jetzt wird's etwas speziell. Es geht um Tiere als Lehrer des Menschen. Ich bin nämlich davon überzeugt, dass sie uns jede Menge Portale aufstoßen können in Richtung Fülle des Seins. Wenn wir uns dazu herablassen, in ihnen tatsächlich Lebens-Lehrer zu sehen.

Kinder können natürlich die noch viel besseren Lehrer sein, doch da ich nun mal keine habe, schreibe ich über Hunde. Und über eine Katze. Wer mit Haustieren nichts anfangen kann, blättert am besten gleich weiter.

*»Der Hund ist der sechste Sinn des Menschen.«*

Es ist wirklich interessant, wie viele große Köpfe und Künstler sich über die besondere Qualität der Mensch-Hund-Beziehung geäußert haben. Offensichtlich, weil sie mit ihren Tieren ein erfüllteres Leben führten als ohne. Weil sie sich mit ihnen wärmer, lebendiger und emotionaler fühlten. Weil sie (natürlich ohne sich dessen bewusst zu sein) mit ihnen durch die Hundeschule gegangen sind – die für Menschen.

Das mit dem sechsten Sinn war Friedrich Hebbel, ein deutscher Dramatiker des 19. Jahrhunderts. Er schrieb den Hunden demnach sogar außersinnliche Fähigkeiten zu, denn dafür steht ja nun mal der sechste Sinn. Als zweifache Hundebesitzerin bin ich davon überzeugt: Hunde *haben* außersinnliche Fähigkeiten, aber solche, die weit entfernt sind von Hexerei und Spökenkieken. Im Gegenteil: Außersinnliche Fähigkeiten besitzen sie, weil sie ihre fünf Sinne enorm konzentriert dafür nutzen, ein möglichst angenehmes, spannendes Leben zu haben – und so genau dort landen, wo wir auch gern wären: mitten in der Kraft der Gegenwart. Wir Menschen können uns Hunde zum Vorbild nehmen und mit deren »Unterstützung« immer wieder üben, bewusst im Augenblick zu sein. Weil Hunde genau das von ganz alleine leben, sind sie für uns großartige Lehrer auf vier Pfoten.

Kurz meine eigene Hundebiografie. Wie viele Kinder habe ich mir als kleines Mädchen einen Hund oder eine Katze gewünscht. Ich bekam weder noch. Zu viel Verpflichtung, zu viel Mühe, zu viel Angebundensein, hieß es. Meine Mutter war (sicher zu Recht) der Meinung, dass die gesamte Hund-oder-Katzen-Betreuung – außer Rumtoben, versteht sich – an ihr hängenbleiben würde. Also bekam ich eine griechische Landschildkröte und Wellensittich Pepi. Die Landschildkröte war hübsch anzuschauen, wie sie im Sommer in ihrem Freigehege kantig-kauzig Grasbüschel und Steine umkurvte. Sie verschlang Berge von Gemüse und Salat und war ansonsten stinklangweilig. Besonders im Winterschlaf. Pepi war lustig. Sein Keckern, Pfeifen und Krächzen war preisverdächtig, ebenso wie seine Flugrunden in meinem Zimmer, die immer mit Schmackes auf meinem Kopf zu enden pflegten. Er knackte seine Körner und Knabberstangen zum Teil so energiegeladen, dass ich kichern musste. Große Freude über seine Fantasie und Lebenslust – das war's, was ich mitnahm als Zwölfjährige.

Dann kamen Abitur, Studium, Referendariat, Lehrerjahre, ein zweifacher Jobwechsel, mehrere Städtewechsel und zwei Jahrzehnte mit täglichen Sendungen. An Haustiere war da nicht zu denken, keine Chance. Das Thema war komplett außer Sichtweite. Weder Kind noch Hund.

2007 gab ich – nach langer und reiflicher Überlegung und nach exakt zehn Jahren – die tägliche ZDF-People-Sendung *Leute heute* auf. Ich wollte freier leben, mich mehr auf den randvollen Terminkalender meines Mannes einstellen können – und ich wollte mich beruflich verändern: weg vom People-Journalismus und ganz dorthin, wo ich mich eh schon immer parallel engagiert hatte: in Politik, Wirtschaft und in das ganze Spektrum an Umweltfragen.

Und plötzlich war völlig klar: Ich komme auf den Hund! Das war eine reine Bauchentscheidung. Natürlich machte ich mir über Rasse, Erziehung und Betreuungsmöglichkeiten Gedanken, nicht aber über die Frage, ob oder ob nicht. Das stand fest. Ich wollte einfach. Mein Bauch wollte, und mein Herz auch. Trotz all der Wärme in meinem Leben durch Menschen um mich herum. Ein Hund! Da ich nun mal keine Ahnung hatte in Sachen Hundehaltung, las ich jede Menge Bücher und fragte befreundeten Hundehaltern Löcher in den Bauch. Und dann war plötzlich Lupo da, ein Entlebucher Sennenhund. Heute ist er fünf.

Auf der Autofahrt in sein neues Zuhause – gerade zehn Wochen alt und frisch getrennt von seiner Mama – war er überraschend entspannt. Doch abends schien er so langsam zu verstehen, dass das jetzt ernst gemeint war. Ein neues Leben. Ohne Geschwister, ohne Mama. Und er begann bitterlich zu weinen. Ich verschwendete keinen Gedanken an die klugen Ratschläge in den Welpenerziehungsbüchern. Von wegen fiepen lassen in seiner kuschligen Hundebox mit tickendem Wecker, der an Mamas Herztöne erinnern soll und mit einem Handtuch mit Mamas Geruch umwickelt ist! Ich nahm den Kleinen, legte mich im Schlafzimmer auf den Teppich (Hund auf *keinen* Fall ins Schlafzimmer lassen!), wo er auf meinen Bauch krabbelte und sofort selig einschlief. Ich zwar nicht unbedingt, aber es war eine großartige Freundschaft geboren.

Heute sind es zwei, bei denen ich in die Hundeschule gehe: Vroni ist noch dazugekommen, eine Große Schweizer Sennenhündin, zwei Jahre alt. Von den wichtigsten Lektionen, die ich von meinen beiden Privatlehrern erhalte, möchte ich nun erzählen.

Zunächst sind natürlich Lernwille und Lernfähigkeit die Voraussetzung für eine Lebensschule jeder Art. In meinem Fall war zumindest der Lern*wille* ganz klar da. Denn von Lupos und meiner ersten gemeinsamen Nacht an war mir klar: Dieser pieselnde, freche kleine Kerl könnte mir ein paar wichtige Dinge in Bezug darauf zeigen, wo's langgeht im Leben … Mit meiner Lern*fähigkeit* war es dagegen nicht ganz so weit her, was hauptsächlich meinem Pflichtbewusstsein geschuldet war. Meine Hundegedanken drehten sich in der ersten Zeit fast ausschließlich um Impfungen, Erziehung, Stubenreinheit, optimale Ernährung, soziale Kompetenz (Spielgruppen! Hundewiese!). Neben all meinen Jobs und anderen Verpflichtungen hat es da einige Zeit gebraucht, bis ich so viel Souveränität als Hundehalterin entwickelt hatte, dass ich dann doch irgendwann schulreif wurde.

## LEKTION 1: Gemeinsam das Leben feiern

*»Mit einem kurzen Schwanzwedeln kann ein Hund mehr Gefühle ausdrücken als ein Mensch mit stundenlangem Gerede.«*

Louis Armstrong war sicherlich keiner, der gern intellektuell herumdiskutierte. Deshalb lenkt er auch unsere Aufmerksamkeit auf die Sache mit der Rute. In ihr zeigt sich wunderbar, was Hunde gemeinsam mit uns haben und wo sie uns überlegen sind. Beide sind wir Rudelwesen, die eine starke Individualität und ausgeprägte Charaktereigenschaften entwickeln können. Worin uns unsere Vierbeiner meist überlegen sind, ist ihre ungefilterte, pure Emotionalität. Wenn wir Menschen uns freuen, klemmt üblicherweise der Wort- und Gedankenfilter dazwischen, der unser unbändiges Gefühl der Freude ordentlich kontrolliert und zu einem lauwarmen Ausdruck unserer Emotionalität bändigt. Das Maximum ist dann vielleicht, dass wir uns herzlich umarmen.

Wenn ein Hund uns nach einiger Zeit der Abwesenheit begrüßt, dann wedelt, juchzt, kugelt und japst er in einem Ausmaß, das wir vielleicht ansatzweise zeigen, wenn wir im Fußballstadion sitzen und beim entscheidenden Tor unserer Mannschaft von Zehntausenden mitgerissen werden.

Hunde kennen im Gegensatz zum Menschen keine Emotionsfilter. Natürlich ist es gut, dass das bei uns anders ist und wir uns auch beherrschen können, doch mit einem Hund an der Seite können wir wunderbar üben, diese Filter auch mal auszuschalten und ungehemmt das Leben zu feiern. Das muss ja nicht unbedingt in einer belebten Fußgängerzone geschehen. Aber gemeinsam toben, auf dem Fußboden kugeln, jubeln, sich kraulen, quietschen und dummes Zeug anstellen – das gehört auch sonst nicht wirklich zu unseren Alltagsbeschäftigungen, oder?

Wenn Sie's bewusst tun – sozusagen als gemeinsame Lebens-feier, dann öffnet sich spontan ein Tor nach innen, das Sie gna-denlos glücklich sein lässt. Warum? Weil Sie damit Ihren Ge-dankenschwarm domptieren. Mitten in solch einem sinnfreien Blödsinn hat Ihr Intellekt nämlich keinen Platz.

Gemeinsam bewusst das Leben feiern, das geht großartig mit einem Hund, und natürlich gibt es dafür tausend Varianten. Ma-chen Sie, wenn Sie Hundebesitzer sind, ein ganz intimes Ritual daraus, für Sie und Ihren Hund, zum Abschalten des Gedanken-schwarms. Das ist ein großartiger Lerneffekt fürs Leben.

## LEKTION 2:
## Ungefiltertes Gefühl in allen Facetten entdecken

Diese Lektion baut auf der letzten auf. Jeder Hundebesitzer kennt das: Hunde drücken ihre Gefühle so entwaffnend unge-filtert aus, dass wir baff sind. Und genau diese Unverklemmt-heit dürfte ein guter Grund sein, weshalb uns diese Vierbeiner so faszinieren. Mitgefühl, Eifersucht, Trauer, Liebe, Angst, Wut und eben auch Freude – wir Zweibeiner haben (wenn wir gut erzogen worden sind) gelernt, unsere Gefühle zu kanalisieren. Das ist natürlich elementar wichtig, wenn es negative Gefühle sind. Doch wenn wir nicht aufpassen, ist irgendwann das gesam-te Gefühlsspektrum kanalisiert, um nicht zu sagen: blockiert. Spontan sein, herzlich intensives Mitgefühl zeigen? Fehl-anzeige.

Als ich vor kurzem eine sehr enge Freundin besuchte – mit Lupo –, wurde sie plötzlich von Tränen übermannt, als sie mir von einem privaten Problem erzählte. Während ich also auf-stand, um sie tröstend zu umarmen, ratterte es in mir schon rauf und runter, was ich ihr raten wollte, welche Lösung ich ihr vorschlagen könnte usw. Noch bevor ich sie überhaupt erreicht hatte, im Sessel gegenüber, war Lupo schon quietschend auf sie zugesprungen, hatte ihr eine Pfote auf den Oberschenkel gelegt und ihr einen besorgten, innigen bernsteinfarbenen Blick zugeworfen. *Das* war es, was meine Freundin erst mal brauchte. Anteilnahme, und zwar pur. Über Lösungen konnte man später diskutieren. Mein Lerneffekt aus dieser Lektion heißt: Anschauen! Hinfühlen! Mitfühlen! Offen und aufmerksam wahrnehmen, wie Hunde gefühlsmäßig kommunizieren. Denn genau das sind ja ihre Gefühlsausbrüche: eine sprachlich-hündische Verständigung. Sehr schlicht formuliert ist das eine der Erkenntnisse aus der sozio-emotionalen Verhaltensforschung am Wolf und Hund.

Vor einiger Zeit hatte ich das Glück, den enormen Erfahrungs- und Wissensschatz von Günther Bloch anzapfen zu dürfen, der seit Jahren als Wolfsforscher in Kanada lebt. Unser gemeinsames Buch *Was fühlt mein Hund – was denkt mein Hund?* gibt populärwissenschaftlich den aktuellen Stand der Gefühlsforschung beim Hund wieder. Deshalb schreibe ich auch so selbstbewusst von hündischem »Mitgefühl«, von »Trauer«, »Angst« und »Liebe«, wofür ich noch vor wenigen Jahren geprügelt worden wäre. Doch nun hat auch die Wissenschaft die tierischen Gefühle entdeckt.

Also: Wir Menschen drehen uns oft innerlich im Kreis durch die ständige Betrachtung und Bewertung unserer Gefühle. (»Der hat mich verletzt. Wie kommt der dazu? Oder bin ich wirklich so schlecht?« etc., etc.) Hunde grübeln natürlich nicht, sondern gesunde, nicht verhaltensgestörte Hunde kommunizieren über ihre Gefühle. Sie bringen ihre Botschaft auf dem Gefühlskanal direkt rüber, und das war's dann auch. Wenn Lupo mich ungeduldig ankläfft, weil er jetzt endlich mit mir spielen will, ist die Sache klar. Wenn ich ihn dann mit meinem berühmten »Finito!«

frustriere, dreht er ab und legt sich beleidigt ins Körbchen. (Falls kein anderer da ist, den er kläffend auffordern kann.) Es kann aber gut sein, dass er zwei Minuten später hellwach zum Schmusen angeschwänzelt kommt. Botschaft versendet, Antwort bekommen, alles gut.

Meine Lektion daraus: die hundlichen Gefühle – was immer da auch rüberkommen mag – kommentar- und gedankenlos als klare, ungefilterte Energie aufnehmen, als Training in wortloser Kommunikation sozusagen. Ich übe, die Gefühlswelt unserer Vierbeiner ganz bewusst als Lektion fürs Leben aufzunehmen. Das mag etwas gaga klingen, aber probieren Sie es doch einfach mal aus.

Während ich für ein paar Minuten ganz bei Lupo bin, wie er mit enormer Wedelfrequenz hoch konzentriert schnüffelnd einen Ball im Garten sucht, trainiere ich mit dem Kopfausschalten den direkten Kontakt zu finden zum unbesiegbaren Sommer in mir. Es funktioniert!

*»Ich fürchte, die Tiere betrachten den Menschen als ein Wesen ihresgleichen, das in höchst gefährlicher Weise den gesunden Tierverstand verloren hat.«*
FRIEDRICH NIETZSCHE

# LEKTION 3:
## Für diese Verbindung braucht's keinen Ehevertrag

Hunde begleiten menschliche Rudel seit schätzungsweise 30 000 Jahren. So hatten sie genug Zeit, die optimale Überlebensstrategie für diese sehr besondere ökologische Nische zu entwickeln. Sie haben es nämlich unvergleichlich gut drauf, ihren Ernährer Mensch beobachtend zu interpretieren. Sie erspüren unsere Stimmung bereits, bevor irgendein Zweibeiner auch nur einen Blick auf unsere Gesichtszüge geworfen hat. Sie sind an unserer Seite, wenn sie eine emotionale Krise, besondere Hektik oder den Anflug einer Erkrankung wahrnehmen. Sie sind einfach da. Sie suchen unsere Nähe. Sie wollen Teil unseres Rudels sein – und dann bitte auch ordentlich gefüttert werden!

Die Voraussetzung für eine gelungene Hund-Mensch-Beziehung ist natürlich, dass der Mensch sich die Zeit nimmt, eine solche überhaupt aufzubauen, dass er klare Regeln setzt *und* dass er die Hundepersönlichkeit als unverwechselbar respektiert. Seitens des Hundes ist die Bindungsfähigkeit an den Menschen bei den verschiedenen Rassen sehr unterschiedlich stark ausgeprägt. Früh-hundliche Traumata, verursacht durch prügelnde, brüllende, tretende Menschen, können natürlich Komplettblockaden hervorrufen.

Meine beiden und ich hatten das Glück, eine sehr innige Bindung aufzubauen. Und auch für diese gilt (im Vergleich zu meinen ganz nahen Menschenbindungen): Keiner von uns dreien denkt darüber nach. Unsere Zusammengehörigkeit kennt kein Wenn und Aber. Bei Lupo und Vroni ist das sozusagen genetisch programmiert, doch für mich ist das ein kleines Wunder. Denn wir Zweibeiner sind ja nun mal ständig dabei zu bewerten, zu sortieren und einzukasteln.

Der Partner, die Freunde, die Familie: Unbewusst, halbbewusst oder ganz bewusst checken wir permanent, ob die Beziehung stimmt. Ist da genug Zeitinvestition, genug Aufmerksamkeit, genug Freundlichkeit, werden Versprechen gehalten, zeigen sie mir, wie wichtig ich ihnen auf ihrer Werteskala bin? Die Moskitowelt lässt grüßen.

Nicht so mit Vroni und Lupo. Du bist da, Nina?! Super! Komm, lass uns spielen! (Lupo). Komm, lass uns fressen! (Vroni). Die tiefe Freude am Zusammensein funktioniert ohne Worte, ohne Bedingungen. Das ist alles oft beschrieben worden von Hundefreunden quer durch die Jahrhunderte, nicht zuletzt sehr schön von Friedrich dem Großen, dem Windhund-Fanatiker:

> *»Hunde haben alle guten Eigenschaften des Menschen, ohne gleichzeitig ihre Fehler zu besitzen.«*

Na, auf jeden Fall bieten sie uns ein großartiges Training an, täglich, gratis und meistens quietschvergnügt. Es lautet: »kopf-lose« Bindung eingehen. Für uns Hundebesitzer ist ja gerade die tiefe, »treue« Bindung zu unserem Tier ein wichtiger Grund, mit ihnen zu leben … und eine weitere perfekte Trainingseinheit in der Hunde-Schule für Menschen. Auch die lässt sich durch Worte wiederum nur ansatzweise beschreiben. Die bewusste Erfahrung bringt den Trainingseffekt, nicht die Wortwahl der Beschreibung. Egal, wie ich's formuliere – es klingt immer platt.

Trotzdem ein Versuch: Das Gefühl der tiefen Verbindung mit einem Tier kann ein wirksamer Herzöffner für uns Zweibeiner sein, oftmals wirksamer als eine gute Ehe. Die Zweibeiner-Beziehungen sind so vielschichtig, so eingebunden in Alltag und Erledigungen, in Diskussionen, einen Familien-, Freundes- und Kollegenkreis – und natürlich muss da der Intellekt ran. Damit öffnen sich jede Menge Einfallstore für den inneren Terroristen, für den Moskitoschwarm.

In der so viel einfacheren, weil eindimensionalen Bindung zum Hund lässt sich das tiefe Glück dagegen so wunderbar unmittelbar erfahren: Wir! leben! jetzt! WIR SIND. Wir erleben das große Geschenk des Lebens gemeinsam. Du, Hund, genießt es einfach. Und ich bin mir dessen durch deine Hilfe zumindest sehr, sehr oft bewusst.

Fühlen Sie immer mal in sich rein: sich freuen über die tolle Bindung zwischen Hund und Mensch, das ist sozusagen Stufe eins. Stufe zwei beginnt mit dem aktiven Prozess des sich Bewusstwerdens und der Erfahrung, dass uns die tiefe Nähe zum Tier das Herz öffnen kann für die immer wieder überwältigende Erfahrung unendlicher Lebendigkeit. Stufe drei bedeutet, ein paar Minuten komplett abzutauchen, aus der Welt des Gedankenstroms in die andere, wortlose Dimension: in den unbesiegbaren Sommer in uns.

## LEKTION 4:
## Die besondere Heiligkeit des wanstigen Liegens

Vielleicht würde ich es ja am liebsten auch ständig tun und bin deshalb dafür so wahnsinnig empfänglich dafür: Wenn meine Hunde und Katzen wanstig liegen. Sie zelebrieren das komplette Wohlfühlprogramm: hingegossen, sich räkelnd, grunzend, schnurrend – ein ALLES IST GUT eben, aus tiefster Hunde- oder Katzenseele.

Nur um mal kurz mal anzudeuten, wie das so abläuft: Es ist sieben Uhr morgens. Lupo schläft in seinem Körbchen im Schlafzimmer (*im* Schlafzimmer!), Vroni hält meist lieber im Körbchen an der Haustür Wache. Der Wecker klingelt. Ich stehe auf. Lupo erhebt sich dehnend, gähnend in Zeitlupe ebenfalls aus seinem Bett und verfällt sofort in die Yoga-Übung »Der Hund«. Mich lässt er dabei nicht aus den Augen. Dass ich bloß nicht das Zimmer verlasse! Er wirft mir noch einen besonders schlaftrunkenen Kulleraugenblick zu, dann kommt er auf mich zugerobbt (sein Bauch schubbert auf dem Teppich).

Bitte eine kleine Rückenmassage! Kriegt er. Nach ein, zwei Minuten rollt er sich auf den Rücken, grunzt dabei und schnauft.

Bitte Bauchkraulen!!! Seine Entspannung ist so abgrundtief, dass er sich wohlig die Schnauze schleckt. Wenn ich mich dann ausgekrault habe, verlasse ich ganz leise das Zimmer. Lupo bleibt liegen. Der Bauch liegt frei, die Beine ragen in alle Himmelsrichtungen, er schnauft. Wanstiger geht's nicht!

Allein das Zuschauen lässt mich dahinschmelzen. Dieses Tier ist sich in seiner Entspanntheit zu 100 Prozent seines Körpers bewusst (und sein Gehirn ist zugleich zu 100 Prozent in Alpha-Schwingung, das wette ich). Da ist keine Tu-Liste, die im Hinterkopf kreist, und kein Auto, das zum TÜV muss. Einfach nur SEIN. 100 Prozent SEIN.

Eine perfekte Übung für uns! Hinschauen und mitschwingen. Ein tiefenentspanntes Tier ist ansteckend. Die einzige Voraussetzung für eine Infektion mit dem Virus relaxantus ist, uns voll und ganz aufs Schauen zu konzentrieren. Na ja, offen gestanden ist das natürlich eine kleine Meditation.

Hier noch ein anderes Beispiel, von Luna, unserer ungefähr dreijährigen Perserkatze aus einem italienischen Tierheim. Nach einem Jahr bei uns hat sie endlich begonnen, zu vertrauen und sich sicher zu fühlen. Wahrscheinlich das erste Mal in ihrem Leben. Die einstmals scheue Eckensitzerin thront jetzt im Korb auf der Fensterbank und harrt ihrer Streicheleinheiten. Wenn sie die dann bekommt, drückt sie so innig Kopf und Körper gegen die menschliche Streichelhand, dass es schwerfällt, sie wieder allein zu lassen. (Was sicherlich beabsichtigt ist.)

Nachts sitze ich oft am Küchentisch und lese in Ruhe Zeitung, Luna auf dem Schoß. Ich kraule, sie schnurrt. Ich kraule weiter, sie gähnt und schnurrt lauter. Ich kraule weiter, sie streckt sich und schnurrt noch lauter. Ich wäre schön blöd, wenn ich mich von diesen Vibrations nicht anstecken ließe. Nicht dass ich zu schnurren beginnen würde, aber Sie wissen natürlich: Ein Tier in solchem Entspannungszustand auf dem Schoß oder Arm zu haben ist ein hervorragender Anlass für eine kurze, intensive Meditation. Der Gedankenschwarm verflüchtigt sich, wenn wir uns vollkommen auf den Frieden konzentrieren, den das Tier verströmt. Ein Frieden, von dem wir spüren, dass er ebenso in uns existiert; den wir ganz leicht erreichen können, wenn wir die Moskitos verscheuchen und uns öffnen für ihn. Tiere helfen uns großartig dabei.

Meine Lieblingsübung mit Tier: wanstiges Löffelchenliegen. Bitte nicht weitersagen, es könnte peinlich sein. Zehn Minuten mit meiner großen Vroni (41 Kilo) auf dem Boden liegen, Moskitos verscheuchen, sich ganz auf ihren atmenden (schnarchenden), wärmenden Körper konzentrieren, gemeinsam das Leben fühlen, das in uns beiden pulsiert, und eintauchen in den großen Frieden. Ich kann Ihnen versichern, das ist ein hochwirksamer Reset in anstrengenden Zeiten.

*»Alles Wissen, die Gesamtheit aller Fragen und Antworten sind im Hund enthalten.«*

FRANZ KAFKA

# 15

# Der letzte Ernst
# der Dinge ist heiter

## Humor ist lernbar

Mit 15 habe ich meine große Sehnsucht nach Berlin entdeckt. Seit ich denken kann, waren wir – Mutter, Vater, Schwester, ich – jedes Jahr mindestens ein- oder zweimal bei unserer Verwandtschaft in Westberlin zu Besuch gewesen. Meine Eltern waren waschechte Berliner und haben mich, die in München geboren wurde, sogar mit Spreewasser getauft. Beide wollten jedoch nie wieder zurück in die eingeschlossene Stadt. Nach dem Hitler-Terror nun von einer sozialistischen Diktatur drangsaliert werden? Nein danke.

Schon als jüngeres Mädchen hatte ich die Berlinbesuche immer spannend gefunden. Nicht unbedingt die Fahrt aus dem Zonenrandgebiet Braunschweig dorthin und auch nicht die ewige Warterei an den Kontrollposten, die holprige Autobahn und die Volkspolizei, die überall lauerte, um Westdeutsche abzukassieren, die das vorgeschriebene Schneckentempo nicht einhielten ... Doch der Funkturm hatte immer so nett gegrüßt, und der kleine Berliner Bär auf dem Mittelstreifen der Avus auch. (Meine Mutter war es, mit verstellter Stimme.)

Wir wohnten bei der Oma im Wedding, vier Treppen hoch ohne Fahrstuhl, dafür mit Kohleheizung, und es gab immer gigantische Butterstullen. Die fand ich toll. Und die Besuche bei den übrigen Verwandten auch. Der Großteil der beiden Familien war noch oder wieder in Berlin. Bis auf die Oma lebten alle in schickeren Vierteln, in Dahlem oder Zehlendorf. Ich war einfach fasziniert von der Größe der (halben) Stadt, von der riesigen Straße des 17. Juni, von der Ruine der Gedächtniskirche, von der bedrohlichen Mauer. Alles atmete noch den Krieg und die Teilung. Und das »freie Berlin« hinter der Mauer döste grau im Dornröschenschlaf.

Doch das Berlin, das mich dann später, mit 15, in Ekstase versetzte, wenn ich nur daran dachte, das war das andere, das schräge, unvernünftige, das ausgehende Achtundsechziger-Experiment. Alles vibrierte, alles tickte anders, flippte anders. Im West-Berlin Anfang der siebziger Jahre fühlte sich die jüngere Generation als heimliche Avantgarde der Bundesrepublik. Nach dem Abebben der Studentenrevolte kamen die Drogen, die Müslis, die Konsumverweigerer, die Rumhänger, die Selbstverwirklicher. Die Wohngemeinschaftler und Bundeswehr-Vermeider waren ja eh schon da. Berlin war wie eine Insel hinter dem Winde, ein Dschungel für alternative Lebensentwürfe – und ein Horror für die Etablierten, die Fleißigen, die »Kleinkarierten« in Westdeutschland.

Für mich als Tochter aus besserem Hause mit strenger Erziehung und noch dazu vom platten Braunschweiger Land war Westberlin *die* Verheißung schlechthin. Freiheit! Abenteuer! Magie des Lebens! Ich entwickelte plötzlich eine (für meine Eltern zunächst völlig unverständliche) Sehnsucht nach Tante Gabriele, ihrem Mann Gerhard und nach meiner Oma.

Onkel Gerhard Puchelt war ein bekannter Pianist und führte ein offenes Haus; Künstler und Intellektuelle gingen bei ihm ein und aus. Oma Margarethe im Wedding war eine herzensgute Frau, die sich einfach nur riesig freute, wenn ich bei ihr in der Küche saß. Beide, Oma und Onkel, hatten etwas Entscheidendes gemeinsam: Sie ließen mir Freiheit. Ich musste abends um 22 Uhr zu Hause sein, tagsüber aber konnte ich machen, was ich wollte. Welch eine Chance, um das Dschungelleben Berlins zu erkunden!

Meistens nahm ich auf meinen Reisen nach Berlin eine Braunschweiger Freundin mit. Wir besuchten Ausstellungen und gingen ins (moderne) Theater – vor allem aber saßen wir auf den Treppenstufen der Gedächtniskirche und in sämtlichen angesagten Kneipen und Cafés der Stadt. Letztere waren ja auch tagsüber rappelvoll.

Heute denke ich: Hui, da habe ich aber Glück gehabt, dass ich nur Kerle kennengelernt habe, die noch einigermaßen sozial kompatibel funktionierten! Harmlos Durchgeknallte, Alternative, Philosophiestudenten, Künstler, Touristen … Ich war wahnsinnig neugierig auf die tausend Schattierungen des freien, unangepassten Lebens. Aus diesem Grund ließ ich mich auch auf keine meiner flüchtigen Berliner Bekanntschaften näher ein: Ich wollte so viele Lebensentwürfe wie möglich kennenlernen, wollte einfach nur verstehen, wie freies Leben geht. (Dazu gleich im nächsten Kapitel mehr.)

Fast jeder dieser oft schrägen Begegnungen wäre es wert, erzählt zu werden, doch darum geht es mir hier nicht. Hier möchte ich von einer Lektion berichten, die mir diese herrlich durchgeknallten, unangepassten, aus allen Rollen und Normen gefallenen Menschen, zu denen ich nun ganz bewusst den Kontakt suchte, gnadenlos erteilten.

Ich kam ja, das muss vorausgeschickt werden, aus der ultra-ideologischen linken Studentenszene der Braunschweiger TU (obwohl ich damals noch zur Schule ging, 12. Klasse). Ich hatte mich von meinen streng konservativen Eltern abgelöst, indem ich mich in der *noch* verkopfteren Links-Intellektuellen-Szene rumtrieb. Nun hockte ich also in den Szene-Kneipen Berlins herum, und meinte, mit meinen Marx-Lenin-Mao-Tse-tung-Kenntnissen Eindruck schinden zu können.

Doch das klappte nicht so recht. Denn diese entspannten Menschen, die ich traf, verklickerten mir recht schnell, dass ich nicht nur total verkopft, sondern als logische Folge davon auch ebenso humorlos war. Das klang dann in etwa so: »Hey! Du bist ja echt interessant in deiner engagierten Suche. Toll, wie du dich da reinhängst. Aber weißt du was? Lern doch einfach erst mal zu lachen! Lern dich zu freuen, Heiterkeit ist lernbar!«

Das saß. Ich spürte ja durch mein aufgesetztes Ego hindurch, dass mein nach außen hin so feistes Selbstbewusstsein auf ach so tönernen Füßen stand. Optisch attraktiv und intellektuell verbohrt – damit erregte ich eine gewisse Aufmerksamkeit, gemessen an meinem zarten Alter. Aber irgendwo dahinter ahnte ich, was mir fehlte: natürliche Emotion, Lachen, Heiterkeit, Leben.

Ich war sozusagen, um mich selbst zu finden, exakt in die falsche Richtung gerannt, eine, in der ich den unbesiegbaren Sommer in mir garantiert noch nicht mal tautröpfchenweise spüren konnte: in eine Welt der theoriegläubigen Linksaußen-Besserwisserei. Ich hatte die beengenden Gitterstäbe der Konvention, die mich in meiner Kinderwelt umgeben hatten, zur Seite gebogen und mich neu erfunden, indem ich mich hinter noch stärkeren Gittern verbarrikadierte. So hatte ich mich gegen die beglückende Erfahrung tiefer Lebendigkeit noch weiter abgeschottet.

Ich erzähle das so schonungslos, weil mir irgendwann die befreiende Erkenntnis kam, dass die Fähigkeit zu tiefer Heiterkeit ein entscheidender Wegweiser in Richtung unbesiegbarer Sommer ist – und dass diese Fähigkeit lernbar ist. Wer sich dem genialen Geschenk des Lebens dauerhaft bewusst verbunden fühlt, der lernt automatisch »seine« Lektion Heiterkeit. Darum soll es jetzt gehen.

> *»Vielleicht ist das Lachen eine der größten Erfindungen Gottes.«*

Ich brauchte eine ordentliche Weile, bis ich diesen wunderbaren Satz von Ephraim Kishon für mich annehmen konnte. Das Lachen als Meisterstück des Schöpfers sozusagen? Und nicht, wie wir gemeinhin vielleicht denken, der Verstand oder das abstrakte Denken? Interessant!

Meine Berliner Lektion hatte mir ja erst einmal gezeigt, wie es *nicht* geht mit der Heiterkeit …

In meiner post-ideologischen Phase begann ich, mich für einen Weg nach innen zu interessieren; wie so viele, die doch irgendwann kapierten, dass die Revolution des Proletariats für die »BRD« keine realistische Perspektive barg.

Unter anderem las ich Bücher von Bhagwan. Ende der Siebziger war sein schillernder Ashram im indischen Poona jedem unter 30 zumindest ein Begriff, und Zehntausende übten in ihrem westlichen Zuhause seine »dynamische Meditation«. Poona schreckte mich. Aber mich mal in einer der viel diskutierten Bhagwan-Methoden zu versuchen, das wollte ich doch. Also meldete ich mich bei einem »Sufi-Tanz-Wochenende« an, das von einem seiner Jünger, also einem »Sannyasin«, geleitet wurde. Dieser Sannyasin zeigte sich dann während des besagten Wochenendes von einer solch aufgesetzten, geradezu gruseligen Heiterkeit, dass mir beim Zuschauen schon schlecht wurde. Die Tanzaktionen kamen mir albern vor, und die erzwungene körperliche Nähe der Teilnehmer empfand ich als Zumutung. Als ich dann irgendwann auch noch 20 Minuten in einen grellen Stroboskop-Blitz starren sollte, um das Diktat meiner Gedanken auszumerzen, brach ich das großartige Erleuchtungswochenende ab.

Heute, aus der Distanz, erscheint mir diese Erfahrung als eine wesentliche, denn sie zeigt, wie wenig es doch braucht, um ein Bewusstsein für die »andere Seite« in uns zu entwickeln. Seminare, Workshops, Retreats, was auch immer, bauen Riesenerwartungen auf. Was wir dann mitnehmen, sind im besten Fall sehr gute Anregungen. TUN, HANDELN, ÄNDERN, das Entscheidende also, müssen wir selber. Und zwar im Alltag, zu Hause, in mühsamer Wiederholung und liebevoller Kleinarbeit.


Zurück zum Lachen als »eine der größten Erfindungen Gottes«. Wir spüren natürlich sofort, ob ein Lachen, ein Lächeln, eine heitere Gestimmtheit aus dem Herzen, also aus der Verbundenheit zum Leben herrührt, oder ob sie zur »Berufskleidung« gehört, aufgesetzt ist. Bhagwans Gebote schrieben vor, dass sich der »Quell des Lebens« durch überschäumende Freude zu manifestieren habe. Also hatten seine Jünger permanent glückstrunken zu sein, da sie sonst ja keine richtigen Sannyasins gewesen wären. Und als solcher fühlte man sich den normalen, stinkigen Westlern wahnsinnig überlegen.

Die Bhagwan-Bewegung hat der seriösen Suche nach einer neuen Bewusstseinsebene daher in meinen Augen enorm geschadet. Auch Bhagwan hantierte mit jenen Vokabeln, ohne die sich niemand austauschen kann, wenn er seriös auf diesem Terrain unterwegs ist. Auch er sprach vom »voll im Augenblick leben; annehmen, was ist; Veränderung ist Chance« etc., etc. Doch die ihm ergebenen Schüler waren ganz und gar nicht dazu angehalten, sich selbst-bewusst im eigenen Tempo und in eigener Verantwortung auf die Suche nach ihrem individuellen Instrumentarium zu machen, das ihnen Portale nach innen öffnet. Stattdessen wurden sie in klassischer Sekten-Abhängigkeit gehalten, inklusive horrender Zahlungen, die sie zu leisten hatten.

Bhagwan erreichte eine ganze Generation, die im Aufbruch nach innen war – und schlug ihnen zugleich die Tür vor der Nase zu. Welcher aufgeklärte junge Mensch hat schon Bock auf Instrumentalisierung? Keiner. Dadurch wurde die spirituelle Suche als solche in weiten Teilen der Bevölkerung fundamental diskreditiert.

Orangefarbene Glückstrunkenheit à la Bhagwan hatte wenig mit authentischer Heiterkeit zu tun – und noch weniger mit Humor. Was also tun, um beides zu entwickeln? Oder gab es da etwa ein entsprechendes Gen? Der eine hat's, der andere nicht?

Natürlich nicht. Zumindest dann nicht, wenn sich die These bewahrheiten sollte, dass man »*the bright side of life*« lernen kann. Lachen, Humor, Heiterkeit – alles trainierbar!?

Durchaus. Denn Heiterkeit ist eng mit dem Bewusstsein für das Geschenk des Lebens verbunden. Sie ist – ähnlich wie Liebe – die Frucht eines sensiblen Gespürs für die Lebendigkeit, in uns, in allem. Wenn mir bewusst ist, was wichtig ist und was nicht, kann ich über viele Dinge lächeln. Nicht von oben herab, klar, denn »jeder hat das Recht auf sein eigenes Angst- und Denksystem« (Sie kennen den Merksatz von Jens Corssen schon), sondern immer aus der Perspektive des Respekts, der Toleranz.

Heiterkeit entsteht aus der Überzeugung, dass das Jetzt genug ist, dass alles reicht, was ist. Dass nichts »mehr« sein muss. Dass nichts fehlt zum Glück. Weil die bewusste Wahrnehmung der Kraft des Lebens in uns und um uns herum genug Anlass zur Freude ist. Tiefe Heiterkeit ist ein Lebensziel. Schön, wenn wir es erreichen, während wir noch jung sind. Sehr tiefe Heiterkeit kann sogar stressresistent machen. Aber dann muss sie schon sehr tief sein …

*»Stress ist immer noch der größte Herzensbrecher.«*

Das sagt ein Fachmann für Innere Medizin, Professor Gerhard Uhlenbruck, und meint damit den Herzinfarkt. Ich meine, Stress killt auch die Fähigkeit zu lieben – und die Fähigkeit zu Heiterkeit. Stress macht den Atem flach, säuert somit das Blut, erhöht den Cortisolspiegel (was dick macht) und lässt einen vorzeitig altern und krank werden.

Was Stress für den unbesiegbaren Sommer in uns bedeutet? Er blockiert sämtliche Portale dorthin. Und weshalb? Weil er uns radikal aus dem Driver-Seat unseres Lebens verdrängt. »Es« treibt uns, »es« macht uns atemlos, »es« macht uns zum Opfer. »Es« – das sind die »Zuviels«, das ist die giftige Melange aus Termindruck, Erfolgsdruck, Multi-Tasking, alles-auf-einmal-aber-das-bitte-ganz-schnell.

Das Thema ist seit Jahren eines der wichtigsten für unser mentales Überleben. Dazu gibt es Hunderte Bücher zu lesen. Zum Selbst-Management, zur Kunst der Selbst-Organisation und des Nein-Sagens brauche ich daher nichts zu sagen.

Stress ist also da. Überall. Was kann man tun, damit die selige Heiterkeit nicht im Cortisol ertrinkt? Humor haben! Humor ist ein wunderbares Mittel gegen Stress. Humor ist ein Instrument der Heiterkeit, er dient zu ihrem Selbstschutz. Humor hält uns im Driver-Seat, er schafft Distanz zum Wahnsinn. Humor *ist* heitere Distanz. Allerdings muss er dafür besonders geübt werden, nachhaltig und regelmäßig. Ich übe ständig, schließlich habe ich ja auch recht spät damit angefangen. Humor ist ein großartiges Fitnessstudio für die Seele.

Uns Deutschen liegt Humor allgemein nicht so im Blut, Weltmeister sind wir in anderen Disziplinen. Deshalb gilt es umso mehr, verschworene Humor-Cluster zu bilden, Geheimbünde zur Aufhellung humorfreier Zonen. Wir brauchen humorbegabte

Trainer, die mit Leichtigkeit vorleben, wie das mit dem Befreien geht. Besonders wie das geht mit dem Befreien von Stress.

Eine extreme Stresssituation in meiner TV-Biografie erlebte ich im Jahr 1995. Ein knappes Jahr zuvor hatten wir die ZDF-Nacht-nachrichten *heute Nacht* gestartet. Die Quote war mäßig, insofern gab es entsprechend viel Häme, und wir hangelten uns nun so langsam auf den aufsteigenden Ast.

Es war ein ruhiger Abend, 45 Minuten vor Sendebeginn um Mitternacht. Ich hatte gerade den letzten Text geschrieben, der Drucker spuckte die Vorlagen für die Kollegin am Teleprompter aus. (PC-gesteuerte Systeme gab es noch nicht.)

Zufällig fiel mein Blick auf den Bildschirm, der das ZDF-Programm zeigte ... und mir blieb die Luft weg: Es lief der Vorspann zu unserer Sendung! Kein Zweifel, da baute sich das Logo auf: *heute Nacht*, die Animation mit unserer Erkennungs-musik!

Und ich war zwei Stockwerke über dem Studio und hatte keinen Prompter-Text. Mein Gehirn setzte aus. Nicht aber meine Reflexe! Ich griff die unformatiert ausgedruckten Moderationen, rannte aus dem Büro und brüllte »Achtung! Alptraum! Versteckte Kamera! Wir sind auf Sendung!«. So zerzaust wie atemlos kam ich im Studio an. (Den Opening-Trailer hatten die Techniker so lange eingefroren.)

Das rote Licht ging an, und ich japste: »Die Nachrichtenlage hat uns etwas ins Schwitzen gebracht.« Und das an einem völlig entspannten Nachrichtentag ... Blödsinn, natürlich, doch was Lustigeres fiel mir leider nicht ein, und ich musste ja irgendwie mein Japsen erklären.

In diesem Augenblick wurde mir ein weiteres Mal so richtig, so ganz richtig bewusst: Humor hilft! Und: Humor kann man trainieren! Ich befand mich damals noch auf einem sehr niedrigen Trainingsniveau, aber immerhin wurde mir klar: Übe deutlich mehr, dann ist er da, wenn du ihn brauchst.

Die Sendung lief rund, auch ohne Teleprompter. (Ursache für den Frühstart war übrigens ein urplötzlicher technischer Ausfall der Vorlauf-Sendung gewesen.) Trotzdem verfolgt mich die Situation: »Sendung geht los, aber ich bin nicht da und habe auch keine Texte« in diversen fiesen Varianten bis heute in meine Alpträume.

*»Es ist leicht, das Leben schwer zu nehmen, und es ist schwer, das Leben leicht zu nehmen.«*

Jawohl, werter Erich Kästner! Humor zur Stressbekämpfung und für Lebensfülle zum Dauerbegleiter zu machen, als Riechfläschchen zur Befreiung der Sinne sozusagen, das ist Arbeit. Richtig harte Arbeit. Aber wenigstens hält genau das, was schwer zu lernen ist, oft länger.

Ich selbst bin weit entfernt von der Meisterschaft in diesem Fach – und das geht vielen anderen ja leider auch so –, doch für meinen beruflichen Hausgebrauch habe ich endlich einiges gelernt.

Ein Beispiel: Ich sollte ein gigantisches Firmenjubiläum moderieren. 2000 Gäste wurden erwartet, nur die Top-Namen aus Politik, Gesellschaft, Wirtschaft. Jahrelang hatte man an der Vorbereitung gearbeitet, nichts wurde dem Zufall überlassen. Und dann, am Vortag des Jubiläums, nach den ersten Stellproben mit der Regie, ereilte uns plötzlich die Nachricht, dass das Zubringer-Autobahnkreuz wegen eines Tanklaster-Unfalls komplett gesperrt sei. Wahrscheinlich für mehr als 24 Stunden. So konnte ein Großteil der Musiker und Künstler, aber auch der Redner nicht zur Probe erscheinen. Auch am nächsten Morgen, bei der Generalprobe, war nur eine Teilbesetzung da. Und schließlich, ein, zwei Stunden vor Beginn der Veranstaltung, ging ein grandioser Gewittersturm nieder. Der Helikopter des Bundespräsidenten konnte nicht pünktlich landen, und viele andere Flüge waren ebenso verspätet.

Was hilft gegen den Stress, der in so einer Situation entsteht? Natürlich Humor! Es ist, wie es ist, wir werden das Beste daraus machen und sogar Spaß dabei haben. Jede Hiobsbotschaft mit Humor zu nehmen nimmt der Situation ihr Stresspotential. Verspätung, Programmumstellung, das Streichen mancher Parts, während man andere ordentlich streckt ... was auch immer bei Live-Projekten so vorkommt: Humor ist das Zauberwort, das uns entspannt bleiben lässt.

> *»Beim Lachen schnellt die Seele ins Gleichgewicht zurück.«*

Schön, das hat mir der ehemalige Feuilletonchef der »Neuen Züricher Zeitung«, Werner Weber, aus dem Herzen geschrieben. Danke! Das ist ein wertvoller Hinweis für jede Journalistenausbildung ...

Humor, ich sagte es schon, ist eine wirksame Methode, um Distanz zu gewinnen. *To be detached.* Es lacht einer über eine Sache nur, wenn er von ihr gelöst ist, wenn sein Ego mal kurz auf stumm geschaltet wird. Denn das Ego startet ja bekanntlich sofort seine Dauerschleife, das »Meckerprogramm«, wenn etwas anders läuft als geplant. Doch das ist reine Energieverschwendung! Wer einmal die Gelegenheit hatte, während einer großen Opern- oder Theateraufführung hinter der Bühne zu sein, der wird zweierlei erfahren haben: Erstens geht irgendetwas immer schief. Und zweitens bewahren sich die Profis dennoch eine überraschend heitere, humorvolle Gelassenheit, sogar während der Premiere und in höchster Konzentration. Humor und große Kunst, die mögen sich sehr.

Humor ist lernbar, ich lasse nicht locker, das zu wiederholen. Humor zu entwickeln erfordert allerdings eine klassische neuronale Umprogrammierung. Will heißen: aus alten Reflexen aussteigen, Automatismen durchbrechen und Neues, Kreatives, Heiteres einbauen. Folglich ist dieser Lernprozess ein längerer – wie alles, was ich in diesem Buch als Bewusstseins- und Haltungsveränderungen beschreibe.

Wenn Sie diesen Weg beschreiten, wird es immer wieder vorkommen, dass Sie das Ziel aus den Augen verlieren, das Gefühl für den Veränderungsprozess – und damit auch für das Ändernwollen. Wenn Sie achtsam bleiben und sich selbst beobachten, Ihre Verhaltensmuster und eben auch Ihre typischen Reflexe, dann werden Sie immer wieder auf den Weg zurückfinden. Auch auf den, das Instrument »Humor« bedienen zu lernen.

Für das Grundtraining bietet der Alltag tausend kleine Situationen, man muss sie nur erst mal als solche erkennen lernen! Jemand klaut Ihnen den Parkplatz vor der Nase weg. Das wichtige Paket wurde beim Nachbarn abgegeben, und der ist in den Urlaub gefahren. Die Reinigung hat Ihre Bluse versaut ... Wenn Sie einmal den Blickwinkel geändert haben und in Hindernissen Humorchancen entdecken, sind Ihrer Fantasie keine Grenzen gesetzt! Wichtig ist, dass Sie den Reflex erkennen, und der geht immer so: erst ärgern, dann meckern.

Werten Sie den Ärgerreflex als »Achtung, Humor!«-Signal, und dann seien Sie mutig, und reagieren Sie einfach anders als gewohnt. Mit Jens Corssen zum Beispiel: »Ah! Ein strahlender Stern auf Parklücken-Hopping!« Womöglich kleben Sie einen Zettel mit einem dicken Smiley auf Nachbars Tür: »Hallo! Sind Sie der Blumengießer von Familie Meier? Mögen Sie mich mal besuchen? Ich kriege mein Paket – und Sie einen Kaffee!« Und für die Dame in der Reinigung fällt Ihnen vielleicht ein Spruch zu deren sicherlich sehr kulanter Versicherung ein ...

Das Leben bietet selbstverständlich noch viel schönere Trainingseinheiten. Nutzen Sie sie! Reagieren Sie anders, humorvoll, heiter, und lösen Sie sich aus dem Stress der Situation. Wenn Ihnen das gelingt, ist die Heiterkeit zu einer tieferen geworden, zu einer, die befreit und Portale öffnet zum unbesiegbaren Sommer in uns.

Zur Kür kommen wir bei Auseinandersetzungen, Streitereien und Rechthaberei mit Menschen, die uns wichtig sind. Je näher uns eine Person steht, desto schwieriger ist es, den richtigen, sprich, humorvoll-heiteren Ton zu finden ohne zu verletzen. Und andersherum genauso: Wenn sich unser Gegenüber beispielsweise alter Vorwurfsmuster bedient, für die wir megasensibel geworden sind, ist es eine große Herausforderung, gelassen zu bleiben und humorvoll zu reagieren. In solch engen persönlichen Verstrickungen aus der Situation herauszutreten und Distanz zu finden ist ein Kunststück. Es gilt ja, spontan überschießende Emotion zu bändigen. Natürlich gibt es dafür kein Patentrezept, da würden ja Unmengen von Psychologen arbeitslos. Und es wäre geradezu dämlich zu behaupten, gravierende Beziehungsprobleme ließen sich mit einem Zaubermittel namens Humor lösen. Aber viele kleine, vertrackte Situationen durchaus!

Ich habe mir eine Zeit lang das Wort »Humor!« fett mit Filzstift auf die rechte Handfläche geschrieben, und immer, wenn ich einen Stressreflex spürte, streckte ich diese flache Hand hoch. Manchmal vor meine Nase, manchmal vor die meines Gegenübers. Das wirkte Wunder!

Das ist ja auch wirklich ein schöner Aha-Effekt. Doch die wesentliche Übung besteht darin, die eigene Reflex-Kette zu unterbrechen. Sich bewusst zu werden, wie unwichtig die Situation vielleicht in Wirklichkeit ist. Oder zu erkennen, dass der andere es gerade braucht, unendlich wichtig zu erscheinen. Oder dass der andere gerade versucht, mich unterschwellig zu etwas zu zwingen …

Bei alldem hilft oft Humor. Ein Spruch – freundlich, heiter, nie verletzend –, und die Stressattacke läuft ins Leere. Um so souverän reagieren zu können, braucht es durchaus eine ordentliche Portion Liebe. Zum Leben, zur Welt, zu den Menschen. Wenn die nicht da ist, wird aus Humor Zynismus oder beißende Ironie, die jede Stresssituation noch verschärfen, weil Ironie und Zynismus so wenig greifbar, so menschenverachtend, so verletzend und zerstörerisch sind.

Also lernen Sie, scharf zu trennen zwischen Humor-Heiterkeit auf der einen und Ironie-Zynismus auf der anderen Seite.

Humorvolle, heitere Reaktionen sind immer lösungsorientiert. Sie helfen, Stresssituationen zu meistern und Stressfaktoren abzubauen. Probieren Sie es aus! Legen Sie »humorvoll reagieren« in Ihren persönlichen Werkzeugkasten für das Öffnen der Portale zu tief empfundener Lebendigkeit.

*»Der letzte Ernst der Dinge ist heiter.«*
RENÉ SCHICKELE

# 16

# Die Freiheit, die ich meine

## Kein Mensch muss müssen

Neulich habe ich mich auf einer großen Messe für Dekostoffe von Bekannten dazu überreden lassen, an einer kleinen Aktion teilzunehmen. Zunächst fand ich sie etwas merkwürdig, doch sie hat sich dann sehr gelohnt. Die Aufgabe bestand darin, spontan einen Begriff, der einem derzeit besonders wichtig ist, auf einen weißen DIN-A4-Karton zu schreiben, sich den Karton vor die Brust zu halten und so fotografieren zu lassen. Das war's.

Ich wunderte mich ein wenig über mich selbst, denn ich zögerte keine Millisekunde, als ich das Wort FREIHEIT! auf den Karton schrieb. Interessant! Ich hatte schon lange nicht mehr über Freiheit nachgedacht, und nun stand sie also da zu lesen.

Freiheit – für uns in Deutschland ist das doch seit der Wende kein Thema mehr, oder? Und im übrigen Europa sieht das doch nicht viel anders aus. Freiheit scheint es satt zu geben. Aber ich hatte sie nun mal auf mein Schild gepinselt, fett und groß: FREI-HEIT!

Und so kam ich ins Grübeln: Welche Freiheit ist denn die, die ich meine? Die äußere, die politisch-gesellschaftliche, oder die innere, die Freiheit meines Denkens, Fühlens und damit Handelns?

Die Antwort war: beide. Deshalb möchte ich zu einem kleinen Exkurs über die äußere Freiheit ausholen, bevor ich mich der inneren widme, die uns hier natürlich unmittelbarer angeht. Beim Thema äußere Freiheit tun sich ja gerade ganz aktuell ein paar Fragen auf. Benjàmin Franklin hat bereits im 18. Jahrhundert die Herausforderung beschrieben, die Freiheit für jeden Bürger bedeutet, und er wusste, wovon er sprach, schließlich gehörte er zu den Unterzeichnern der amerikanischen Unabhängigkeitserklärung:

> *»Wer die Freiheit aufgibt, um Sicherheit zu gewinnen, wird am Ende beides verlieren.«*

Auf politische Bestrebungen, persönliche Freiheiten zu reglementieren, reagiere ich heftig, weil doppelt sensibilisiert. Zum einen bin ich schlicht und einfach Kind meiner Generation, der sechziger, siebziger Jahre. Da wehte ein wunderbarer Wind der Freiheit durch Schulkorridore und Studentenbuden, ein Wind, der uns in Stellung brachte gegen all die, die das Land fleißig und genügsam wiederaufgebaut hatten und nach nichts anderem als Sicherheit strebten, nach all dem selbst gebrauten Wahnsinn des Nazi-Terrors.

Zum anderen hat mich in puncto Freiheit mein Vater geprägt, der als Opfer des Holocaust die schleichende totalitäre Freiheitsberaubung der dreißiger Jahre so eindringlich zu schildern wusste, dass das starke Wurzeln in mir schlug.

Folglich reagiere ich heute empfindlich, wenn der Ruf nach immer mehr Staat laut wird – und er wird seit ein paar Jahren immer lauter. Mehr und mehr Bereiche unseres Lebens, unserer Wirtschaft vom Staat geregelt und »abgesichert«? Sicherheit auf

Kosten der Freiheit? Vielleicht sollten wir darüber noch mal genau nachdenken.

Doch die Mehrheit der Bürger will das offenbar so. Sinkt etwa mit Wohlstand und sozialer Sicherheit das Bewusstsein für den Wert der persönlichen Freiheit? Sinkt es besonders dann, wenn wirtschaftlicher Aufstieg Jahrzehnte der Prosperität beschert hat? Mir scheint, die Krise in Europa ist ein Härtetest für unser Freiheitsstreben in Deutschland. Noch hat sie uns als eines der wenigen europäischen Länder kaum erreicht. Doch der Ruf nach der staatlichen Garantie, dass sich nichts ändern möge an Wohlstand, Lebensstandard, sozialer Sicherheit etc., der dominiert seit Jahren die politische Auseinandersetzung. Und das, obwohl sich die Koordinaten für erfolgreiche Volkswirtschaften weltweit enorm verändert haben.

All das ist wichtig im demokratischen Diskurs, und vielleicht sollten wir noch etwas sorgfältiger über das nachdenken, was Benjamin Franklin uns hinterlassen hat: Sicherheit und Freiheit sind *zwei* Säulen einer Gesellschaft. Wir diskutieren meist aber nur über die eine …

Ich bitte um Verständnis für diesen kleinen Abstecher. Nun zu der Freiheit, die mehr mit dem Thema des Buches zu tun hat: die innere Freiheit, die ein wichtiger Leitfaden sein kann.

Von zwei Erlebnissen möchte ich erzählen, die mich lehrten, dass innere Freiheit und ein erfülltes Leben zwei Seiten derselben Medaille sind und Freiheitsstreben die Grundbedingung für Glück ist.

1969: Ich war 13, trug Rattenschwänze und Faltenröcke und war Mitglied im Braunschweiger Kinder- und Jugendchor. Sopran. Singen fand ich super, nur ansonsten war ich halt wahnsinnig schüchtern.

*»Der Mensch ist frei geboren, und überall liegt er in Ketten.«*

Jean-Jacques Rousseau hatte zu Zeiten der Französischen Revolution zwar die damalige brutale Klassengesellschaft im Visier, doch ich finde, das Bild passt wunderbar auch auf mich als vorpubertierende Nina. Ich hatte das allumfassende »Du darfst nicht, du sollst, du musst« brav angenommen und lebte in einem Käfig fremder Gesetze vor mich hin … bis wir zu einem Chorwettbewerb nach London fuhren, der Kinder- und Jugendchor und ich.

Wir übernachteten in einem Studentenwohnheim, in dem wegen der Semesterferien nicht viel los war. Nur wenige Zimmertüren standen offen. Da lagen dann langhaarige Typen mit noch längeren Zigaretten auf ihren Betten herum und hörten die *Beatles*. Wir schlenderten durch die Straßen um den Picadilly Circus, und vor einem hippen Klamottengeschäft sah ich zum ersten Mal in meinem Leben »Tie-Schörts«. Ich war fasziniert.

Dann kam der Abend vor dem Wettbewerb. Unser Chorleiter Manfred Ehrhorn wollte uns noch etwas Zeitgemäßes und selbstverständlich Musikalisches bieten und entschied sich, mit uns in das Musical *Hair* zu gehen. Ich war mit 13 die Jüngste und durfte eigentlich nicht mit rein, doch niemand fragte nach meinem Personalausweis.

Das Wunder begann mit den Leuten im Publikum. Wie verrückt die aussahen! Die Frauen hatten offene Haare bis weit über die Schultern, den Männern reichten sie sogar bis über die Ohren! Und wie locker die alle drauf waren, wie frei! Wie viel die lachten! Als wäre das Leben ein Vergnügen. Konnte das etwa tatsächlich so sein? Für mich war das eine völlig andere, völlig neue Welt. Und eine reizvolle noch dazu! Hemmungen wie ich? Schienen die hier nicht zu kennen.

Und erst das Musical selbst! Da standen Frauen mit nackten Brüsten auf der Bühne! Ich fasste es nicht. Und wie engelsgleich sie da oben tanzten, so glücklich, so strahlend … so frei! Dazu dann noch diese verrückte Musik … In meinen Ohren waren das magische Songs, es ging darin um irgendwas mit Love and Peace und Moon und so. Mich machte das alles völlig kirre.

Schließlich kam der Höhepunkt: Am Ende, als alle für das Finale auf der Bühne total enthemmt tanzten und sangen, da kam doch tatsächlich dieser wahnsinnig schöne Hauptdarsteller ins Publikum gesprungen und fischte ein Wesen heraus, um es mit ins Bühnengewimmel zu ziehen: MICH! Zum Glück hatte ich mein neu erstandenes T-Shirt an und vorher noch die Rattenschwänze aufgemacht. Auf einmal stand ich also da oben und schaute ins orgiastisch feiernde Publikum, während dieser Prachtkerl neben mir lachte und mich schubste … und schon begann ich selbst zu tanzen, genau so, wie alle anderen um mich es taten. Für mich war das ziemlich komisch, ich war ja gerade in die Tanzstunde gekommen, und was man dort trieb, war das komplette Gegenteil von diesem, na ja, ziemlich unanständigen »Gehüpfe« hier. Doch ich hüpfte wie gedopt mit. Ich fühlte mich plötzlich lebendig, glücklich – frei wie noch nie zuvor in meinem Leben. Es war eine Offenbarung. Ja, so wollte ich leben! Genauso wie diese durchgeknallten, lachenden, singenden, zottelhaarigen Wunderwesen hier auf der Bühne: *Aquarius!*

Von da an war alles anders. Faltenröcke, Rattenschwänze, Klavierunterricht – auf den Müll! Ich fing an, mir per Kassettenrecorder die Songs der Freiheit aus dem Radio mitzuschneiden. Zum Geburtstag wünschte ich mir Jeans und Boots, und ich bekam meine erste LP, von Oma. Jethro Tull. Das war mein persönlicher Durchbruch. Mein »*first step to inner freedom*« und das Startsignal einer Schreckensphase für meine Eltern.

Weshalb ich diese kleine Erinnerung erzähle? Weil ich sie bis heute nutze, als sympathischen Fingerzeig. Ich hole diesen unendlich befreienden Glücksmoment hervor, wenn ich mich mal wieder richtig gemein getrieben, gehetzt und ferngesteuert fühle. »Der Mensch ist frei geboren, und überall liegt er in Ketten.« Die Rückerinnerung an diesen Meilenstein-Moment in meinem Leben, an das Gefühl von ungeahnter Freiheit und überwältigender Lebendigkeit hilft mir beim Reset. Mit einem Satori möchte ich diesen kleinen Kick nicht vergleichen, doch er ist, richtig genutzt, auch deutlich mehr als ein »In-Erinnerung-Schwelgen«. Er liefert mir den Maßstab zum Gefühlsabgleich. Der kindliche, übersprudelnde Vulkanausbruch von damals macht mir heute auf fast spielerische Weise Mut, unwichtigen Denk- und Pflichtenballast abzuschütteln. Nur wer sich bewegt, spürt seine Ketten!

Vielleicht motiviert Sie diese kleine Geschichte, in Ihrer Erinnerung ebenfalls nach befreienden Eruptionen zu stöbern und sie sich selbst als kleinen, bunten Luftballon vor die Nase zu halten, wenn Sie sich mal wieder pflichtschuldigst in Ketten haben legen lassen.

*»Kein Mensch muss müssen.«*

Diese vier Worte tun wahnsinnig gut, werter Gotthold Ephraim Lessing! Denn der Motor für unser unablässig rotierendes Gedankenrad, der wird ja meist vom Müssen angetrieben. Ich würde ja gerne so anders, aber ich muss …! Eine fadenscheinige Entschuldigung für Mutlosigkeit.

Klar, als 13-Jährige »musste« ich zur Schule, zum Konfirmandenunterricht und die verhassten Rattenschwänze tragen. Das Wort »Nein« »durfte« ich meinen Eltern gegenüber nicht verwenden. Gut, sich hin und wieder daran zu erinnern.

Heute, 40 Jahre später, ist alles »Müssen« selbst gemacht. Die Verantwortung meinem Beruf und meinen Tieren gegenüber, die Beziehungspflege zu allen Menschen, die mir wichtig sind, die Vorsorgeuntersuchungen, Zahnarztbesuche: Kein Müssen ist wirklich ein Muss. Aber ich »muss« doch wenigstens arbeiten! Jens Corssen erwidert auf diesen Einwurf cool: Kein Mensch in unserem Land muss arbeiten. Wenn er wirklich-wirklich-wirklich nicht will, kriegt er Hartz IV.

Noch ein Aspekt, weshalb meine Erinnerung an die große Freiheit Nummer sieben für mich so wertvoll ist: Damals musste ich mir die Freiheit erkämpfen – die Freiheit zu leben, wie ich will, zu lieben, wie und wen ich will etc. Heute, als Erwachsene, habe ich alle Freiheiten, besonders auch die, mich um eine höhere Bewusstheit zu kümmern. Ich kann total frei entscheiden. Welch ein Reichtum!

Auch das ist eine hoch effiziente Trainingseinheit: Sich täglich wieder und wieder klarzumachen, dass *ich* das Leben gewählt habe, das ich lebe, und dass *ich* es täglich selbst gestalte. Ansonsten kann ich es ändern. Wer es wirklich will, der kann fast immer fast alles ändern. Und wenn das nicht geht, aus welchen Gründen auch immer, kann er sich immer noch überlegen, ob er nicht Frieden schließen mag mit dem, was er lebt.

Gebrechliche Eltern pflegen, Kinder aufziehen, für den Partner da sein – klar, auch das ließe sich im Prinzip delegieren beziehungsweise eliminieren. Aber wer will das schon? Also haben wir uns bewusst und FREI dafür entschieden. Daher können wir uns auch das Jammern sparen, wenn's mal eng wird.

Das klingt banal, zeigt seine Würze dann im Alltag aber sehr deutlich. Freie Menschen, die sich täglich dessen bewusst sind, dass sie so leben, wie sie leben *wollen*, beklagen sich nicht. Klagen ist ein untrügliches Zeichen für innere Ketten. Wer innerlich frei ist, fühlt sich nicht als Opfer. Weil er Lebens-Täter ist.

Das London-Erlebnis immer mal wieder hervorzuholen und mich darin hineinzufühlen, ist ein wichtiges Werkzeug in meinem persönlichen Instrumentenkasten für das Öffnen meiner Portale zur Freude am Jetzt. Diese immense Sehnsucht nach Freiheit damals, die Sehnsucht nach Selbstbestimmtheit, Leben pur und Liebe satt hing lange als Fixstern über meinen Teenie-Jahren. Heute ist mir die Erinnerung daran ein sympathischer Ansporn, auf das Jetzt zu schauen und zu prüfen: Fühle ich sie im Augenblick, die innere Freiheit? Sie bietet sich an, in jedem Moment, und ich kann sie pflücken. Oder es bleibenlassen.

Ich »muss« vielleicht noch schnell meine Umsatzsteuererklärung fertig machen. Muss ich wirklich? Ich kann die Belege auch in ein Säckchen werfen und an meinen Steuerberater schicken. Das kostet dann mehr Gebühren, aber es geht auch. Es ist also meine freie Entscheidung. Weitere schöne Beispiele können Sie sicherlich locker ergänzen. Streng genommen, »müssen« wir überhaupt nicht viel. Also *wollen* wir. Das Müssen in bewusstes Wollen umzuwandeln, ist ein Akt der Befreiung.

Freiheit als Leitgefühl also. Freiheit als eine Haltung zum Leben. Und auch die lässt sich trainieren. Und auch sie öffnet, wer hätte das gedacht, Portale zum unbesiegbaren Sommer in uns.

Ein zweites Beispiel. Ich dürfte so 27 gewesen sein, Studienrätin mit reduzierter Stundenzahl, also klamm bei Kasse. Ich war frisch geschieden und hatte mit einem befreundeten Paar einen kurzen Zelturlaub auf Korsika verbracht. Der Partner meiner Freundin musste abreisen, und damit war auch das Auto weg. Also trampten meine Freundin und ich von Livorno nach Florenz. Wir kamen spät an, der Zeltplatz Michelangelo hoch über der Stadt war rappelvoll. Mit sehr viel Mühe und haspeliger Überredungskunst ergatterten wir noch einen Platz für unser Mini-Zelt. Es war schon dunkel, wir waren erleichtert, aber auch genervt. Menschenmassen um uns herum, das war nicht so unsere Sache.

Am nächsten Morgen wachte ich mit der Sonne auf, so um halb sechs. Nebenan schnarchte jemand in Rasenmäherlautstärke. Ich stand auf, schlenderte über den Campingplatz und landete irgendwann auf einer Betonplattform, mit Bar und Plastikstühlen. Aha, das Campingplatz-Café. Ich kam näher, und dann, von dort oben hinter der rostigen Brüstung, sah ich auf einmal etwas glänzen … Ich war noch nie in Florenz gewesen, und plötzlich lag dieses Juwel mir zu Füßen! Die Stille um mich herum war geradezu heilig, alles war in rostrosa Morgenlicht getaucht und von einem stahlblauen Himmel überwölbt. Der Dom, der Arno, das Gesamtkunstwerk mit Namen Florenz. Die Zeit blieb stehen. Ein Satori-Hauch. Und mit ihm das überwältigende Gefühl totaler Freiheit.

Jeder von uns kennt das, besonders aus Schüler- und Studententagen: Nichts belastet, weder die Sorge um Kinder noch um Karriere, noch um Gesundheit oder Besitz. Die Zukunft ist offen – und sie ist hell.

Die Geschichte geht noch ein klein wenig weiter. Ich hörte es nämlich plötzlich hinter mir klickern. Da hatte jemand Geldmünzen in einen Automaten geworfen. Ich drehte mich um und sah, dass besagtes schäbiges Café über eine altertümliche Jukebox verfügte, wo man gegen ein paar Lira seine Lieblingstitel spielen konnte. Es war die klassische Situation einer wunderbaren Hollywood-Romanze: Da stand ein Mann der Sorte »sss« (sympathisch, sensibel, selbstbewusst), schaute mich freundlich an und wählte einen Song aus: *Knocking on Heaven's Door* von Bob Dylan. Wie überaus passend! So stand ich also dort an der Brüstung, schaute auf diese unwirklich schöne Stadt im ersten Morgenlicht und klopfte gemeinsam mit einem sympathischen Unbekannten an der Himmelspforte an.

Dass Dylan diesen Song nicht dem Leben, sondern seinem Gegenteil, dem Tod, gewidmet hat, war mir in dem Moment völlig egal. Ich stand da und fühlte mich in einer Weise frei, glücklich und leicht, dass ich hätte fliegen können.

Dann war der Song zu Ende, und der schöne Fremde war verschwunden. Gut so! Damit bleibt diese Szene einer der »*most magic moments*« in meinem Leben.

Weshalb ich nun davon erzähle? Es geht mir dabei um die Abwesenheit von Angst. Das Glück dieses Moments konnte ich so tief wahrnehmen, weil im Hintergrund eine große, selten empfundene Ruhe war. Und die stieg auf aus Angstfreiheit.

Das Herz innerer Freiheit ist die Angstfreiheit.

So ist mir am Ende unseres Zelturlaubs durch diese kleine Begebenheit der Wert der Angstfreiheit bewusst geworden. Und Michelangelos David, die berühmteste Skulptur der Kunstgeschichte, spendierte irgendwo auf dem Platz hinter mir einen Hauch Ewigkeit dazu. (Auch wenn's eine Kopie war ...)


Damit kam ein weiteres Werkzeug in meinen Instrumentenkasten, aus dem ich mich regelmäßig bediene, wenn es darum geht, den Zugang zum unbesiegbaren Sommer in mir zu öffnen: ein Angst-Detektor. Angst wohnt in uns in vielen raffinierten Verkleidungen, und sie entwickelt Tentakel, die sich sehr gerne in unseren Alltag winden (am liebsten undercover, also in unser Unter- und Halbbewusstsein hinein). Hier ist nicht der Ort, um Strategien zur Bewältigung manifester Ängste zu vermitteln. Worum es mir hier geht, sind die kleinen Ängste, die Ängste, die zu Nein-Sagern für Lebensfreude werden, die sich einnisten und ausbreiten, wenn man sie nicht stoppt.

Da sind die diffusen Ängste vor Verlust: Familie, Job, Eigentum, Gesundheit. Da sind die emotionalen Ängste vor Alleinsein, vor Misserfolg, vor Abgelehntwerden. Ängste vor dem Autofahren bei Nacht, vor dem öffentlichem Auftritt, vor Zuspätkommen, vor dem Pickel auf der Nase … die Liste ist unendlich.

Solchen Ängsten, die sich in hinteren Winkeln unserer Existenz verkriechen, kann man oft mit schlichten Maßnahmen beikommen. Zum Beispiel, indem man sein eigener Detektiv wird. Denn das Gemeine an unseren Alltagsängsten ist ja, dass sie sich meist nicht zu erkennen geben. Sie steuern unsere Wahrnehmung und unser Fühlen, sie blockieren den Zugang zum »Ich bin«, aber sie geben sich selten als Ängste zu erkennen. »Gestatten, mein Name ist ›Angst vor Misserfolg‹! Gerade hab ich mich wieder mal eingenistet bei dir!« Das kommt leider selten vor, oder? Also ist es wichtig, diesen Gefühls-Eintrübern erst einmal auf die Schliche zu kommen. Und das geht nur mit detektivischen Methoden. Leider lassen die sich wiederum nur ansatzweise beschreiben, weil jeder seine eigenen finden muss.

Ich habe im Laufe der Jahre meine Pappenheimer zu einem ordentlichen Teil aufgespürt. Heute merke ich, wenn sie sich anwanzen, und übe mich in einer schlichten Strategie: Aufspüren, anschauen und nicht wichtig nehmen. Und als »Pappenheimer« verniedliche ich sie, weil sie mir als »Ängste« zu gewichtig daherkommen.

Ein einfaches Beispiel: Mein Pappenheimer »zu spät zu kommen«. Aha, ich sitze schon wieder eine halbe Stunde zu früh auf dem Flughafen rum. Genug zu Arbeiten habe ich immer dabei, ich kenne ja mich und meine Pappenheimer. Doch freier würde ich mich ohne sie fühlen.

Was hilft? Einfach später zum Flughafen fahren, wer hätte das gedacht. Ich weiß ja vom Kopf her, dass mir das Gefühl, mich selbst zu steuern und niemandem sonst Zugang zu meiner Zeitplanung zu gewähren (schon gar nicht einem Pappenheimer), richtig guttut. Nur: Wie geht das ganz praktisch? Anschauen und loslassen, den Pappenheimer nicht wichtig finden, und vor allem das Gefühl der Befreiung zu genießen. Klingt zu simpel? Probieren!

In meinem Beruf sind Ängste ganz normal. Ständig gilt es, sich vor den Augen der Öffentlichkeit zu bewähren, den Text draufzuhaben, authentisch zu bleiben und sämtliche Fäden souverän in der Hand zu behalten … Da gibt es also einiges aufzuspüren: Aha, der Pappenheimer »Misserfolg«, der mir zuflüstert: »Stell dir vor, was alles passieren kann, wenn du dich verquatschst, den Faden verlierst oder Namen verwechselst. 1000 schreckliche Dinge sind möglich!« Seine Tentakel sind ein flacher Atem, kreisende Gedanken, null Humor, Verkrampfung und Herzklopfen. Eine blöde Mischung! Also übe ich, den Pappenheimer anzuschauen und nicht wichtig zu nehmen. Angst erkannt – Angst gebannt.

Wovor soll ich denn Angst haben? Wenn du vor einem Gespenst wegläufst, verfolgt es dich. Wenn du aber auf es zugehst, verschwindet es. Und wenn es verschwindet, ist das ein großartiges Gefühl. Eine geniale Befreiung.

Wie gesagt: Nach meiner Erfahrung wächst ein Pappenheimer mit der Aufmerksamkeit, die wir ihm schenken. Also anschauen, identifizieren, nicht wichtig nehmen und sich auf die positive Botschaften und inneren Überzeugungen konzentrieren, die jetzt aufsteigen können, aus dem unbesiegbaren Sommer in mir. Auf der Bühne oder vor der Kamera sind diese beiden meine liebsten: »Ich kann mich auf mich verlassen.« Und: »Ich gebe mein Bestes.«

Welche Botschaft für Sie besonders wirksam sein könnte, als Ersatz für Ihren verflüchtigten Pappenheimer, das können nur Sie selbst erspüren. Für mich gibt es da noch eine, die vielleicht einige von Ihnen kennen:

ALLES WIRD GUT.

Ach, übrigens, Die Fähigkeit, das Wort »Nein« auszusprechen, ist der erste Schritt zur Freiheit. Lernen, Nein zu sagen, als Schutzschild gegen ein sich auftürmendes Müssen-Sollen-Wollen, das den Pappenheimer »Misserfolg« anlockt, ist nun wirklich kein nagelneuer Hinweis, aber trotzdem gehört er unbedingt in Ihren persönlichen Werkzeugkasten – aber er wirkt halt nur, wenn Sie ihn auch anwenden.

Zusammengefasst: Pappenheimer hassen es, wenn wir gelassen akzeptieren, was ist, und das Beste daraus machen.

Pappenheimer hassen die entspannte Heiterkeit, die von Menschen ausgeht, die sich verbunden fühlen mit dem Sein.

Pappenheimer hassen den unbesiegbaren Sommer in uns. Je konsequenter wir in ihm leben, desto stärker werden wir gegen sie immun.

»Fürchte dich nicht« und »Fürchtet euch nicht« – 95-mal lesen wir diese Aufforderung in der Bibel, die Aufforderung zur inneren Befreiung. Diese Sätze sind von einer Wucht, die wirkt. Heute heißt es: *Sorge dich nicht – lebe!* Immerhin wurde Dale Carnegies Buch mit diesem Titel weltweit über 50 Millionen Mal verkauft. Angst ist ein Megathema, und es ist so alt wie die Menschheit selbst. Umso mehr dürfte es sich lohnen, die Detektivarbeit zu beginnen und den Spürsinn für die Pappenheimer in uns zu entwickeln.

Carl Friedrich von Weizsäcker, der Friedensforscher, Physiker und Philosoph, hebt uns zum Schluss des Kapitels nun wieder auf die politische Ebene – und diese Botschaft scheint mir so wahr wie universell:

*»Freiheit ist ein Gut, das durch Gebrauch wächst, durch Nichtgebrauch dahinschwindet.«*

# 17

# Einfachheit ist die höchste Stufe der Vollendung

## Über das Suchen und Leben von Werten

Wer sich darauf eingelassen hat, das eine oder andere aus den vergangenen Kapiteln für sich auszutesten, der hat sich einen wertvollen Werkzeugkasten geschaffen. Wertvoll deshalb, weil er ein Unikat ist.

Die verschiedenen Instrumente haben Sie selbst geformt, hochkreativ, mit großer Sensibilität und vor allem mit einem Ziel vor Augen: den Weg zu Ihrem inneren Sommer freizulegen. Mithilfe der Instrumente kann es Ihnen gelingen, den Gedankenvorhang zu öffnen, der Herz und Gefühle verschleiert hat. Es kann Ihnen gelingen, sich ganz und gar dem Augenblick hinzugeben und das Leben als stetige, unmittelbare Kraft zu empfinden, die immer da ist und tiefen Frieden schafft. Vielleicht gelingt es Ihnen sogar, mit einem Satori zu arbeiten, dem stärksten der Werkzeuge in Ihrem Kasten, das Ihnen auf magische Weise immer wieder von neuem den Weg weisen kann in Ihrem Leben, als Seelen-GPS. Die Voraussetzung für all das ist allerdings – ich weiß, ich wiederhole mich –, dass Sie Ihre Instrumente regelmäßig einsetzen. Einmal, zwei- oder dreimal reicht nicht aus, es wird immer wieder nötig sein. Über Jahrzehnte eingefahrene Denk- und Verhaltensgewohnheiten lassen sich nicht auf- und zudrehen wie ein Schraubverschluss …

Wenn Sie sich dann aber mit der Zeit immer mehr ihrer individuellen Endlichkeit und zugleich der Ewigkeit des Prinzips Leben in Ihnen bewusst werden, dürfte das ordentliche Auswirkungen haben auf Ihr Fühlen, Denken und Handeln. Das wiederum wird Ihr Wertgefüge ändern, und zwar deutlich. Mit großer Wahrscheinlichkeit werden Sie neu und anders bewerten, was Sie zuvor als wichtig empfunden haben und was eher nicht. Das heißt: Mit dem Bewusstseinswandel kommt ein Wertewandel. Vorausgesetzt allerdings, dass Ihnen Werte als solche bewusst und wichtig waren und einen Orientierungsrahmen für Ihr Handeln geboten haben.

Aus einem veränderten Bewusstsein entstehen also andere Werte. Sie sind sozusagen »Endprodukte«, die ich mir mithilfe meiner selbst gebauten Werkzeuge schaffe. Daher können auch sie wiederum nur so sein, wie die Werkzeuge selbst: sehr, sehr individuell.

Sicherlich verfügen wir bereits über einen ganzen Kanon gesellschaftlich akzeptierter Werte und Normen. Doch welche von ihnen leben wir bewusst? Setzen Sie sich immer mal hin, um mit sich selbst oder mit Ihren engsten Vertrauten Ihr persönliches Werte-Patchwork zu nähen?

Ein fest vorgegebener Wertekanon, den man ungefragt zu akzeptieren hat – das war bis ins zwanzigste Jahrhundert hinein eine Selbstverständlichkeit. Heute, im 21. Jahrhundert, erleben wir die Auflösung der allgemeingültigen Werte (oder sagen wir besser: von deren Restbeständen), erleben ihre Fragmentierung in ein System der multiplen Wertewelten. Gemeinsame Werte, die den Ordnungsrahmen für eine Gesellschaft bilden sollten – das war eine ideale Vorstellung. Doch leider hat sich ebendieser

Ordnungsrahmen oft nur in Schönwetterzeiten bewährt, was natürlich Misstrauen gesät hat.

Deshalb ist meine Erfahrung, dass wir heutzutage nur solche Werte dauerhaft leben können und wollen, die wir uns selber gebastelt haben, die aus uns selbst entstanden und daher authentisch sind. Es geht nun also um einen bewussten individuellen Wertemix, um *Ihren* Wertemix, der geboren wird aus der Erkenntnis der »anderen, ewigen« Seite in uns, der Seite des unbesiegbaren Sommers. Ohne das Bewusstsein für diesen Sommer sprießt kein selbst gesätes Wertesystem.

Ich möchte mich jetzt mit einigen Werten beschäftigen, die Ihnen allen bestens bekannt sein dürften, die Sie auch mit einiger Wahrscheinlichkeit »wert«-schätzen, die aber trotzdem oft keinen Eingang finden in unsere Wahrnehmung und Gefühle und die daher vielleicht nur rudimentär Einfluss auf unser Verhalten haben.

Es liegt an Ihnen und Ihrem Einsatz des Werkzeugkastens, das zu ändern.

Als Erstes eine Vokabel, die aus unserer Alltagssprache ausgemustert wurde: Demut. Klar, die Bedeutung von Demut kennen wir zumindest oberflächlich alle. Wer aber die Wurzel ihrer Bedeutung nachliest, wird fremdeln. Demut ist die »Gesinnung eines Dienenden«. Im christlichen Glauben beschreibt »Demut« das Verhältnis zwischen dem »Schöpfer und seinem Geschöpf« – ähnlich dem Verhältnis von »Herr und Knecht«. *Das* als ein Wert im 21. Jahrhundert? Bei Wikipedia findet sich noch ein anderer interessanter Satz – »Der Demütige erkennt und akzeptiert aus freien Stücken, dass es etwas für ihn Unerreichbares, Höheres gibt.« –, und ich füge hinzu, Sie kennen es schon zur Genüge: »Etwas Unerreichbares, Höheres, das sich freundlicherweise in uns allen manifestiert und in uns präsent ist, solange wir leben.«

Wäre das ein Beet, auf dem echte Demut gedeihen könnte? Eine Demut der zeitgemäßen Sorte, eine des 21. Jahrhunderts?

Unzeitgemäß – oder vielleicht besser: zeitlos – hat es der amerikanische Prediger Henry Ward Beecher im 19. Jahrhundert formuliert:

> *»Ein edler Mensch schätzt sich ein nach einer Idee,*
> *die größer ist als er selbst.«*

So, Hand aufs Herz: Wer legt schon als Maßstab für die Selbsteinschätzung eine Idee an, die größer ist als er oder sie selbst? Könnte aber guttun. Nicht ich bin der Maßstab aller Dinge, sondern etwas, das größer ist als ich. Was voraussetzt, dass ich mich mit diesem »Größeren« auseinandersetze. Einen Weg dazu beschreibe ich ja in diesem Buch. Das »Größere« als das, was in allem wohnt. Das »Größere«, das ich in mir entdecke, wenn ich meine einseitige Fixierung auf den Intellekt überwinde. Und wenn ich es entdecke, wächst eine Demut im modernen Sinne sowieso von allein. Dankbarkeit wächst übrigens gleich mit, Dankbarkeit für das Geschenk meiner einzigartigen Existenz. Demut und Dankbarkeit machen wiederum bescheiden. Womit wir beim nächsten Wert im Potpourri wären.

Doch zuvor noch eine kleine Anmerkung: Demut ist logischerweise auch nur ein Wort. Tausendfach interpretiert und mit vielen Bedeutungspartikeln versehen, die die Haltung der Demut diskreditieren. Eine Frage bringt es auf den Punkt: Kann ein demütiger Mensch ein Erfolgsmensch sein? Ein demütiger Mensch begreift sich ja als ein dienender Mensch. Er dient einer beruflichen Aufgabe, er dient einer Idee, dem Schutz der Natur, seiner Familie etc. Kann ein solcher Mensch erfolgreich sein? Erfolg bedeutet doch Konkurrenzkampf, sich durchsetzen, Menschen führen! Und nicht dienen …

Doch wunderbarerweise gibt es Menschen, die beweisen, dass beides möglich ist: Demütig zu sein und sehr gut zu führen. Angenehm an ihnen ist etwas, das ihnen zugleich die natürliche Autorität des Führens verleiht: Man spürt sofort, dass sie nicht für sich, für ihr Ego, sondern für die Sache handeln. Für die Idee, die größer ist als sie selbst. Was sie nicht daran hindert – im Gegenteil, was sie beflügelt –, sehr klar zu führen. Es gibt sehr viele von ihnen. Chefs, die demütig sind *und* erfolgreich. Ihre Mitarbeiter spüren diesen Unterschied sofort und werden darum gerne zu Mitstreitern. Es lohnt sich, darüber nachzudenken, ob demütige Menschen nicht besser führen als Ego-Getriebene.

Und im Privaten? Da ist ein demütiger Mensch ein Duckmäuser, ein Leichtgewicht ohne Profil? So dachte man früher, als es noch Herren gab und Knechte. Ein Untertan, der sich nicht demütig gab, also unterwürfig dienend, der war seines Lebens nicht sicher. All das schwingt bis heute in dieser Vokabel mit. Doch wir brauchen Worte, um Werte zu kommunizieren. Also wäre es doch sehr schön, den Begriff Demut von allem zu befreien, was Selbstverleugnung, blinde Unterwerfung und Versklavung meint. Demut als moderner Wert in einer Gesellschaft, die nur überleben kann, wenn wir uns der Wucht, der Größe und der Heiligkeit des Lebens bewusst werden, das in uns wohnt. Diese Demut wird aus der Dankbarkeit geboren für alles, was ist.

Vielleicht mögen Sie also prüfen, ob Demut und Dankbarkeit besondere Inseln sein könnten in Ihrem persönlichen Wertemix.

Ein Beispiel für einen demütigen Menschen? Da wähle ich gleich mal eine Heiligkeit: den Dalai Lama. Ich bin ihm dreimal begegnet. Das eine Mal begleitete ich ihn einen Tag lang auf seinem Besuch in München, weil ich am Abend eine Veranstaltung mit ihm in der Olympiahalle moderierte. Bereits am Flughafen gab es einen hoch formellen Empfang in Form einer Flotte von Blaulicht-Limousinen. Und so, wie ich das Verhalten seiner Begleiter erlebte, hatte ich nicht unbedingt den Eindruck, dass sie Demut in ihrem Werteköfferchen führten. Seine Heiligkeit aber durchaus. Er bestand darauf, am Nachmittag eine ältere Dame zu besuchen, die seit Jahren für tibetische Waisen ein großartiges Hilfsprojekt aufbaute. Das Limousinengeschwader hielt also in einem ganz und gar nicht schicken Münchner Viertel. Im elften Stock des Sozialwohnungsbaus servierte die überglückliche Dame dem Dalai Lama Kekse und Tee, und er schien sich aufrichtig für sie und ihre recht betagten Helferinnen zu interessieren.

Was mich an diesem Besuch faszinierte, war tatsächlich die Demut, mit der sich der Dalai Lama bei seiner Unterstützerin bedankte – stellvertretend für alle, die helfen im besetzten Tibet.

Auch das halbstündige Interview, das ich im Anschluss daran für ein People-Magazin mit ihm führte, war von einer Haltung der Demut und Dankbarkeit geprägt. Der Dalai Lama begreift sich als Diener einer Sache, die größer ist als er selbst, und er dient mit Leidenschaft, er dient mit Humor und zugleich mit einer Ernsthaftigkeit, die sein notorisches Kichern relativiert. Seine Heiligkeit markiert mit seinem glucksenden Lachen, was er für weltbewegend hält und was nicht. Und da gibt es viel, über das er kichert. Lachen also als »detach-Faktor«, als Instrument zur Distanzierung von allem, was unwichtig ist.

Das nächste Werteduo können wir ebenso wie Demut und Dankbarkeit als die zwei Seiten *einer* Medaille betrachten. Nämlich: Bescheidenheit und Neidlosigkeit. Da schwimmen wir jetzt aber ganz arg gegen den Strom. Denn der wälzt sich bräsig im Flussbett von Anspruchsdenken und Neidkultur. Es scheint mir, als sei das ein sehr deutscher Fluss – der allerdings viele, viele internationale Seitenarme hat.

Werfen wir einen Blick auf die zahlreichen Studien zu Glück und Wohlstand, einem weltweiten Länder-Glücksranking und dem Zufriedenheitslevel in Deutschland. Sie divergieren zwar in jeder Menge Einzelaspekten, aber in einem stimmen sie alle überein: Wir reichen Deutschen, die in einem der sichersten Länder der Welt leben (soziale Sicherheit, medizinische Versorgung, Schutz vor Kriminalität etc.), sind weniger glücklich als die Bewohner viel ärmerer, unsichererer Länder. In sämtlichen Untersuchungen rangieren wir maximal im oberen Mittelfeld. Und eins fällt in diesem Zusammenhang besonders auf: das Ausmaß unseres Anspruchsdenkens und unserer Neidkultur. Diese Kombination soll uns erst mal einer nachmachen … Mag aber keiner. Weil beides unglücklich macht.

Eine gewagte Behauptung, das ist mir klar.

Denken wir einfach anders herum: Was braucht es denn, um Neidlosigkeit und Bescheidenheit zu säen? Vielleicht die Anerkennung dessen, was gut ist um uns herum? Und die Anerkennung dessen, was gut ist in uns selbst? Unglück und Mangel sind Geschwister. Es ist interessant zu differenzieren, wie weit materieller Mangel als Ursache für Unglück wahrgenommen wird und wie weit der Einzelne auf einen Mangel im Innen schauen mag.

Öffentlich diskutieren wir ausschließlich über materiellen Mangel. Genauer gesagt, wir diskutieren über das, was wir in Deutschland als materiellen Mangel definieren. Da mische ich mich jetzt nicht ein und lasse Antoine de Saint-Exupéry zu Wort kommen:

*»Denn es geht nicht darum, den Gütern, die dem Menschen zustehen, Grenzen zu ziehen, sondern es geht*

*um die Rettung der Kraftfelder, die seinen Wert bestimmen, und der Gesichter, die allein zu seinem Geist und seinem Herzen sprechen.«*

Abgesehen davon, dass wir natürlich ordentlich darüber streiten können, welche »Güter« denn dem Menschen »zustehen«, zieht uns Saint-Exupéry auf eine andere Ebene. Es geht ihm um die »Rettung der Kraftfelder«, die den Wert des Menschen bestimmen. Und um die »Rettung der Gesichter, die allein zu seinem Geist und seinem Herzen sprechen«. Er lockt uns also radikal vom Glücksverspechen des Besitztums weg. Kraftfelder, Gesichter, die zum Geist und Herzen sprechen … Sind das Parameter des Glücks?

Auf jeden Fall haben Neid und Anspruchsdenken keinen Platz in einem solchen Wertekosmos. Beide sind rein materiell fundiert und damit ausschließlich auf der »Außenseite« des Lebens anzusiedeln. Aus Neid folgt Anspruchsdenken, und das scheint mir sehr ansteckend zu sein. Es delegiert das persönliche Streben nach Sinn und Erfüllung an einen Dritten, und das ist dann sehr gerne Väterchen oder Mütterchen Staat. Gibt er mir, bin ich glücklich – gibt er mir nicht, bin ich sauer.

Neid und Anspruchsdenken definieren sich durch den kiebigen Vergleich mit anderen. Neidlosigkeit und Bescheidenheit wachsen auf einem anderen Beet. Sie entstehen aus dem wunderbaren Gefühl, genug zu haben – im materiellen wie im immateriellen Sinn. Doch wir sind allein aufs »Haben« dressiert, für ein »Genughaben« haben wir keine Antennen entwickelt. Wenn die Seele schreit, liegt es für viele nahe, sie mit Materiellem ruhig zu stellen; Essen gehen, irgendwas kaufen …ein tragischer Irrtum unserer Konsumgesellschaft. Beschäftigen wir uns dagegen mit der »Rettung der Kraftfelder«, die den Wert des Menschen bestimmen, wie es Saint-Exupéry so wunderbar altertümlich formuliert, dann begeben wir uns auf eine völlig andere Ebene, auf die Ebene tiefer menschlicher Begegnung oder auch auf die Ebene der Vertiefung des Seins. Und wir erkennen, dass »Genughaben« ein großartiges Gefühl ist. Wenn wir uns innerlich reich fühlen, trocknet das rein materielle »Habenwollen« aus.

Die Schlussfolgerung daraus ist einfach: Wer verbunden ist mit dem unbesiegbaren Sommer in sich, der kennt weder Anspruchsdenken noch Neid. Vielleicht prüfen Sie die Zwillingswerte Bescheidenheit und Neidlosigkeit für Ihren persönlichen Wertemix. Neidlose, bescheidene Menschen tun wahnsinnig gut. Sie verschwenden keine Energie auf das Aufspüren von Ungleichgewichten, und sie haben es auch nicht nötig zu schauen, wer »besser« und wer »schlechter« dasteht. Neidlose Menschen verwenden ihre Energie, ihre Kraftfelder, für echte Begegnung. Neidlosen Menschen können wir seelisch viel näher kommen als anderen.

*»Der Neid macht das Kleine groß und das Große klein.«*

Der große Schauspieler Curt Goetz hatte sicherlich so seine Erfahrungen mit dem Thema Neid gemacht. Dann, auf dem Scheitelpunkt seines Erfolges, kaufte er eine Hühnerfarm in Beverly Hills und lebte von dem Ertrag seiner Doppeldotter-Eier. Neidlosigkeit? Bescheidenheit? In Eiform! Zwei Werte, die sehr wertvoll sein können in Ihrem persönlichen Werkzeugkasten als Instrumentarium fürs Toröffnen zum unbesiegbaren Sommer in Ihnen.

Da habe ich gleich noch ein weiteres wunderbares Werteduo anzubieten: Respekt und Würde. Diese beiden Werte zu leben ist ebenfalls eine geniale Herausforderung. Ein Großteil unserer Medienlandschaft würde vertrocknen, wollten wir diese Werte wirklich respektieren. Klatsch und Tratsch hätten sich ausgequatscht, und die Berichterstattung hätte einen deutlich unaufgeregteren Stil.

Man stelle sich vor, wir würden unser Gegenüber – egal, wie durchgeknallt, merkwürdig oder unsympathisch es ist – respektieren. Frei nach dem Jens-Corssen-Motto: »Jeder hat das Recht auf sein eigenes Angst- und Denksystem.«

Wir müssen ja nicht gleich nach den Maximen unseres Gegenübers leben, aber leben lassen können wir ihn schon. *Ohne* Kommentar. *Ohne* Bewertung, die uns groß und ihn klein macht. Einfach lassen. Wahre Werte halten sich vom Ego fern. Fast alle »guten, wahren, schönen« Werte (um hier Goethe zu bemühen) fühlen sich bei dicken Egos überhaupt nicht wohl.

Wie gesagt: allgemeingültige Werte sind dabei auszusterben; heute sammelt jeder seine Werte selbst. Und die Werte, die uns wirklich tragen, die entwickeln wir aus dem Bewusstsein für den unbesiegbaren Sommer in uns.

Respekt und Würde. Eine enorm wichtige Lektion habe ich während der zehn Jahre mit *Leute heute* gelernt. Die Berichterstattung über »Leute« gehört nicht zum klassischen journalistischen Nachrichtengeschäft. Da wir es hier nicht mit harten Fakten, sondern mit »soft news« zu tun haben, also mit mehr oder weniger bedeutungsvollen Nachrichten aus dem Privatleben prominenter Menschen, sollen die News durchaus auch unterhaltsam sein, Dünger für die Quote. Ob sie dann auch faktisch richtig, ordentlich recherchiert und fair formuliert sind, interessiert oft nicht so sehr.

Das war die Chance von *Leute heute*. Wir, das Redaktionsteam, gehörten formell zu der Nachrichtenabteilung des ZDF, also zu *heute, heute journal* und *heute Nacht*. Auf den Gebrauch des klassischen journalistischen Handwerkszeugs mussten wir uns also verstehen. Und so sagten wir uns, als wir 1997 an den Start gingen: Es müsse doch möglich sein, spannend über »people« zu berichten und dabei trotzdem fair zu bleiben. Keine Storys unterhalb der Gürtellinie, keine Gerüchte. Eine durchaus unterhaltsam aufgemachte Sendung, die aber immer respektvoll bleibt. Mein Lieblings-Credo in den Konferenzen hatte ich dem deutschen Grundgesetz entwendet, Artikel 1, Absatz 1: »Die Würde des Menschen ist unantastbar.«

Wie naiv ist das denn? Fragte sich manch kritischer Beobachter. Kann man mit einer solchen Haltung heute noch einen TV-Blumentopf gewinnen? Man kann. Nach einer mehr als schwierigen Anlaufphase haben wir es mit diesem Credo sogar zum Marktführer in diesem Segment geschafft. Und das mit besagter Selbstbeschränkung. Vieles, was Schlüsselloch-Emotionen schürte (Schmuddelstorys, Spott und Häme), fiel bei uns durch den Rost. Stattdessen zeigten wir unseren Zuschauern Prominente in allen möglichen und unmöglichen Lebenslagen – doch immer mit dem Einverständnis unserer Protagonisten ... und mit Respekt. Niemals unter ihrer Würde. Die Zuschauer wiederum haben das nicht nur respektiert, sondern gewertschätzt.

Im Laufe meiner über 20 Fernsehjahre habe ich genügend hämische Kritiken und entwürdigende Kommentare über mich selbst gelesen. Ich kenne also das Gefühl der Ohnmacht. Zu wissen, dass Tausende, Hunderttausende für bare Münze nehmen, was da an Gemeinheit und Lügen über mich verbreitet wird, und ich selbst kann mich denen nicht erklären: grauenhaft! Auch deshalb ist mir ein wertorientiertes Berufsethos so wichtig.

Mancher wird nun einwerfen: Wie, bitte schön, geht ihr mit Promis um, die die Presse ganz bewusst mit halbseidenen intimen Merkwürdigkeiten füttern, nur um präsent zu sein? Denen rollt ihr doch mit eurer »fairen« Berichterstattung den roten Medienteppich aus. Ihr lasst euch instrumentalisieren! Doch auch hier ist die Antwort unverändert: Die Würde des Menschen ist unantastbar. Wir haben auch über durchsichtige PR-Gags von Promis berichtet – süffisant vielleicht, aber nie verletzend. Wir fanden, das stehe uns nicht zu, das stehe niemandem zu.

Die Würde eines Menschen zu respektieren, auch wenn er sich alles andere als würdevoll verhält, ist eine wichtige Übung. Respektvoller Umgang schafft genau die Distanz, die es uns ermöglicht, den anderen in seinem Angst- und Denksystem zu belassen, ohne reagieren zu müssen.

Die Würde des anderen zu respektieren – das sollten natürlich nicht nur die Medien vorleben. Respekt ist in Beziehungen jeder Art das A und O. Das gilt logischerweise besonders für Liebesbeziehungen. Je stärker ich mit der Kraft der Lebendigkeit in mir selbst verbunden bin, desto weniger spanne ich meinen Partner ein, mir doch bitte schön ein Leben und Fülle zu liefern. Und das Schöne: Wenn ich meinen Partner nicht für meine Zwecke instrumentalisieren will, brauche ich ihn auch nicht entsprechend zu verbiegen. Ich brauche keine Energie darauf zu verschwenden, den Partner zur Erfüllung meiner Sehnsüchte zu motivieren (oder gar zu zwingen). Stattdessen kann ich ihn so respektieren, wie er ist. Dann verhalte ich mich »würdevoll«.

Ich habe als meine persönliche Verhaltensorientierung in meinen Wertekanon aufgenommen, allem Lebendigen Respekt zu zollen: Mensch, Tier und Pflanze. Ich bemühe mich, in allen Lebenslagen respektvolles Verhalten zu üben, nicht auszurasten, wenn mir danach ist, sondern mir klarzumachen, dass ich mein Gegenüber damit eventuell sehr verletzen könnte. Ich versuche, niemanden mit meinem eigenem Ärger zu belästigen; Schuttabladen bei anderen verboten! Respekt zu zollen und die Würde des anderen nicht anzutasten wirft uns auf uns selbst zurück.

Wenn wir uns nicht auf Kosten anderer wichtigmachen, wenn wir Verantwortung übernehmen für die eigene Gestimmtheit, dann verirren wir uns nicht in Beziehungsdramen und verhaken uns auch nicht in Spielen um Macht und Bedeutung. Dann haben wir den inneren Raum, um das wichtige Portal zu öffnen … Sie wissen schon.

Also hinein mit Respekt und Würde in Ihren persönlichen Wertekanon? Vielleicht mögen Sie ihn aufschreiben? Wenn Sie das tun, rate ich Ihnen, den Zettel nicht einfach wegzulegen, sondern immer wieder drauf zu schauen. Zum einen, um sich an *Ihre* Werte einfach immer wieder zu erinnern, zum anderen aber auch, um die Werteliste aufzustocken, neu zu mixen, und sie so lebendig zu halten.


Noch ein Werteduo gefällig? Ich hätte da zum Beispiel noch »Mitgefühl« und »Warmherzigkeit« anzubieten. Fragen Sie sich doch jetzt schon gleich beim Lesen: Wo sind die Inseln im Alltag, auf denen ich mir beides erlaube, Mitgefühl und Warmherzigkeit? In der hektischen Job- und Familienwelt, in der Großstadt, auf der Autobahn? Da eher nicht? Sind Warmherzigkeit und Mitgefühl für uns vielleicht »Luxuswerte«, die nur zum Zuge kommen, wenn wir ausreichend Zeit und Ruhe dafür haben? Was brauchen wir, um warmherzig und mitfühlend sein zu können? Wie muss die Situation aussehen?

Vielleicht sind Sie ja auch der Auffassung, dass Sie Wärme nur dann abgeben können, wenn Ihnen selbst warm genug ist, wenn *Sie* genug Wärme kriegen. Was überquillt, das ist dann für andere übrig. Klingt einleuchtend.

Mitgefühl und Warmherzigkeit sind vielleicht deshalb Luxuswerte in unserer Gesellschaft, weil wir so sehr auf das »Haben«

und weniger auf das »Sein« programmiert sind. Dass das so ist, werden wir so schnell nicht ändern. Wer im Leben weiterkommen will, der lässt sich von »Haben« lenken. Und nur zwischendurch, in den Pausen, darf auch mal das »Sein« dirigieren.

Wenn ich davon überzeugt bin, nicht genug zu kriegen, um abgeben zu können, wird es eng für Mitgefühl und Warmherzigkeit. Dann spare ich alles auf für mich selbst.

Der unbesiegbare Sommer aber, den haben wir ja bereits ganz anders erfahren. Wir ahnen (und manche von uns leben bereits beständig in dem Bewusstsein), dass unsere innere Wärme nie versiegt und auch nicht von außen aufgefüllt werden muss. Sie ist einfach da und glüht. Kennen Sie Menschen, die genau das verströmen? Eine Wärme, zu der der Ausschalter fehlt? Menschen, die entspannte, herzliche Aufmerksamkeit für jeden zeigen? Sie signalisieren: Es ist genug Wärme da, die reicht für alle.

Lebe ich in dem Bewusstsein, dass eh immer genug da ist, ein unendlicher Quell an Wärme und Liebe und Sommer, dann gebe ich davon mit dem größten Vergnügen ab. Ich kann mir das nämlich genauso leisten wie die beiden wunderbaren Schmetterlinge, die gerade vor meinem Glashaus scheinbar völlig ineffizient ihre Energie verschwenden, indem sie gemeinsam in Pirouetten von Blüte zu Blüte tanzen. Energiereserven? Was ist denn das?

Wärme und Herzlichkeit werden immer reichen. Weil ja genug da ist.

Und dennoch gibt es immer wieder Situationen, in denen der Quell versiegt, in denen ich weder mitfühlend noch warmherzig bin. In Belastungssituationen, wenn ich tentakelmäßig funktionieren will: Alles erledigen, perfekt und bitte gleichzeitig. Deshalb ist mir dieses Werteduo so wichtig. Denn ich weiß ja intuitiv: Beide Werte wurzeln im unbesiegbaren Sommer in mir. Wenn ich mit ihm in Kontakt bin, dann kann ich es mir leisten, warmherzig zu sein, auch wenn vieles gleichzeitig an mir zerrt. »Warmherzig Wirbeln« – das ist möglich, und dass Warmherzigkeit gut tut, wissen wir sowieso. Nicht nur den anderen tut sie gut, besonders natürlich uns selbst. Dieses Werteduo steht ganz oben auf meiner »Best-of-values«-Liste.

Ich hätte natürlich noch sehr viel mehr Werte anzubieten (und Sie selbst sicherlich auch): Geduld zum Beispiel, Toleranz, Charme, Großzügigkeit. Da ist also noch einiges, was landen könnte in Ihrem Handwerkskasten. Doch vielleicht belassen wir es an dieser Stelle erst einmal dabei. Denn wie gesagt: Sich bewusst zu werden und das eigene Verhalten zu ändern erfordert üben, üben, üben, bis die Prägungen unserer Emotionen und Motivationen nachhaltig in eine andere Richtung gehen.

Wichtig ist dabei, die zweite Ebene offen zu halten, den Kontakt zum unbesiegbaren Sommer in uns. Bin ich verlinkt? Spüre ich die Kraft des Lebens, den tiefen Frieden meiner flüchtigen Existenz? Von dort aus ist es ein Katzensprung zu wertorientiertem Alltagsleben. Es geschieht einfach. Am schönsten ist es natürlich, wenn uns bewusst ist, was da passiert. Was ist es für eine Lust am Leben, welch ein Freiheitsgefühl, wenn ich mir meines selbst gewählten Wertekanons bewusst bin, danach lebe und feststelle, wie überraschend einfach das plötzlich geht!

Doch, Achtung!, ruft Oscar Wilde und erinnert uns daran, sehr aufmerksam zu entscheiden, wie viel Raum wir dem »Haben« in unserem Leben gewähren wollen – und wie viel dem »Sein«:

*»Die Leute kennen heute den Preis jedes Dinges, aber von nichts den Wert.«*

# 18

# Vergiss die Zeit

## Es ist alles schon da

Das letzte Kapitel. Womit schließen?

Auf meinem PC läuft *Hallelujah* von Jeff Buckley.

Ich habe gerade die Nachricht erhalten, dass eine Cousine zweiten Grades vor wenigen Tagen gestorben ist, nach schrecklicher Krankheit, 61 Jahre alt.

Und ich sehe plötzlich ein Gemälde von Peter Paul Rubens' vor mir, das mich vor kurzem in einem Wiener Museum in seinen Bann gezogen hat. Es ist kurz nach dem Tod von Rubens' erster Frau Isabella entstanden, die 1626 mit gerade mal 35 Jahren an der Pest gestorben ist. Darauf zu sehen ist ein Brüderpaar, zwei Söhne der beiden, vielleicht sechs und zehn Jahre alt. Der Jüngere hält eine Art Angel in der Hand, an die ein Vogel gebunden ist, offenbar ein Singvogel. Der Vogel scheint links aus dem Bildrand ausbüxen zu wollen. Ein Vogel als Sinnbild für die Flüchtigkeit des Lebens. Die beiden Jungen, die (vielleicht) noch viele Jahre vor sich haben, scheinen nur zu spielen, doch der Betrachter, der weiß, dass Rubens den Tod seiner Frau nur schwer verkraftet hat, spürt die tiefe Melancholie: Da schaut der Witwer auf die, die ihm geblieben sind. Auch für deren Überleben gibt es keine Garantie. Weder der Vogel noch das Leben lassen sich binden. Beides fliegt davon, wenn es Zeit ist.

Nichts in diesem Buch ist neu gedacht oder neu gefühlt. Alles ist schon vielfach beschrieben, gesucht und gefunden worden. Weshalb ich es trotzdem schreibe? Weil ich meine Erfahrungen schildern möchte, vom ERKENNEN über das WOLLEN zum TUN. Und von dort zum Neu-Erfahren, Neu-Denken und Neu-Handeln, das aus einem sich langsam, langsam wandelnden Bewusstsein heraus entsteht.

Letztlich geht es mir nur um dieses Eine: dass der Leser, die Leserin erkennen möge, dass uns weder die Lektüre eines Buches, noch eine Serie von Retreats, Klosteraufenthalten oder Indienreisen dazu befähigt, die herkömmliche Dominanz des Denkens durch eine umfassendere Wahrnehmung des Seins zu ersetzen. Es ist die »*long and winding road*« des Alltags, die wir dafür beschreiten müssen. Doch wenn wir einmal begonnen haben, die Türchen und Törchen und später die Portale aufzumachen, die uns zu dem unbesiegbaren Sommer in uns führen, dann werden wir diese Straße, die sich schlängelt und windet, immer lieber gehen. Wir werden uns immer wieder dieselben Kurven und Steigungen zumuten ... um irgendwann festzustellen, dass es doch jedes Mal andere sind. Es wird mehr und mehr Spaß machen, diese Straße zu entdecken, weil wir irgendwann verstehen: Wir sind es ja selbst, die den Straßenverlauf gestalten! Da ist niemand, der uns sagen könnte, wohin unser Weg führt. Der Kompass ist innen, und nur wir selber können ihn freilegen. Ein spannender Effekt: Indem wir das tun, ändern nicht *wir* unsere Richtung, sondern die Straße ändert ihre. Sie führt in den Teil der Welt in uns, den wir bislang missachtet haben. Oder besser: Den wir vielleicht ahnten, aber dennoch ignoriert haben.

Je öfter, je entspannter und je liebevoller ich meinen Werkzeugkasten nutze, um die Tore zu öffnen, die diesen Weg wieder und wieder versperren, desto leichter wird es mir gelingen. Dem Wandernden wird sich der Weg unter die Füße schieben.

Vielleicht stellt sich währenddessen das eine oder andere Satori ein. Ein Mega-Geschenk zwar, doch das ist trotzdem nicht das Ziel. Denn dieser Weg hat kein Ziel, er *ist* das Ziel, wie Buddha so genial formuliert hat. Und je länger wir diesen Weg beschreiten, desto stärker ist der Frieden, der sich in uns ausbreitet, desto stärker sind Zufriedenheit und Glück. Winzige Begebenheiten, die plötzlich eine kristallklare Freude bereiten. Wir verspüren eine Ruhe, die den brutalen Sklaventreiber in uns schachmatt setzt: die Zeit. Dann verschwindet der Impuls, dem Vogel eine Leine anzulegen. Wir wissen, dass er sowieso fliegt, wenn es Zeit ist. Und wir wissen, dass wir den Abschied von ihm werden ertragen können. Indem wir unser Leben vertiefen, verliert es seine Tendenz zu verrinnen.

Doch da steht ein Schild mit einem wichtigen Warnhinweis auf unserem Weg. Es macht uns auf zwei Stolperfallen aufmerksam, die unsere schönen Vorsätze von der Vertiefung des Lebens und dem Vergessen der Zeit zunichtemachen können. Der Hinweis auf diesem Schild wird ebenfalls Buddha höchstpersönlich zugeschrieben:

> *»Es gibt zwei Fehler, die man auf dem Weg zur Wahrheit machen kann: nicht den ganzen Weg zu gehen und nicht damit zu beginnen.«*

Sie, liebe Leserinnen und Leser, sind mit großer Wahrscheinlichkeit längst unterwegs. Den einen Fehler des Gar-nicht-erst-Beginnens, vor dem Buddha warnt, haben Sie also schon mal vermieden. Jetzt kommt der andere. und der hat's in sich: »Nicht den ganzen Weg zu gehen.« Das könnte bedeuten: sich super fühlen mit ein paar Erkenntnissen und sich vornehmen, davon durchaus auch etwas *umzusetzen*, doch dann im Gewohnten zu verharren.

> *»Wer erkannt hat und nicht handelt – hat nicht erkannt.«*

Eine Weisheit aus Tibet. Es geht also darum, Ihren Instrumentenkasten bewusst, regelmäßig und konsequent einzusetzen, um immer wieder die andere Dimension erfahren zu können. Sonst bleiben Sie früher oder später auf dem schönen Weg stecken. Es liegt an Ihnen. Vielleicht funktionieren Sie ja auch nach dem folgenden sehr verbreiteten Muster:

> *»Da muss etwas geschehen! Aber es darf nichts passieren.«*

Franz Grillparzer bringt unsere innere Widersprüchlichkeit, unsere sehr nachvollziehbare Tendenz zum Bewahren und unsere Angst vor tiefgreifender Veränderung auf den Punkt. Wenn uns die Motivation für einen tätigen Bewusstseinswandel also nicht einfach so angeflogen kommt, wer oder was bringt uns dann dazu, etwas zu ändern? Welche Anstöße sind denn tatsächlich wirkungsvoll? Wir wollen es nicht hören, aber einer der elementarsten Anstöße ist sicherlich der Tod. Wenn ein naher Angehöriger, ein Freund oder gar der eigene Partner für immer geht, dann gibt es kein Verdrängen mehr; dann kommt vieles in Bewegung.

Ich habe im achten Kapitel von Altabt Odilo Lechner erzählt, der uns empfiehlt, einmal am Tag mit all unserer Imaginationskraft auf dem Totenbett Probe zu liegen.

Zu meinem »Probeliegen« gehört eine alte Standuhr, die alle zwei, drei Tage aufgezogen werden will. Wenn ich den Pendelkasten öffne und nach dem Vierkantschlüssel greife, um dann oben am Ziffernblatt Uhrwerk und Schlagwerk aufzuziehen, sage ich mir jedes Mal: »Dieses Mal darf ich noch.« Für die kommenden zwei, drei Tage ist die Chance ja einigermaßen groß, dass ich weiterleben darf. Das ist ein klassisches Reset für mich. Ich setze mich auf Grundfunktion zurück. Ich darf leben. Danke. Alles andere ist unwichtig dagegen. Sofort fällt es mir leichter, »Nein« zu sagen zu Zeitverschwendung und Zerstreuung. Es darf etwas passieren.

Kleine Resets zur Erinnerung, dass Erkenntnis, die nicht zum Handeln führt, keine Erkenntnis ist, können durchaus durch Worte ausgelöst werden; durch Sätze, die wir entsprechend aufladen, jeder für sich selbst.

Hier sind ein paar Beispiele für meine »Reset«-Sätze:

*Wie viele Sommer habe ich noch?*
Oder, besonders wichtig: *Wie viele Hundeleben habe ich noch?*
*Es gibt ein Leben vor dem Tod.*
*Today is the first day of the rest of my life.*

Sie alle kennen solche schlichten verbalen Aufrüttler. Indem Sie sie für sich auswählen und aufladen, als bewusstes Signal der Selbst-Erinnerung, können Sie sie zu einem wichtigen Bestandteil in Ihrem Werkzeugkasten werden lassen.

Die kleinen und die großen Aufrüttler. Zu den ganz großen gehört, ich wiederhole mich, der Tod, aber auch andere existenzielle Erfahrungen und Erlebnisse spielen hier eine Rolle.

Für mich war ein Bühnenunfall so ein Aufrüttler der ganz starken Sorte.

1999, lange her. Gemeinsam mit Jörg Kachelmann moderierte ich eine der großen Automobil-Award-Verleihungen der Re-

publik. Das Opening war gelaufen, die erste Kategorie einge-
führt und vorgestellt, nun ging es an die Preisübergabe. Sie
wurde eingeleitet durch ein Bühnenfeuerwerk. Ich stand back-
stage und wartete auf meinen Einsatz. Von der Regieassistentin
kam das »Go!«. Also ging ich los. Nur drei Schritte weiter war
alles anders.

Da schoss nämlich plötzlich direkt neben mir, und zwar übel
auf Tuchfühlung, eine massive Feuerfontäne hoch. Ich spürte
eine brutale Hitze, vor allem an der linken Hand und der linken
Kopfseite, spürte, wie die Feuerfontäne meine Haare nach oben
riss – und das Nächste, woran ich mich erinnern kann, ist das
Auto, das auszuzeichnen war. Doch ich befand mich *hinter* ihm,
nicht wie geprobt davor. Wie ich dort hingekommen bin, daran
erinnere ich mich nicht. Es roch sehr streng, ziemlich fies ver-
brannt. Ich war also in eine Feuersäule von ca. 40 Zentimeter
Durchmesser gelaufen. Sauber. Dass das gerade noch mal gut
gegangen war, das war mir sofort klar. Doch *wie* gut? Es stank
nach verbrannter Haut und verbranntem Haar. Ich denke, ich
hatte durchaus einen kleinen Schock, wenn es denn Schocks in
Kleinformat gibt. Irgendwie war ich außer mir. Ich beobachtete
mich von einer merkwürdigen höheren Warte aus und staunte.
Ich blieb nämlich total ruhig, ging zum Bühnenrand, drehte
mich um, zeigte den überraschten Herren der Automobilindus-
trie und dem Bundesverkehrsminister meine Rückansicht und
fragte, ob da was brennen würde. Die lachten über diesen ver-
meintlich gelungenen Gag. Und ich ahnte ja noch nicht, wie ich
aussah: Ich trug einen schwarz verkohlten Blumenkopf dort, wo
mal mein Blondhaar gewesen war, hatte weder Augenbrauen
noch Wimpern, und so langsam meldete sich der Schmerz. Die
Herren gingen von einem Bühnentrick aus. Es brauchte ein wenig, um sie davon zu überzeugen, dass das so eigentlich nicht
geplant war mit der Siegerehrung.

Ich staunte dann noch länger über mich, denn ich blieb weiter wunderbar ruhig und gefasst. So sehr, dass ich die Veranstaltung entspannt bis zum Ende moderierte, also noch weitere vier Kategorien. In den kurzen Pausen, wenn kleine Filme über die Nominierten liefen, kühlte ich Hand und Gesicht mit Eiswürfeln. Ich wusste natürlich, dass ich wahnsinniges Glück gehabt hatte. Und das lag nicht nur daran, dass mich die Feuersäule nur seitlich erfasst hatte, sondern auch an dem Anzug, den ich trug. Noch während ich weitermoderierte, musste ich ständig daran denken, dass ich ihn im letzten Moment getauscht hatte, was ich sonst nie tat. Das Motto des Abends war »Space« gewesen, und ich hatte eigentlich einen Anzug aus weichem silbernem Synthetikmaterial dazu tragen wollen. Am Tag vor der Veranstaltung aber hatte eine befreundete Designerin mich gebeten, doch bitte ihre Kreation zu tragen: Einen Anzug aus fester schwarzer beschichteter Seide. Wie sich herausstellte, ein Feuerschutzanzug.

Als ich mich dann nach getaner Arbeit am späten Abend in der Berliner Charité vorstellte, war die eine Nachricht der Ärzte nicht so schön: »Sie werden sämtliche Haare verlieren« – doch es war die andere, die mich tief berührte: »Wenn Sie den anderen Anzug getragen hätten, dann hätten Sie das nicht überlebt. Genauer gesagt: Sie hätten vielleicht ein paar Tage überlebt, aber nicht länger.« Der Kunststoff wäre nämlich durch die enorme Hitze großflächig mit meiner Haut verschmolzen.

Die Friseurin, die nachts noch ihren Salon öffnete, um zunächst zwei Stunden den verkohlten Blumenkohl herauszuwaschen und dann sechs Stunden lang in die kümmerlichen Reste Extensions zu kleben, sie war großartig, wundervoll, genial! Doch ich hätte auch Perücke getragen. Der Regisseur kam vorbei, die Regieassistentin und einige andere Verantwortliche der Veranstaltung. Ich freute mich zwar darüber, doch irgendwie war mir das alles überhaupt nicht wichtig. Ich war noch immer in diesem verrückten, etwas benommenen Ausnahmezustand, und ich wollte auch gar nicht, dass er verging. Diese abgrundtiefe Ruhe! Mir schien der Trubel um mich herum wie unruhige See, die mich umtoste, während es in mir total still war. Ein großartiges Gefühl. Es war das ungefilterte, große Gefühl zu leben – und eine tiefe Dankbarkeit dazu. Weder der Schreck machte mir zu schaffen noch die Frage, wie das denn mit meinem Blondschopf weitergehen würde. Auch spürte ich keinerlei nachträgliche Panik oder Wut auf diejenigen, die die Regiepanne zu verantworten hatten. Was geschehen war, war geschehen, ich saß morgens um vier bei einer tollen Friseurin, und ich fühlte mich wie Buddha unter seiner Pappelfeige, in großem Frieden mit der Welt und mit mir.

Das ist für mich ein sehr besonderer Aufrüttler, der heute an wichtigem Ort in meinem Werkzeugkasten liegt.

Hat er mich verändert? Und wenn ja, wie? Er hat mich verändert. Er hat mich gelehrt, dass es »lebens«-wichtig ist, das Tosen und die Wellen der alltäglichen Dinge um mich herum trennen zu lernen von der großen, tiefen Stille in mir. Das Lernen muss ich selber tun, bis heute. Doch die Erkenntnis, wie stark er ist, der unbesiegbare Sommer in mir, die verankerte sich damals tief in mir.

Irgendwann konnte ich diese Erfahrung in einen sehr einfachen, aber immerhin vollständigen Hauptsatz übersetzen: »Es ist alles schon da.«

Und das ist es auch, was ich in diesem Buch erfahrbar machen möchte, und es wäre großartig, wenn es mir ansatzweise gelingen könnte: zu zeigen, dass alles, wonach wir uns im tiefsten Inneren sehnen an Zufriedenheit und Frieden – schon da ist. Schon immer da war und immer da sein wird. Es gilt nur, den Zugang herzustellen und ihn offen zu halten.

Ein starkes Werkzeug, um das zu erfahren, setze ich mit Bedacht an den Schluss des Buches, denn es ist ebenfalls immer da; wir tragen es mit uns, und es trägt uns: der Atem.

23 000-mal atmen wir durchschnittlich pro Tag. *So oft*, und wir merken es nicht. 12 000 Liter Luft atmen wir ein und aus. *So viel*, und wir bekommen nichts davon mit.

Doch wehe, uns rutscht ein Krümel in die Luftröhre, oder wir atmen beim Schwimmen einen ordentlichen Spritzer ein, dann ist sofort Panik angesagt. Eigentlich schön blöd, das, was uns rund um die Uhr am Leben hält, so zu ignorieren. Deshalb weisen uns auch so viele Religionen darauf hin. Und viele körperliche Übungen, viele Sportarten, das Tanzen, das Singen, all das könnten wir ohne die richtige Atemtechnik gleich vergessen.

Doch im Alltag? Da verlassen wir uns total auf unsere großartige Atemautomatik. Bei Belastung wird die Frequenz automatisch hochgefahren, Stress verflacht den Atem, und bei Entspannung und im Schlaf arbeitet ein Ruheprogramm.

Vergiss die Zeit. Es ist alles schon da. Unser Atem ist ein wunderbares Hilfsmittel für diese Erkenntnis. Wenn es ein Geschichtsbuch des Atems gäbe, das die gesamte Menschheit mit einschließt, wären unzählige Rituale darin notiert.

Ich möchte hier von einem erzählen, das mir vor zwei Jahren über den Weg lief, als tägliche Übung zur inneren Sammlung.

Als Geschenk für seine Weggefährten hatte ein enger Freund zu seinem runden Geburtstag Dr. Jagdish Parikh zu seiner zweitägigen Feier eingeladen, um Vorträge zu halten und kleine Übungseinheiten anzubieten. Dr. Parikh leitet mehrere indische Unternehmen und beschäftigt sich zugleich seit Jahrzehnten mit der Frage, wie man in unserer Arbeitswelt ein erfülltes Leben führen kann. Seit Jahren reist er um die Welt, um Vorträge zu halten und Seminare zu geben. Sein Bestseller trägt den passenden Titel *Managing yourself.*« Es ist der Versuch, östliche

Philosophie mit westlichem Intellekt und Erfolgsstreben zu vereinen.

Parikh machte mit uns eine kleine, sehr einfache Übung, die erstaunliche Wirkung zeigte. Deshalb klaue ich sie jetzt von ihm.

Sie heißt: »How to get detached« – Wie wir uns in den Zustand der Abgelöstheit versetzen können, in den Zustand der Distanz zu allem Denken und allen Dingen.

1. Setzen Sie sich aufrecht auf einen Stuhl, Kopf aufrecht, Rücken gerade, Füße nebeneinander, möglichst beide Hände auf den Knien. Schließen Sie die Augen, und entspannen Sie sich bewusst. Fühlen Sie in Ihren Körper hinein. Nehmen Sie wahr, wie es Ihnen geht, ob es und wie es in Ihnen flirrt. Nehmen Sie Ihren Körper wahr, von den Zehen bis zur Nasenspitze. Lassen Sie sich ein bisschen Zeit dafür.

2. Beginnen Sie nun, Ihren Atem zu spüren. Entdecken Sie seine Zartheit, die Weichheit seines Einströmens und Ausströmens. Nehmen Sie das Wunder wahr, dass Sie für Ihren Atem nichts tun müssen. Ihr Körper atmet auf wunderbare Weise ganz von allein. Lassen Sie zu, dass die Sanftheit Ihres Atems, sein zuverlässiger Rhythmus, Ihr Inneres berührt. Sie tun nichts. Sie fühlen nur Ihren Atem strömen, ein und aus, und beginnen das Leben zu spüren, das er in Ihnen liebevoll versorgt.

3. Denken Sie über die Sanftheit Ihres Atems nach? Darüber, wie er Sie weich macht, in dem Augenblick, in dem er Ihnen bewusst wird? Lassen Sie alle Gedanken los. Lassen Sie keine neuen Gedanken nachfolgen. Spüren Sie nur dem Atem nach und seiner Kraft.

4. Nehmen Sie wahr, welche Gefühle aufsteigen. Ungeduld, weil es Ihnen nicht gelingt, die Moskitos zu vertreiben? Ig-

norieren Sie die. Das sind auch nur überflüssige Gedanken. Beginnen Sie, Weichheit in sich zu fühlen? Steigt Lebensfreude in Ihnen auf? Ahnen Sie die Süße des Lebens? Alles gut. Nichts benennen. Nur fühlen.

Irgendwann machen Sie dann einen tiefen Atemzug und beenden diese kleine Übung. Wie fühlen Sie sich? Ruhig, gelassen, angstfrei und entspannt? *How to be detached.*

Dr. Parikh stellt uns in Aussicht, dass es gelingen kann, diese Haltung des Abgelöstseins tief zu internalisieren. Dafür sollten wir diese Übung etwa hundert Mal konzentriert durchgeführt haben. Und wenn wir sie »drinhaben«, dann können wir sie überall und immer anwenden. Sie dauert ja nicht länger als fünf bis zehn Minuten. Eine wichtige Voraussetzung für ihre universelle Anwendbarkeit ist, das Ganze auch mit offenen Augen zu üben. Das ist anfangs nicht ganz einfach, denn alles, was wir sehen, will sofort interpretiert und bewertet werden. Doch es ist natürlich von großem Wert, wenn niemand mitkriegt, was wir da gerade tun. Im Zuschauerraum, im Kreis der Familie, im ICE oder wo auch immer.

Und wie zeigt sich der Effekt der Übung, wie fühlt es sich an, *detached* zu sein? Leider kommt hier wieder die bekannte Antwort: Das müssen Sie selbst herausfinden. Wenn Sie sich darauf einlassen, werden Sie hinter allem, was Sie tun, das Leben fühlen. Das ist es. Und bei der Orientierung können Leitsätze helfen:

*»Vergiss die Zeit. Es ist alles schon da.«*

Zwei Sätze – ein Extrakt dieses Buches. Ich nutze heute oft und bewusst *einen* Atemzug, um über das Gefühl wunderbarer Lebendigkeit Abstand zu gewinnen. Unmittelbar vor dem Beginn einer Sendung zum Beispiel, vor einem Bühnenauftritt oder einer Rede. Ich atme tief ein, genieße das Gefühl, wie sich mit meiner Lunge der ganze Brustkorb weitet, und lasse den Atem strömen. Kein Gedanke dabei. Nur das Nachspüren von Körper, Geist und Leben. Entspannung *und* Konzentration in einem.

In Spannungssituationen reduzieren wir den Atem gern auf Sparflamme, was die Anspannung und Verkrampfung steigert. Bereits *ein* tiefer, bewusster Atemzug kann das Sauerstoff-Sparprogramm beenden.

Es gibt eine Yogaübung, die ich ähnlich einsetze. Sie trägt den hübschen Namen: »Der Berg« und ist so einfach wie anspruchsvoll. Wenn Sie mögen, suchen Sie sich eine Anleitung im Internet, die gibt es zuhauf. Es geht um kraftvolles, aufrechtes Stehen und bewusstes Atmen dabei. Ich liebe diese Übung in beiden Variationen (mit nach unten hängenden oder mit nach oben gestreckten Armen). Es dauert einige Zeit, bis Sie ein Gespür dafür entwickelt haben, wie Sie die einzelnen Muskeln in den Füßen, Unterschenkeln, Oberschenkeln, im Po, Unterbauch, Bauch, in der Brust, in den Schultern, in der Rückenpartie, im Hals, in den Armen und Händen ohne Verkrampfung fest zusammenspielen lassen *und* dabei ruhig und tief atmen. Der Körper wird zum Berg, er wird fest, ohne sich zu versteifen. Er wird kraftvoll, ohne zu verkrampfen. Wer regelmäßig »im Berg steht«, kräftigt sich körperlich und mental. Und wenn Sie dazu einen ihrer Leitsätze als Denk-Mantra nutzen, kann er noch größere Kraft entfalten. Zum Beispiel diesen hier, ich wiederhole mich gern:

*»Vergiss die Zeit. Es ist alles schon da.«*

Im Laufe der Jahre hat die beruhigende wie stimulierende Kraft des Atems mich immer mehr fasziniert, und so habe ich bei meinem sehr erfahrenen Yogalehrer ein paar indische Atemübungen – Pranayama – gelernt.

»*Prana*« bedeutet »Lebensenergie«, und *ayama* heißt sowohl »kontrollieren« als auch »erweitern«. Man könnte also sagen: durch eine kontrollierte Atemübung die Lebensenergie wahrnehmen und stärken. Ohne Anleitung durch einen erfahrenen Lehrer kann man viel falsch machen, daher lohnen sich einige Stunden bei einem Profi sehr. Und auch da können wir weitergehen, als nur die Technik einzuüben. Sie können sich *Ihre* Pranayama-Übungen zusammenstellen, die Ihnen am besten beim Türöffnen nach innen helfen, und auch diese bewusst mit einem Leitsatz in Verbindung bringen, zum Beispiel mit:

*ICH BIN.*

Ein tiefer Atemzug am Ende dieses Buches, und vielleicht strömt das Bewusstsein des »Ich bin«. Wenn Sie das spüren können (und nicht nur denken), dann sind Sie eins – Sie und der unbesiegbare Sommer, der in Ihnen wohnt.

# Auch als Hörbuch erhältlich

3 CDs, 3 Std. 41 Min. Laufzeit
ISBN 978-3-442-33990-7

# Inspiration und Weisheit für das ganze Jahr

114 Seiten. ISBN 978-3-424-63103-6

Mit stimmungsvollen Fotos des renommierten Fotografen Hansgünther Kaufmann, inspirierenden Texten und konkreten Handlungsimpulsen ist dieser Tischaufsteller ein wunderbares Geschenk – für sich selbst und für alle, die neue Energie, Gelassenheit und tief empfundene Lebendigkeit erfahren wollen.

Überall, wo es Bücher gibt, und unter www.kailash-verlag.de

Um die ganze Welt des GOLDMANN
*Body, Mind & Spirit* Programms
kennenzulernen, besuchen Sie uns doch
im Internet unter:

## www.goldmann-verlag.de

*Dort können Sie*
nach weiteren interessanten Büchern *stöbern*,
Näheres über unsere *Autoren* erfahren,
in *Leseproben* blättern, alle *Termine* zu Lesungen und
Events finden und den *Newsletter* mit interessanten
Neuigkeiten, Gewinnspielen etc. abonnieren.

Ein *Gesamtverzeichnis* aller Goldmann Bücher finden
Sie dort ebenfalls.

Sehen Sie sich auch unsere *Videos* auf YouTube an und
werden Sie ein *Facebook*-Fan des Goldmann Verlags!

www.goldmann-verlag.de
www.facebook.com/goldmannverlag